中国历史文化名人传

婉约圣手

秦观传

——兼说北宋文化辉煌

刘小川 著

作家出版社

中国历史文化名人传

组委会名单

主任：李　冰
委员：何建明　葛笑政

编委会名单

主任：何建明
委员：郑欣淼　李炳银　何西来　张　陵　张水舟　黄宾堂

文史组专家成员（按姓氏笔划为序）

王春瑜　王家新　王曾瑜　孙　郁　刘彦君　李　浩　何西来
郑欣淼　陶文鹏　党圣元　袁行霈　郭启宏　黄留珠　董乃斌

文学组专家成员（按姓氏笔划为序）

王必胜　白　烨　田珍颖　刘　茵　张　陵　张水舟　李炳银
贺绍俊　黄宾堂　程步涛

出版说明

　　中华民族五千年文明史中，涌现了一大批杰出的文化巨匠，他们如璀璨的群星，闪耀着思想和智慧的光芒。系统和本正地记录他们的人生轨迹与文化成就，无疑是一件十分有必要的事。为此，中国作家协会于2012年初作出决定，用五年左右时间，集中文学界和文化界的精兵强将，创作出版《中国历史文化名人传》大型丛书。这是一项重大的国家文化出版工程，它对形象化地诠释和反映中华民族文化的基本精神，继承发扬传统文化的精髓，对公民的历史文化普及和建设社会主义文化强国都具有重要而深远的意义。

　　这项原创的纪实体文学工程，预计出版120部左右。编委会与各方专家反复会商，遴选出在中国文化发展史上产生过重大影响的120余位历史文化名人。在作者选择上，我们采取专家推荐、主动约请及社会选拔的方式，选择有文史功底、有创作实绩并有较大社会影响，能胜任繁重的实地采访、文献查阅及长篇创作任务，擅长传记文学创作的作家。创作的总体要求是，必须在尊重史实基础上进行文学艺术创作，力求生动传神，追求本质的真实，塑造出饱满的人物形象，具有引人入胜的故事性和可读性；反对戏说、颠覆和凭空捏造，严禁抄袭；作家对传主要有客观的价值判断和对人物精神概括与提升的独到心得，要有新颖的艺术表现形式；新传水平应当高于已有同一人物的传记作品。

为了保证丛书的高品质，我们聘请了学有专长、卓有成就的史学和文学专家，对书稿的文史真伪、价值取向、人物刻画和文学表现等方面总体把关，并建立了严格的论证机制，从传主的选择、作者的认定、写作大纲论证、书稿专项审定直至编辑、出版等，层层论证把关，力图使丛书经得起时间的检验，从而达到传承中华文明和弘扬杰出文化人物精神之目的。丛书的封面设计，以中国历史长河为概念，取层层历史文化积淀与源远流长的宏大意象，采用各个历史时期最具代表性的文化符号与雅致温润的色条进行表达，意蕴深厚，庄重大气。内文的版式设计也尽可能做到精致、别具美感。

中华民族文化博大精深，这百位文化名人就是杰出代表。他们的灿烂人生就是中华文明历史的缩影；他们的思想智慧、精神气脉深深融入我们民族的血液中，成为代代相袭的中华魂魄。在实现"中国梦"的历史进程中，必定成为我们再出发的精神动力。

感谢关心、支持我们工作的中央有关部门和各级领导及专家们，更要感谢作者们呕心沥血的创作。由于该丛书工程浩大，人数众多，时间绵延较长，疏漏在所难免，期待各界有识之士提出宝贵的建设性意见，我们会努力做得更好。

《中国历史文化名人传》丛书编委会

2013 年 11 月

秦　观

目录

自序

本书致力于现象学意义上的生存阐释，阐释的对象首先是秦观，其次是秦观的老师苏东坡，再次是开宋代婉约词之先河的柳永。围绕这三个人展开叙述，自然会涉及更多。

秦观字少游，北宋婉约词的代表人物。他是今之江苏扬州市高邮人，那地方自古繁华。唐朝有"扬一益二"的说法，扬州的富庶天下第一。益州指成都。江淮鱼米之乡，大运河千帆竞渡不舍昼夜。宋代的商品贸易更为发达，市民社会勃然兴起。城市的布局坊市相通，不像唐朝，坊市相隔，高级官员还不能去市场。全国三百二十多个州、军，一千六百多个县，总人口和城镇人口远胜于唐朝，尽管宋代的版图比唐朝小。

北宋一百六十八年，九朝皇帝：太祖、太宗、真宗、仁宗、英宗、神宗、哲宗、徽宗、钦宗，大多数是好皇帝。宋太祖赵匡胤"杯酒释兵权"，让开国的将帅们回老家享清福，防止五代十国武人称雄、"四海瓜分豆剖"（李清照语）的乱局重演。他立下家法，不杀士大夫。皇帝的家法比国法更厉害，子孙们大抵不敢违背，于是出现了严格意义上的士大夫政治，汉唐七百年是没有的。大学者大文豪空前活跃，纷纷跻身权力核心，以天下为己任，"奋厉有当世志"（苏轼）。在中国古代，这具有唯一性。

宋真宗《劝学歌》云："书中自有黄金屋，书中自有颜如玉。"天下学子经寒窗奋斗而登仕途者，数量是唐朝的十倍以上。社会的利益格局避免了固化，起于寒族、冷族的名臣可以开出很长的名单。一些距离汴京遥远的地方，例如成都、眉山，科举之风大盛。两宋三百年间，眉山县的进士多达九百余人，高居全国第一，成都不能比。此前，"蜀人不好出仕"。蜀中沃野千里，生活的花样多，苏洵描述："古人居之富者众。"蜀人懒得翻过崇山峻岭去中原求仕。苏东坡祖上五代，大抵没有做官的。苏轼大秦观十三岁。

北宋一百三十万军队，禁军八十万，保境安民绰绰有余。宋辽两国自"澶渊之盟"后，长期交好，通婚、通商、通文化、通感情，七十多年间，贸易顺差很大，商品的技术含量很高，比如丝绸和瓷器换来契丹人的牛羊马。宋钱在包括日本、高丽在内许多国家是硬通货币，类似今之美元。不同于美元者，是商品贸易支撑着宋钱，而不是坚船利炮加丛林法则，弱肉强食。

北宋的边患主要是西夏。宋军不搞大规模的主动出击，则宋境可保，国运可续。宋神宗上台想打仗，三朝老臣富弼警告这个年轻人："陛下临御未久，当先布德泽。愿二十年口不言兵，亦不宜重赏边功。干戈一起，所系祸福不细。"

宋神宗强推国家意志，打西夏一败涂地，先后两战，损兵折将六十万，禁军的精锐打掉了，国库打空了，他自己也染疾不起。十几年以后，宋哲宗崩，宋徽宗登基，这个轻佻、轻薄、轻狂的男人，"矜小智"的嬉皮皇帝，极尽奢靡，玩尽了人间花样，受潜意识的助推又玩起战火，联金攻辽，结果被女真金国掉过头来吃掉。

赵匡胤卓越的开国智慧，终于龙头蛇尾。

一一二七年，北宋变成南宋。岳飞笔下的"靖康耻"发生在前一年。

宋仁宗在位四十二年，承太祖之遗志，继真宗之遗风，取无为而为之智，虽有三冗（冗官、冗兵、冗费）的毛病，但国家整体向好，百姓安居乐业，士农工商的价值排序罩着朝野大局。风俗醇，道德厚，生活世界蓬蓬勃勃。秦观的少年时期是在仁宗朝度过的。仁宗驾崩，秦观十五岁。其后是英宗朝四年，神宗朝十八年，哲宗朝，高太后听政九年，秦观三十多年付与文事、家事、官事、佛事、丹青事、游冶事、风流事。风流倒不单指男女风流。苏东坡："大江东去，浪淘尽、千古风流人物"，主要指叱咤风云的历史英雄。笔锋转向旷世佳人也是自然而然，"遥想公瑾当年、小乔初嫁了，雄姿英发"。

这里有个潜台词：小乔未嫁时，周郎雄姿不发。

苏轼写这首《念奴娇·赤壁怀古》，人在黄州，人到中年，小他二十七岁的侍妾王朝云日夕在身边。苏轼的黄州五年艺术井喷，王朝云的红颜贡献不难猜想。后来这朵艳力四射的鲜花凋谢于岭南惠州，坡翁泣血悼亡，泪写的诗词斑斑于纸上。

宋词兴起的背后有大规模的红颜贡献，此一层，教科书不该处理成盲点。钱锺书先生《宋诗选注·序》有云："据唐宋两代的诗词看来，也许可以说，爱情，尤其是在封建礼教眼开眼闭的监视之下那种公开走私的爱情，从古体诗里差不多全部搬退到近体诗里，又从近体诗里大部分迁移到词里。"

本书写秦少游，写苏东坡，写柳永，写张先，写欧阳修、司马光，写黄庭坚、张耒、陈师道等苏门学士和苏门君子，写辩才、参寥等宋代高僧，写魔鬼般的政坛人物章惇，写书痴米芾，写驸马画家王诜，写丹青妙手李公麟，写朝廷硬汉范镇、范纯夫，写作为政治家的、影响了一大批人命运走向的王安石，写秦观身边的美好女性和他邂逅的二三佳丽，写唐宋文人共仰的田园诗祖陶渊明。

北宋中后期辉煌的文坛，跌宕起伏的政坛，美轮美奂的生活画卷，希望尽我之所能，梯次收入眼帘，虔诚奉献给中国读者，海外读者。

读宋词四十年，颇多领悟与断想，趁这机会，一吐为快。

我个人对历史有偏爱，我的心在先秦，在汉初，在魏晋，在北宋。唐帝国的辉煌有着浓重的阴影，直叫人欲说还休。以后或许针对这种阴影写一本篇幅不大的书。

历史乃是当下回望的历史。历史事件一经进入价值判断，历史就变成了哲学。这是意大利哲学家克罗齐讲的。马丁·海德格尔名言："文献史要变成问题史。"

问题抛向何处？当然是抛向现实与未来。现实有缺失，未来有召唤，才会形成回望历史的冲动、书写人物的意志。中国古代文献乃是浩如烟海的文献，打进去更要打出来，否则就泥古，就自说自话，自陷于故纸堆。"打进打出"是需要武装的，也许笔者长期拜读西方大哲，获得了某些异质性思维，避免了单纯进入中国历史的同质性尴尬。

也许哲思得一寸，文学进一尺。

不管怎么样，书要写得好看，要尊重史实，要耐人寻味，要学《庄子》《史记》，展开古人日常生活的合理想象。要牢记德国大师海德格尔的告诫：

"少一些哲学，而多一些思想的细心；少一些文学，而多一些文字的保养。"

这本不足二十万字的小书，我能写成美文吗？试试看吧。

刘小川
二〇一六年秋　改于峨眉山黑水村之半庐
二〇一七年十一月九日　再改于陕西凤翔旅途

第一章 高邮湖上的不明飞行物

公元一〇四九年的腊月，秦观生于江西南康的一条船上。

同一年，高邮新开的湖上出现了不明飞行物。古人叫它神珠。

宋人庞元英《文昌杂录》记载：

> 秘书少监孙莘老，庄居在高邮新开湖边，尝一夕阴晦，庄
> 客报湖中珠见，与数同人行小草径中，至水际，见微有光彩，
> 俄而光明如月，阴雾中人面相睹，忽见蚌蛤如芦席大，一壳浮
> 水上，一壳如张帆状，其疾如风。舟子飞小艇竞逐之，终不可
> 及，既远乃没。

我曾经多年订阅《飞碟研究》杂志，了解一些相关知识。蚌蛤如芦席大，飞行如风，与海内外飞碟目击者的典型描述相吻合。先是湖面微有光彩，俄而光明如月，可见其飞行速度之快。孙觉字莘老，后来是苏东坡的好朋友，黄庭坚的老丈人。苏轼任杭州通判，游镇江的金山寺，也遭遇了不明飞行物，写《游金山寺》一诗，其中有云："江心似有炬

火明，飞焰照山栖鸟惊。怅然归卧心莫识，非人非鬼竟何物？"他又补记："是夜所见如此。"苏东坡既是大文豪，又是严谨的学者，他的话，可信度高。

北宋科学家、水利工程师沈括在其代表作《梦溪笔谈》中写道："嘉祐中，扬州有一珠甚大，天晦多见，初出于天长县陂泽中，后转入甓社湖，又后乃在新开湖中，凡十余年，居民行人常常见之。余友人书斋在湖上，一夜忽见其珠甚近……俄顷忽张壳，其大如半席，壳中白光如银，珠大如拳，灿然不可正视，十余里间林木皆有影……倏然远去，其行如飞，浮于波中，杳杳如日。"十余里间的林木光影，佐证苏轼的"飞焰照山栖鸟惊"。黄庭坚的诗中也提到，"甓社湖中有明月，淮南草木借光辉。"

看来，不明飞行物于十一世纪中叶，频频造访江苏和浙江的某些地方，当属历史真实。神珠飞临湖上，民间解读为吉兆。一〇四九年的某个夜晚，孙觉跑到湖边看神珠，不久，他赴汴京考上了进士，乡里人把这两件事联系起来。是年腊月，秦观生于水上，襁褓里的婴儿与高邮湖的灵异之物是否有某种瓜葛呢？

秦观暮年写诗，犹提到那颗神珠。

一九七〇年代，不明飞行物出现在眉山县象耳镇上空，报纸有报道。若干年来，笔者有三个朋友亲眼见过飞碟。——他们没有任何编故事的动机和杜撰的习惯。作家池莉写她在新疆福海县看见飞碟的那篇文章，让我至今留有印象。池莉在文章里这般描述："西北面的天空上横着一束巨大的光束，它雪亮雪亮的光芒照亮了整片西北的天幕，光束由一只唱片大小的碟状飞行器发出，碟状飞行器快速地自转着，似乎悬在空中……太奇特太震慑人了……静悄悄的，整个县城几乎没有一丝声音。十分突兀地，飞碟忽然朝我们所在的地方直逼下来，在这一刹那，我以为它要降了，但又是十分突兀地，飞碟停住了，向高空移退，只见它一闪，变成了一个星星般的亮点，接着再一闪，不见了。"

池莉这篇题为《我在新疆看见了飞碟》的文章，网上可搜到。她的激动感染人："这天晚上，我们一个个兴奋极了，彼此问：你相信有飞碟吗？又彼此答：从此相信了。彼此又问：如果那一刻飞碟下来要带你走，你去吗？又彼此热烈地答：去！"

我也想去。二十年前在四川省社科院，有个颇具学问的领导呐喊发现了飞碟，我从二楼的办公室一口气冲到八楼顶，举目却已碧空茫茫，无缘见飞碟，颓丧大半天。

池莉等人的目击时间约五分钟，目测飞碟的高度约数千米。自转，悬停，光速般地逼近和消失，都是飞碟的典型特征。这比宋代人的描述多了一点科学术语。神秘感是一致的，满怀期待的仰望与凝视是一致的，虽然相隔近千年。

宇宙浩瀚无边，天文学讲的那个起于大爆炸的宇宙，只是沧海一沙粒。外星生命的存在毫无疑问，只是生命的形式恐怕远非地球人所能想象。人类只是进化中的人类，断不可能具备终极理解力。笔者小时候有个猜想：人类的感觉器官不可能恰好对应物质的几种属性。举例来说，假如没有嗅觉，气味便不存在，也发明不了检测气味的精密仪器。

来自遥远星系的外星生命，很可能无限高于地球生命。

一些科学家认为，人类只不过是外星人的试验品。试验是否成功，目前尚属未知。这些年，英国物理学家霍金，老提外星人，是何原因呢？是否有不便公开的东西？自爱因斯坦之后，霍金是这个星球上最负盛名的科学家。

我家可爱的小狗丁当，常常目不转睛地盯着我看。即使它盯上一亿年，也搞不懂我的香烟或电脑。以此反推，我们对能够来到地球的外星生命的探索，类似小狗丁当想要理解它的主人。很可能，人与飞碟上的外星生命的差距，大大超出了人与小狗的差距。

人类所能做的事情，除了发明几条飞船到外太空去小打小闹之外，更重要的是要像古人一样，对宇宙，对自然，抱着永久性的虔诚。妄自尊大的西方人对自然的持续伤害，英国哲学家伯兰特·罗素称之为"宇宙式的傲慢"。轮椅上的霍金先生说，自私与贪婪是人类最不容易克服的东西，这令人联想到孟子的追问："人之所以异于禽兽者几希？"

二〇一七年春，霍金再次提醒这个世界：留给人类星际移民的时间，可能只有一百多年。瘟疫、核战争、全球变暖、冰川消融，都有可能毁掉人类的未来。

罗素尝言：凡是不明白人在宇宙中所处的渺小位置的人，都不是优秀的人。

苏轼《前赤壁赋》："寄蜉蝣于天地，渺沧海之一粟。"

中国传统文化对自然抱审美态度，对日常生活取质朴态度，谨慎使用技术，严防物欲越界膨胀，拖着肉身下沉。这对现代世界的权能过度（罗素：人对人、人对自然的权能过度）是一种有效的平衡力量。人类文明一切具有规律性的东西，都必须服从自然的至高法则。《道德经》："地法天，天法道，道法自然。"

生态文明早已纳入我们的国家战略，这多么值得欣慰！

美国人却长期拒绝应对气候变化的《京都议定书》，近年，又公然退出全世界艰难签订的《巴黎协定》。

一九七五年，德国《明镜》周刊问海德格尔，人类最大的威胁是什么？海德格尔只用一个词来回答：技术。据央视新闻，二〇一五年六月，联合国秘书长潘基文大声疾呼："人类消耗自然资源的速度，远远超过地球可持续提供资源的速度，改变目前的消费模式刻不容缓。"科学家和哲学家的话，联合国秘书长的话，希望能起一些作用吧。

是时候了，回望中国优秀传统文化的标志性人物，当以新的眼光去打量，看看他们是如何以审美的目光揭示生活，创造生活，主导生活。

秦观的降生与高邮湖上的神秘飞壳是否有联系，大概已成永久性的谜团。而秦少游作为宋代的一颗明珠，光芒不仅投射到今天。如果霍金忧心忡忡的预言只是预警、人类文明能够永久延续的话，那么，苏轼秦观等先贤，一万年以后也不会退出历史舞台。

第二章

秦少游早年
生活片断

　　宋代由于印刷术的广泛运用，大量文献得以保存。有些人物的年谱现在能做得细，例如苏东坡。秦少游的年谱长编，事迹却有限，生活轨迹以片断的方式呈现。孩提时代的光景尤其如此。不过，总体形象还是比较清晰的。片断的好处是经过了历史的筛选。

　　秦观家在高邮的三垛村，族人四十口聚居，从兄弟中他排行老七，称秦七。家境过得去，半耕半读。祖父承议公做着六品官，拿着可观的俸禄。秦观《与苏公先生简三》回忆说："敝庐数间，足以庇风雨。薄田百亩，虽不能尽充馇粥丝麻，若无横事，亦可给十七。"苏公指苏轼。十七：十分之七。基本上自给自足。秦观的父亲元化公长年游学在外，那是要花钱的。秦观很少下地。家里有仆人，出远门有驴车、马车和小舟。只要不遇灾荒年或"横事"，物质生活是不错的。书简又云："家贫素无书，而亲戚时肯见借，亦足讽咏。"信是写给做着高官的苏轼，自言家贫，亦属常理。

　　借书要还，通常会抓紧时间看。有不懂便请教，几十口族人当中不乏知书者，先后出了两个进士，还不算秀才或举人。秦氏族人的耕读传家，有着良好的读书氛围，并且一致认为：三国时代受到诸葛亮器重的"学士"秦宓是他们的祖先。秦宓博学，善于雄辩，罗贯中《三国演义》有精彩的专章描写。

秦观祖籍江南，不知何时迁往淮扬的高邮县武宁乡三垛村（今谓秦垛村）。

宋代的乡村，地不分南北，家不问贫富，读书的风气远盛于唐朝。苏轼的家乡眉山，家家不乏藏书，著名的孙氏书楼藏书数万卷。这令人联想今日之德国，家庭平均藏书在三百部以上，年轻人是阅读的主力军。亲朋之间送礼品，首选书籍，二百年来不变。郊野，地铁，机场，酒吧……手捧书卷的青春面孔安安静静。

德国法国的年轻人看书，中国的许多青少年专看手机，大量儿童正在加入"低头族"。

有太多的调查数据表明：电视机前痴呆症多。网瘾少年落入无聊与刺激的循环，在急剧推高兴奋点之后，难以逆转地落入空空荡荡。

悟得大师两三家，胜做网虫一亿年。

令人欣慰的是：这些年，国家已高度重视全民阅读。

秦观年复一年的借书还书，挑灯夜读。文字把思绪弹向高空，抛书游走是常态，沉思、遐想，思绪和情绪双双饱满。宋代的文化积淀非常可观了，经典读不完。秦观低头吟杜甫，仰天诵屈原，徘徊于高邮湖边，遥想老子孔子庄子佛陀。李煜的词、柳永的词、张先的词，他时常带在手边。欧阳修读书提倡"三上"：枕上，厕上，马背上。苏轼喜欢在眉山的岷江畔骑牛看书，牛走岸移人享受。南宋的陆游三件宝：书，琴，剑。

陆游的母亲王氏崇拜秦少游，给儿子取名游。

秦观偏爱舟中读，他屡去高邮城，来回百余里水路，"往来犹不废观书"。春江碧如蓝，秋江映丹枫，冬江雾蒙蒙，夏江浪打浪，小舟中的感觉妙不可言。舟子划船，秦少游托腮卧读，面朝天仰读，盘了腿，坐于船头读。书房外的阅读大抵自由，秦观甚爱"艳科"曲子词。身体的姿势摆来摆去摆够了，抬望眼，忽然发现，人在弯弯曲曲的青山绿水间。爽啊，抛书人对碧琉璃，水涟漪接了心涟漪。

文字敞开世界，电脑收缩世界。

古今中外经典著作的文化含金量，百倍于虚构的影像作品。这话题，容后展开谈。

秦观的童年时光记载少。苏轼讲他自己的孩提时代，也是零零星星。"狂走从人觅梨栗"，那模样已有几分小豪放，觅梨栗，恐怕是要翻邻居的墙，爬别家的树。另外，苏轼七岁听眉山九十岁的眉山老尼姑讲花蕊夫人，四十年后记忆犹新，写下名词《洞仙歌·冰肌玉骨》，可见其七八岁的情色启蒙。俗话说，三岁看大，五岁看老。老百姓凭借生存直觉领悟到的东西，未能进入文化精英们的视野。近现代学者做古人的年谱，涉及童年少年，往往三两跳就跳过去了。宋人已有大量类似自传的文字，讲童年，还是三言两语。苏东坡六十多岁写于海南儋州的《东坡志林》，回望许多旧事，涉及早岁光景的，依然凤毛麟角。弗洛伊德反复强调：人在五岁左右的经历对其一生有重大影响。

如此重要的事，我们无从落笔，辨幽析微甚难，望古而兴叹。

个体童年的记忆缺失，会波及族群乃至民族的集体潜意识。左右意识的潜意识，我们最想看，却几乎看不见。人类学意义上的"民族志"，童年记忆乃是重中之重。

秦观生于江西九江，随祖父承议公待在南康，大约五岁回到高邮的乡下老屋。七岁，入武宁乡官办的小学念书，九岁始读《孝经》《孟子》等。其后，四处借书看。母戚氏，活了七十多岁。父亲的名、字不详，长期待在汴京的太学。秦观有两个弟弟和两个妹妹。

思想家的生平不重要，文学家的生平比较重要，但也不宜繁琐考证，让枝蔓遮住了主干。笔者接触到的人物评传，此病不轻。很有一些书，无力瞄准传主的生命冲动或曰精神内核，就扯别的，一扯一大堆，越扯越起劲。

秦观讲他自己年少时博闻强记，后来渐渐不行，"废于不勤"，应该是相对于苏东坡等百科全书式的人物而言。他盘桓娱乐场所的时光多了些，于是惭愧，自责，知不足，而后再发愤。苏门四学士，苏门六君子，苏门后四学士，个个是宋代响当当的俊杰。

秦观的南宋崇拜者陆游善于知不足，中年自删诗，删去一万八千首，只剩下千余首（据朱东润《陆游传》）。陆放翁八十几岁勤于学，"孤灯观细字"，常常观书至夜半，对未知的领域抱着热情；又骑驴游医绍兴的乡里，风雨无阻，活人（救活人）无计。

陆游大夫说："活人吾岂能，要有此意存。"心劲大，然后技术高。

"为善不辞心力，为学只争朝夕"（赵朴初），这样一种丝毫不问眼前利益的生命精神、宋代风度，今人要学习。

秦氏族人聚居，秦观的堂兄表妹难数，复与乡里乡外的外姓人接触，小孩儿一大群活蹦乱跳。高邮的水域面积广，东临淮，南近海，后来士林呼秦观为"淮海先生"。麦子、稻子、瓜果、花草、古木、昼夜奔腾的野物，无穷无尽的水产，花样百端的乡村风俗，足以让少年儿童疯玩春夏秋冬。

徐培均先生的《秦少游年谱长编》（后面简称《徐谱》）云："先生少豪隽，疏荡不检。"这是指秦观的青少年时期。少年却是童年的延续。秦观小时候的调皮贪玩可以猜想。父亲一直游学在外，祖父做官长年不归家，他受到的管束比其他孩子要少。

学堂放学一溜烟，人在草垛里，人在土丘后，人在祖坟旁、古树下、云水间……

乱花照眼的春三月，麦田熏风一阵阵劲吹的夏四月，男孩儿爬高树往水中扎猛子，一个个艳阳下的浪里白条。女孩子远远地捂住眼睛看。她们互相追逐捉迷藏，相约过家家，牵手唱童谣，登台演社戏……宋代的乡村女孩儿比城里的闺秀自由，"岸边两两三三，浣纱游女，避行客，含羞笑相语。"（柳永）。苏轼描绘徐州的古村落俏村姑："旋抹红妆看使君，三三五五棘篱门，相排踏破茜罗裙。"浓妆的村姑成群走在乡村道上。

宋代官妓制度推波助澜，一座扬州城，歌台舞榭星罗棋布，脂粉队伍红妆成阵，艳光的辐射何止几百里，高邮处于辐射的核心区域。秦观五六岁时，三十多岁的王安石做扬州推官，官厅点卯经常迟到，又官服不整，官帽压不住一头粗且硬的乱发，知州韩琦讽刺他：年轻人，我劝你趁精力旺盛多读几本书。韩琦的言下之意，是王安石把精力用到娱乐场去了。王安石不作任何解释，只在当天的日记中写下几个字："韩琦貌美，余一无可道。"其实他每晚开夜车狂读经典，身在大堆古书旁。

按宋制，各地的官妓献艺而已，"不得私侍枕席"。

族规、家法与师训，维系着城乡的风俗。男孩儿女孩儿的兴奋恰到好处。"郎骑竹马来，绕床弄青梅。"心花的绽放有足够多的细节，不欲而欲，反而欲着全世界，一花一草也叫人欣欣然。此系中国式审美的一大源头。包括朱光潜、李泽厚在内的、令人尊敬的美学家们，于此（不欲而欲）思有及而道未详也。

海德格尔："少一些哲学，而多一些思想的细心。少一些文学，而多一些文字的保养。"

秦观的情色敏感有先天的因素：雄性激素发达。他和宋代大多数学子一样爱上了曲子词，迷上柳永、张先、晏几道。张先字子野，绰号张三中："眼中泪，心中事，意中人。"又有绰号张三影："隔墙送过秋千影""无数杨花过无影""云破月来花弄影"。柳永去世了，一大把白胡子的张子野尚在人间，盘桓越女吴姬，享受赏心乐事，八十多岁迷恋十八岁的杭州女郎，类似暮年的歌德迷恋青春女性，类似几年前的略萨和马尔克斯，两位诺贝尔文学奖获得者，为了一个瑞典美女要挥老拳。

诗人、国家领导人兼文坛领袖、史学大家欧阳修，带着他的小个头、近视眼、丑乖脸和近乎神经质的举止，一次次冲向翠袖红巾，从青年冲到晚年，"月上柳梢头，人约黄昏后。"词为倚声，一般由歌女们演唱，好听的曲子词传入市井，传入诗书人家，传入皇宫。宰相晏殊是填词的好手，晏殊的儿子晏几道，把一生都付与侍儿歌女，"彩袖殷勤捧玉钟，当年拼却醉颜红。舞低杨柳楼心月，歌尽桃花扇影风。"

词语直指心灵，为一切情绪赋形，词语撩拨肌肤的波澜。唐末香艳的花间词，经由南唐李煜血泪书写的改造，一跃而为士大夫词。

这是决定性的一跃，是中国文学史尤为辉煌的篇章，因为它预热的时间比之唐诗短了一大截。百余年间，宋词勃然而兴。

唐诗的格调在某种程度上规定了宋词，限制了它的"词语尘下"（李清照）。词为"诗余"，是早期词人谦虚的说法。换言之，写诗是正事，填词属于余事。唐宋的科举都要考诗赋。然而精通诗歌的宋代士大夫下词笔，劲头之大，绝不亚于写诗。一种新的、更自由、更贴近日常生活的文学形式，其巨大能量的释放刚刚开始，有着良好学养的诗人们如何不醉心？豪放、婉约，卓然而为两大流派。

豪放词不好写，弄不好就流入"叫嚣一派"。

宋词九百家，婉约派占了八百。两宋三百年，曲子词的能量消耗殆尽。后数百年，大词人寥寥无几。秦少游的活动期，适逢宋词的活跃期。他的借书，总是忍不住要借词集，要借乐府。八九岁读得隐隐有感觉了，稍长，词语绵绵似秋雨，娇艳若春花，浩荡如东风。"花明月暗笼轻雾，今宵好向郎边去。刬袜步香阶，手提金缕鞋。"香阶是什么意思呢？为何冰冷的石阶散发着温润的芳香气？艳冠金陵的小周后，她为何不穿鞋？她为何只穿袜子、急匆匆穿花破雾？芬芳的问号从《南唐二主词》的书页间蹦出来。

佳句倒逼，心灵之泉汩汩而开，不择地而出，地表上，岩石间，草丛中，泉水到处都在冒。"日日花前常病酒，不辞镜里朱颜瘦。"（欧阳修）

病酒的男子偏偏要在花前瘦，这里边，恐怕是有些名堂吧？

"衣带渐宽终不悔，为伊消得人憔悴。"（柳永）

伊是谁呢？为伊憔悴终不悔，这个伊啊，她一定不同寻常。

情绪与词语互相缠绕。少年秦观渐渐有心事了，庭院里闲坐春三月，抬眼去看墙内墙外的她们。绿野徜徉，春山徘徊，掉头回望丽影芳踪，禁不住脸热心跳。没道理。欲近之人近不得，欲放眼她们，却垂下浓密的眼睑。少年秦观之烦恼。孔圣人遮不断英俊少年频频投向她们的视线。黄庭坚《赠秦少仪》：

秦氏多英俊，少游眉最白。

眉白，这里泛指家族兄弟中之佳者。

千年礼教巨大的辐射力，高邮城外五十里的三垛小村不能免。男女间的若干禁忌预设了魅惑，授受不亲，倒是凸显了肌肤相亲所蕴含的持久战栗。情绪的褶皱朝着它打开，漫长时光中的美妙打开。情憋，意味着情的绽放。鲜花之前先有蓓蕾。

蓓蕾裹得越紧，绽放越是多姿。唐宋名家词，滥情不是主流，典雅蕴藉是主流。

"黄昏疏雨湿秋千。"（李清照）一丘一壑亦风流。

《徐谱》："先生……喜从滑稽饮酒者游，慷慨溢于文词，强志盛气，好读兵家书，以期报效国家。"滑稽者与酒鬼到处游荡，怪异的举止不类常人，少年秦观颠颠跟在后头。他学会了饮酒，把家里的酒坛子偷偷弄出来，趁黄昏抱给酒鬼们。他自做了一杆木戟，当庭舞秋风，俨然古代神将的化身；又跑到村头的老槐树下，一个人叱咤风云，横眉怒目格斗群雄，滑稽表演笑翻了村妇村姑。后有诗云：

我宗本江南，为将门列戟。

秦观好读兵书，与其他族人一样认为祖先有门前列戟的荣耀。普通将领是不能列戟的，例如唐朝，三品以上的武官方可列戟于私宅，十戟八戟不等。但学者难以确切考证秦观的光荣祖先。秦氏是否杜撰祖先不清楚，唐人宋人，皆有夸耀门第的习惯。子孙代代传下去，不可以置疑。可疑的族谱，全国不知道有多少。

秦观饮酒，舞戟，读兵书，追随滑稽者和酒鬼颠三倒四，脑子里还有国家概念。读兵法想打仗，剑指幽燕，要收回契丹人占去的燕云十六州。

"慷慨于文词"，盖指此也。酒鬼口气大，滑稽者名堂多，秦少游兼而有之。

少年秦观有性子野的一面，文武双修又浪荡不检。天资好，自负，《徐谱》："旬朔之间，把卷无几日。"大好的时光用去游荡，近于苏洵的"游荡不学"。游荡的好处是提高悟性，培养情商，有些人游成了二杆子，有些人成了开国皇帝、文学巨匠，比如刘邦和曹操。规矩听话的小孩儿难成器，古与今同。听说文理科的高考状元们，日后大抵平庸。调皮孩子的身心灵动更能应对世界。小时候中规中矩，大起来，呆头呆脑……

秦观今日饮酒胡闹，明日与人打架斗狠。家里他是老大，父亲长年不在家，不浪荡不滑稽更待何时？他亦步亦趋跟着一群来历不明的酒鬼，两个弟弟、若干从兄弟雄赳赳跟着他，整日东一头西一头，扩大了活动半径和思维半径。

"疏荡不检"，如何不检？史料一笔带过。学者们常为尊者讳。

几百年来，戏台上的那个秦少游，一副文弱书生相。野性被拿掉了。

中国历代大文豪，"内蓄狂野"是常态。强大的生命力遭遇了阻力，方呈现异乎寻常的生命冲动。命运的低谷反弹为艺术高峰。

南北戏台对历史的弘扬与遮蔽，可作专题研究。

秦少游的早年和苏子瞻一般野性足，少游不同于子瞻者，是多了一点雄性激素，《徐谱》："及长，多髯，人戏之曰髯秦……优游乡里。"

胡子长出来了，胡子越长越多，大胡子伏下命运的某些走向。

秦观并不知道，胡须的迅速增长与情愫的同步累积有着内在联系。他只是往前冲，做着各种各样的白日梦：横枪执戟，英雄美人，浪迹天涯，狂饮美酒……总之，这位高邮少年打通了雄性渠道。苏轼《少游真赞》："其服野，其行方。"方，为人圆通的反面。

苏轼自己，更是不圆通的典范。

雄性渠道畅通，方能显男儿本色。

秦观的少年光景，既能学又能野，这一点可以肯定。

经典读物蕴含着野性。孔子、孟子、庄子，对他们所处的礼崩乐坏的时代都抱着大拒绝的姿态。孔夫子五十五岁，周游列国十几年，颠沛流离而气定神闲，宁为丧家犬，不做豢养狗。

《孟子》读多了，脾气要变大，苏东坡最称典型。

富贵不能淫，贫贱不能移，威武不能屈。

第三章

婚
姻

　　秦少游十九岁，娶大户人家的女儿徐文美为妻。史料称，秦观岳父徐成甫家"富甲一方""聚书几万卷"。真是一桩难得的好姻缘。秦家有名望，徐家有财产，还有大量藏书。

　　苏洵的夫人程氏出于眉山首富之家，"门前万竿竹，堂上四库书。"苏家有什么呢？有道德文章。有钱人向有学问的人靠拢，为什么？由于士农工商的价值排序。唐宋六百年，这个排序不变。富人们的向学并非偶发事件。高邮、眉山，均远离宋代的文化中心：汴京和洛阳。宋代富人们的向学，显然有其深层考虑，养成好的家风，减少败家子的数量，打破"富不过三代"的历史周期律。徐家的五个儿子皆有出息，不难想见其家风家学。徐成甫先生家训："子当读书，女必嫁士人。"

　　大家闺秀程氏"下嫁"苏家，操劳三十年，生了六个孩子，起早贪黑经营眉山城西的布庄生意，对丈夫动不动就出远门费银子抱有意见，"耿耿不乐"，但她嘴上从来不说。娘家的财富强势并未带到苏家去。徐文美嫁秦观，生二子两女，年复一年操持家务，养蚕织布成了十里八乡羡慕的行家。丈夫远游，或去汴京拼搏场屋，她在家里待着。丈夫盘桓烟花巷，她似乎显得宽容。夫妻之间没有闹矛盾的记载。徐文美也不像程夫人，因为忧着丈夫的前程而长期郁闷，积郁成疾，卒年仅四十八岁。徐文美的寿命要长得多。

宋代的富商、地主，有钱未必有势。徐家在高邮是屈指可数的大户，徐家向官宦人家靠拢，要让女儿嫁给文士。徐文美到秦观家，孝敬婆婆，养育并教导儿女。未见任何娘家的强势。由此可见，富家儿女较之普通的仕宦子弟，在宋代，没有强势可言。

两宋三百多年，商业极为活跃，却找不到几个响亮的商贾名字。清代丁传靖所著《宋人轶事汇编》，列宋代人物六百，士大夫占了绝大多数。

读书人引导社会风气，权力驾驭财富，限制商业型人格的越界，乃是宋代一大特点。

也许徐文美相貌平平（其子秦湛，长相颇奇特），所以她安心持家。而秦观的外表与风度都讨人喜欢，英俊潇洒，意气风发。婚后的生活应该是比较和谐的，秦观二十四岁才开始科举考试的生涯，屡考屡败，三十六七岁还待在高邮的乡下。登第做官后，又几度回老家。夫妻相守的时光不短。儿子考上了进士，两个女儿嫁入仕宦人家。

妻子养蚕，丈夫著《蚕书》。徐文美是秦家的长门媳妇，有义务作出表率来。高邮这地方，数百年桑树少，由于祖辈种桑的失败，父老便认为水土不宜。徐文美要重新试种，丈夫支持她。一年年在地头忙碌，她想尽法子让桑树活了下来，几年后成活一大片。

秦观《田居四首》之二：

入夏桑柘稠，阴阴翳墟落。
新麦已登场，余蚕犹占箔。

秦观《蚕书·序》：

予闲居，妇善蚕，从妇论蚕，作蚕书。

善蚕、论蚕，可见蚕事不简单。自徐文美始，高邮县家家养蚕，植桑树，转缫车，邻妇们相约逛蚕市，"一妇不蚕，比屋罟之。"比屋，犹言全家。蚕市的规模渐大，"村南村北响缫车"，蚕妇们喜气洋洋，穿着柔软的丝衣裳，扬州的女人也来取经。徐文美受簇拥，笑吟吟走在仲夏的熏风中。她活出了自己的风采，武宁乡贤妇的美名不胫而走。

宋代崇尚妇德，从太后皇后做起，贤后颇多，母仪天下，而不是忙着给朝廷塞亲戚，添乱局。民间的女人，谨肃自守成风俗。徐氏夫人的贤惠有大背景的支撑。

扬州物产丰富，风光自是一流。蟹肥鱼美稻花香，城乡户户有家酿。少年秦观已是个酒坛子，偷酒喝醉，成家后每饭必酒。"有酒斟酌之，登高赋新诗。"徐氏酿酒、斟酒，有时候陪夫君饮几杯。"持蟹下酒喜先尝。"节庆日把窖藏的好酒拿出来，兄弟姐妹团聚一堂，划拳吃酒，投壶吃酒，关扑吃酒（一种玩转铜钱的游戏，赌物，或输了罚酒），猜书赌酒。宋代的节庆花样极多，从除夕到来年的冬至，一年到头过不完。

据伊永文《宋代市民生活》载，东京市民的节庆日多达七十多种，平均一个月五六次，城市又波及乡镇。这还不算家庭的庆祝活动。宋仁宗后期，城镇人口接近三千万。

大户有大户的讲究，小户有小户的盼头。三垛村的秦氏家族，大约属于中等人家。秦观写给苏轼的信中曾提到，"一燕费十余万钱"，一顿酒席吃掉十几万铜钱，留下了奢华记忆。其时，一斗米才值二十钱左右。"凶年，食不足"，则是拮据的另一极端。

丰年留余庆，日子总的说来是向好的，秦观婚后的小日子强于婚前。交游日广，闲居舒适，《田居四首》，俨然九江柴桑的陶潜语气。秦观生于九江，亲近陶渊明多了一份理由。他的早期词作《行香子》云：

树绕村庄，水满陂塘。倚东风、豪兴徜徉。小园几许，收尽风光。有桃花红，李花白，菜花黄。　　远远苔墙，隐隐茅堂，飏青旗、流水桥旁。偶然乘兴，步过东岗。正莺儿啼，燕儿舞，蜂儿忙。

《淮海集》中又有一首《纳凉》诗："携杖来追柳外凉，画桥南畔依胡床。月明船笛参差起，风定池莲自在香。"吕氏《童蒙训》点评："少游此诗，闲雅严重。"

携杖远足是宋代的闲雅符号，与年纪大小无关。《徐谱》称秦观"优游乡里"，生活可谓滋润。下田耕种有零零星星的记载，农事蚕事渔事，他止于关切而已。诗人与大地保持了必要的审美间距。闭门读书，出门远游。家人和族人日夕在身边。妻子笑盈盈，儿女蹦蹦跳，鸡狗猫扑腾打闹。周遭的风物般般如画。

秦观善丹青，尤工墨竹。他的书法有东晋二王之风。诗、剑、酒、茶、艺术、剧谈、礼佛、冶游，连同底层关注和收复北方国土的远大理想，构筑了秦观的生活世界，十分可观的生活世界。凶年食不足的家族记忆，倒是为好日子提供了铺垫。

适当的物质拮据强化精神力，古今例子多如牛毛。锦衣玉食者，脑满肠肥多。肉身单单追求舒适，大脑就趋于迷糊，古今例子是天文数字。

一味地求舒适，舒适从它自身脱落。肉身有此规律。想肉盼肉，于是才有肉食之美妙。曹操做丞相："食不过一肉。"司马光做宰相："食不敢常有肉。"

如果秦观生于钟鸣鼎食之家，那么，他多半是个朝三暮四的轻薄纨绔。

中国历代文化精英，困顿者、失意者占了大多数，这个现象饶有趣味。意志碰上阻力，方显强力意志。从孔子孟子庄子到鲁迅先生，谁不是这样呢？气盛，意高，才会有沮丧和失意。秦观的"强志盛气"从哪儿来？大约从书本中来。舍此似无二途。

苏轼早年居眉山，读书用功，"著书不复窥园葵"，野性内敛，异日到京城去释放。父亲苏洵，长年在外游荡，母亲程夫人管束他较为严格。秦观受到的约束少，只凭天资学习。他玩耍的时光远比苏轼多。家境相似，大环境不相上下。眉山处于成都平原之南端，水土丰美，下连嘉州、峨眉山，"我家江水初发源，宦游直送江入海。"苏轼二十一岁进京考进士，拿了事实上的状元，而秦观屡屡失意于京师场屋，铩羽而归。

秦观成家近二十年，未见其挣钱养家。两个弟弟念书，两个妹妹出嫁，都需要钱。百亩薄田是要供四十口族人生计的。秦观作为长子和孩子们的父亲，不仅不挣钱，而且游得远。是否有妻子娘家的资助呢？徐家可不是一般的有钱。

有钱做什么？花到刀刃上。

程夫人于眉山城南开布庄，挣辛苦钱，银子都花到三苏父子身上去。嘉祐二年（1057），眉山三苏名震京师，程夫人未闻喜讯而撒手西去。

庄子丢掉漆园吏的肥缺，回陋巷编草鞋度日，钓鱼弹鸟解馋，老婆田氏要数落他。秦观自负才高，断断续续荒废学业，有时一个月看不了几天书，徐文美却对他好。也许不断拿钱给他作盘缠。她知书识礼，家里有那么多藏书。父亲不可能叫一个白丁女儿嫁给优秀文士。苏轼的妻子王弗，是眉州青神县乡贡进士王方的女儿，颇知书，偶尔露峥嵘，比如夫君与客谈话，忘了某个典故，她会微笑着从旁提醒。苏轼表扬她，她羞得薄面通红。苏轼平日里读书，一读半天，且抄且吟诵。王弗忙完家务，一声不响地站在他的身后……妻子的暗里用功，苏轼看在眼里记在心上，后来写入王弗夫人的墓志铭。

苏东坡的年谱，比秦少游的年谱详细多了。

徐文美，很可能是一位幕后英雄，尽管难以确切考证。她养蚕织布，做衣做鞋，上得厅堂下得厨房。苏轼的第二位夫人王闰之只知厨房，关键时刻她烧书，狠狠地骂苏轼："是好著书，书成何所得？"听上去像个眼下常见的实用主义者。苏轼的文稿及墨宝大多数被烧掉了，时在熙宁二年（1069），乌台诗案始发。苏轼老是写书有啥用呢？换不来柴米油盐，倒是惹来大祸端。当时的王闰之未满三十岁，她那一把火，烧掉多少国宝。后来她终于懂得诗情画意了，窥见一点无用之用了，苏轼写诗称赞她。

现代实用主义者的醒悟，不知猴年马月。眼皮子底下的纠缠还要继续纠缠。

秦少游醉心于诗词丹青滑稽表演，多不实用。填词画画不实用，对科举考试毫无用处。苏轼年轻时，对填词没兴趣，音律敏感度有限。苏辙一直到中年，仍然不爱惜书法和绘画，抱着哥哥的书画墨宝四处送人，惹得苏轼生气。苏辙的艺术修养，我是存疑的，只因乡贤的缘故，为他有所避讳罢了。秦观在高邮县滑稽饮酒，访僧寻道，痴迷艳科曲子词，开口《尊前集》，闭口《花间集》，远走扬州城看歌女表演，夫人作何感想？史料只字也无。她沉默的支持是否暗含了辛酸？这些事，权作猜想。真相永远消失了。

几十年以后，秦观与徐文美合葬，生同衾，死同坟。

第四章

远游

婚姻带给秦观一个很好的交游平台，老丈人徐成甫和进士孙觉有亲戚关系。孙觉做官，写文章，复与李常、苏轼交厚。李常是黄庭坚的亲舅舅。黄庭坚自号山谷，江西修水县人，大秦观四岁。秦观的这个日益扩大的朋友圈，也是北宋文坛的精英圈子。如果没有孙觉的引荐，交游圈子殊难形成。如同缺了欧阳修的奖掖宣传，苏轼不可能年纪轻轻跻身于汴京名流，才华爆炸式喷发。欧阳修说："读轼书，不觉汗出。三十年后，无人道着老夫也！"这老头真可爱。中国文化的接力棒，由欧公（宋人美称）传给苏公……

孙觉也是大胡子，苏轼戏称他"髯孙"。孙觉二十二岁考中进士那一年，秦观生，高邮湖上现神珠。孙觉多年宦游，归乡省亲时，秦观是他的庄园座上客。孙觉任湖州太守，秦观专程去湖州拜见。说秦观在游学于苏门之前游学于孙门，应该是成立的。

少年，从滑稽饮酒者游，青年与名士游，秦观的活动半径和思维半径扩张迅速。这是决定性的扩张，人在高邮，得以放眼天下。治学严谨的孙觉匡正了秦观的阅读生活，指点秦观读经书，这不仅对科举考试有益。宋代士大夫治经学，多有著述。

孙觉的庄园，具体地点已无考，距秦观居住的三垛村当有数十里。秦观走水路或是骑驴子，庄园里一待十天半月。他把小舟称作"短艇"。"小舟横截春江"，心之微波荡漾。一个人在路上的感觉好极啦，两三个人也不错，剧饮剧谈，下酒菜有咸鸭蛋。

山阳（淮安）有个姓徐的神童，秦观带舟去拜访，沿途写诗，《山阳阻浅》有云：

一日行一尺，十日行一丈。

水浅，舟不能行，阻浅于淮安多日。人到哪儿去了？

访问村落去了，捕鱼捉蟹去了，弯弓射鸟去了，推广蚕桑去了。

淹留一词，宋人常用，淹留或因水浅，或因波浪高。

镇江著名的金山寺，秦观去过八次。镇江与扬州只隔了一条江。扬州几任太守，钱公辅、鲜于侁、吕公著等人，秦观屡屡去拜谒，未曾吃过一回闭门羹。宋代的州，分上、中、下三等，扬州乃是上州之尤上者，知州常在五品以上。韩琦、欧阳修和苏东坡先后做过扬州知州。吕公著后为宰相，鲜于侁是美名远播的官员……

秦观能干谒华府，能与衮衮诸公游，固然有他自己的才华因素，却更因孙觉的褒扬。

青年士子八方游学，唐宋很普遍。由于宋朝取士的数量是唐朝的十余倍，游学、赶考的队伍日益庞大，水路、陆路，条条道路朝着东京汴梁、西京洛阳。中原和江淮交通发达。蜀人、岭南人的赴京求仕比较麻烦，三苏父子从眉山出发，过秦岭栈道，过剑门关，沿途阅县三十六，马走坏了换成驴子。一千五百多里路，要走三个月。水路出川，过三峡，出夔门向荆门，玩玩走走，访古寻幽，三苏父子留下了非常宝贵的《南行集》。

山川道路、奇风异俗的魅惑无穷无尽。唐宋的官员都在全国范围内调动，小官不免。陆游称："一官万里。"官员们大都有良好的文化修养，审美的能力可称古代之最。不独写诗画画填词，官员们对于建筑、园林、水利工程、器皿制作、酿酒、品茶、种植、参禅悟道之类，往往是行家。苏东坡最称典型，一生"半中国"，舟车驴马几十万里，到处去播撒文明的种子。官风从各个方向带动民风，主导世风，"长风几万里"。宋代的商品交易旺盛，各地的码头灯火通明。然而官员不得经商，朝廷有严格的规定。王安石变法以理财为先，他本人却对财富的兴趣有限，不纳妾，不居豪宅，不搞酒池肉林，穿戴举止像个钟山老农民。另一个宰相司马光，节俭到了抠门儿的地步，"食不敢常有肉，衣不敢纯有帛"。这个好风气始于范仲淹。士大夫重义而轻利者，遍及南北各州。

利是人的本源性冲动，义是文明的结晶，前者不能压迫后者，后者倒是需要引导前者，规定前者。——此系华夏族抑制人性贪婪的最高智慧之一。

孙觉的高邮庄园，像个跳板或弹射器，把秦观弹向远方。高邮是远方，扬州湖州是远方，三百二十多里外的乌江是远方的远方。不过，以距离来衡量漫游的远近是个伪概念。福克纳盯住一块"邮票般大小的地方"，写出了获诺贝尔文学奖的《喧哗与骚动》。对福克纳来说，那块邮票比美国的版图还要大。李贺长年累月转悠他的二十里昌谷野地，奇思峥嵘不让李白。康德几十年待在他的小镇上，目力之长远，全球几人能及？海德格尔中年以后，才去法国和希腊短暂逗留……

秦观常去扬州，一叶扁舟或几匹良马，熟悉了所有的名胜古迹、长街短巷古村落，出入柴门与豪门。我估计他的自责用功少，主要是因为漫游的时光多。学者称，扬州有意思的地方他全都去过。狂朋怪侣诗酒流连，啸咏而来踉跄而去。有些朋友一见面就互相笑骂，俚语脏话伴随着你一拳我一掌，哪有半点斯文相？他年走马汴京去应考，秦观放浪于皇城酒肆，醉了，骑驴自去，不跟朋友打声招呼。魏晋风度、唐人做派，宋代的俊杰有过之而无不及。李白："我欲醉眠卿且去，明朝有意抱琴来。"他这是用礼貌的言词把朋友赶走；又于宫中戏弄唐玄宗，玩耍高力士，苏轼叹曰："戏万乘如僚友，视俦列为草芥。"俦列，犹言朝廷的同僚。而苏轼的内心狂野，哪里在李太白之下。

秦观大呼小叫奔走闾里："恨古人不见吾狂耳，知我者，二三子。"

数百年来的戏台，大量温吞水式的学术文章，对历代文豪遮蔽太甚。

秦观："七年三过白蘋洲，长与诸豪载酒游。"白蘋洲位于浙江吴兴（湖州）的东南，秦观第一次去，约在二十四岁，拜访湖州太守孙觉。第二次在宋神宗熙宁九年（1076）秋，秦观拜访湖州新守李公择。第三次，与苏轼、参寥同游，长达数月。

李公择即是李常，黄庭坚的舅父，苏轼称他"短李"，个头不高，人很活跃，趋艳奔美的劲头可比欧阳修张子野，然而，这个人又是北宋士大夫中鼎鼎大名的藏书家，将九千卷书藏于山中僧舍，供南来北往的士子们自由阅读，后来藏书增至二万卷。有学者称，是为中国第一家向民间开放的公共图书馆。李常的博学，并不妨碍其风流。

类似的例子多。这令人联想现代西方的学者们。

宋代的人物喜欢生活在别处，把异质性的东西统一起来。平日里的闲谈，不矜其能，诸如王安石不谈治国的才能，司马光不谈品德好，包公不谈铁面无私，柳永不谈章台妓馆，晏几道不谈自家的"豪门故旧"。苏东坡倒是爱谈他的"平生三不如人"：饮酒不如人，唱曲弹琴不如人，下围棋不如人。

也许东坡先生的音乐天赋一般，文学艺术领域，他也不可能样样占全。

参寥是宋代高僧。东坡居士有三个终生道友：佛印、参寥和辩才法师，辩才也成了秦观的道友，后来到高邮，与少游居士盘桓甚洽。

独游、交游、冶游、仙游、文游、宦游、壮游、载酒游、踏春游、访古游、秉烛游、携妓游……游历的方式林林总总。游历，学历，经历，此三者的结合，方可称个体之修身怡情。春秋战国数百年，埋下了中国士子远游的基因，唐宋科举制度和官制又强化这种基因。青年秦观比青年苏轼游得远，以高邮乡下的三垛村为中心，活动半径数百里。

二十来岁的苏轼只在眉州境内转，未曾去过百里外的乐山和峨眉山，上成都府仅一次。眉山平旷，多浅丘，江流湍急，自然湖泊几乎没有，颇不利于轻舟出行。秦观居住的地方刚好相反，拿舟可去南北东西。另外，他的游瘾大于苏轼。读书不及苏轼用功。

秦观居高邮，畅游二十年。

一〇七一年，秦观头一次舟行湖州，游太湖上四面环水的金山寺，复游汤泉，游乌江的项羽祠，水陆行程千余里。项羽和刘邦争天下，败于乌江，宁愿自刎，不肯过江东，这股英雄气吸引着好读兵书的秦少游。跑三百多里路，专为谒霸王，可见其生存向度。文气、武气，合而为秦观式的浩然之气。融于一体不易，这股子心劲来自童年。

"髯秦"独自徘徊乌江边，雷鸣电闪不肯走，遥想"力拔山兮气盖世"的霸王。夜观星星大如斗，项羽是哪颗星？刘邦是哪颗星？垓下一战十面埋伏，韩信指挥若定，张良先生道袍飘逸夜吹箫，吹散了项羽的八千子弟兵……二十几岁的秦观，发不尽思古之幽情。历史风云际会方寸间，诸豪饮酒乌江，剧谈于星空之下，"书生意气，挥斥方遒。"

同游乌江者，一个参寥和尚，一个乌江的阎求仁县令。和尚神出鬼没，县令时有政务，秦观得以策马独游。他在散文名篇《游汤泉记》中写道：

> 盖自高邮距乌江三百二十五里，凡经佛寺四，神祠一，山水之胜者二，得诗三十首，赋一篇。至于山林云物之变，溪濑潺湲之音，故墟荒落晨汲暝舂之状，悠然与耳目谋而适然与心遇者，盖不可胜记……兹游之所得，可谓富矣！

此间，我在峨眉山上的半庐，翻阅《淮海集笺注》和英国威尔逊的《中国——园林之母》。窗外下着冬季的小雨，墨绿色的山林尽在雨雾中。威尔逊的书，有专章写峨眉山的植物，从山脚到金顶的植物分布极为丰富。威尔逊要把大量植物移植到英美，所以他详细了解植物，尤其是花卉的水土习性，地域特性。并读秦观和威尔逊是一件有趣的事情，既有审美观照，又有植物学、森林学和园艺学的知识性补充。诗人和博物学家以不同的方式进入自然。两种方式都是向自然致敬。威尔逊冷静的笔触后面隐藏了一颗诗心，向自然界虔诚学习的勃勃雄心。与自然相比，人是非常渺小的，有如地球之于银河系。而人类家园目前面临的危机表明，人对自身的渺小，掂量远远不够。

秦观处于华夏文化巨大的惯性中，童蒙未开，已沐浴于汉语笼罩的乡风民俗，审美之眼待启。七八岁读书，十几岁优游乡里，二十来岁始远游，备足了身心的可能性。写诗、作赋、撰文，让语言去捕捉自然的万千变化，拢集乡野的脉脉温情。山林云气之变，溪流瀑布之音，配以村落晨汲于暮春的画面，与目谋，与心遇，所得可谓富矣。

人有内心纵深，山山水水才有纵深，大地才展开她的广袤。农夫渔父的细腻感受多在操劳中，操劳本身具有丰富性，这是不用说的。而词语展开了别样空间，提纯了普通人的日常感受。山花纷披时，山民的欣悦之情散入了春风，诗人在风中捉住欣悦，放进词语的巧安排。诗人乃是从事"捕捉业"的好手，捉自然、捉人事、捉情绪、捉思绪。捉住就不放，千年传下来。一切艺术，本质上都是诗。

海氏："我们要倾听诗人的言说。"

"李侯有句不肯吐，淡墨写出无声诗。"（黄庭坚）这是形容画家李公麟。

中国的古典诗人几乎都是官员，或者说，准备踏上仕途的人，有着良好的人文素养和自然关切。这在全世界具有唯一性。

汉语艺术几千年，抵达现代并越过现代，同样具有全球唯一性。

"髯秦"骑马如御风，拿舟若飞箭。从他的游记看，他颇善骑术。宋代一般人家的子弟多骑驴子，汴京亦然，长卷《清明上河图》，驴多马少。秦观能骑马出游，表明他家境尚可，也可能是官员们借马或赠马。年轻的秦观与太守、县令并游，历代诗人中不多见。在孙觉府上，他是亲戚和后起之秀，孙觉书法不行，把一些重要的书事交给他，付给他报酬。但孙觉提醒他不可放纵游瘾。奈何他游瘾大，出游的频率总是很高。船上和马背上不废观书，夜宿驿馆或古庙，把卷至深夜，尽管他读的书未必与场屋相关。换言之，目的性不是太强。宰相的儿子晏几道坐拥书城，"玩思百家"，高邮的乡村青年秦少游细玩曲子词。玩味。庄子的学问"无所不窥"，苏东坡"不特观一书"，鲁迅先生提倡"随便翻翻"，都含有玩味的意思。读书不宜讲实用。

博学的人物从来不讲实用。因为没有人知道所谓"用"的范围究竟有多大。

诸子百家有什么用呢？《诗经》《楚辞》有什么用呢？

阅读的实用主义导致鼠目寸光。大面积的实用主义导致集体短视。

秦观的连年远游，跟实用丝毫不搭调，少年身心备足了潜能，然后他就冲出去了，冲向自己的内心褶皱。心远，身才远。心之远是一步步往前推的，旷野为何吸引人？佛寺神祠为何吸引人？漫游者并不十分清楚，清楚的是：持续的朦胧冲动。

早期的动物有一种看的模糊冲动，于是慢慢进化出了一双眼睛。如果早期动物懂得了实用主义，善于吹糖见米，那么，看的冲动就冲不远，眼睛就长不出来。植物的生长也是靠着朦胧冲动。凭借柏格森讲的这个例子，可以重新审视理想主义与实用主义。

柏格森的《创化论》，主要研究生命冲动。创化，即创造性进化。

现代性催逼下的欧洲人也不大懂得漫游了，米兰·昆德拉的近作《慢》，道出这种忧虑："悠闲正在退化成无所事事。"不过，依愚见，人类拥有超强的技术仅仅几十年，新鲜事物蜂拥，人的受制于物，亦属常理。形势比人强。而人类文明已有数千年，文明反弹的力量深不可测，一似受到技术催逼的自然力的反弹。

受损的日常生活之意蕴层，会慢慢修复。

少游，少游，少年远游。秦少游游历的具体情形多不可考，好在古今学人为我们勾勒了大致的轮廓。"优游乡里"，"喜从滑稽饮酒者游"，婚后与诸豪游，建立了极佳的交游平台。诸豪者，非泛泛之辈也。孙觉、李常、参寥、鲜于侁，连同稍后的苏轼苏辙兄弟，哪个不是宋代的一流人物？秦观与之游，把自己游丰富了。

见贤思齐，小贤奔了大贤去。淮扬、吴越风光又美，古迹又多，隔山隔水不同俗，意外的东西纷至沓来，太阳每天都是新的，几十年游不够。

纵观秦少游的一生，美好生活超过四十年，后来贬谪七年，亦不乏颠沛中的美好。

秦观二十八九岁，与湖州太守李常游。漫游吴越，这是第二次，秦观自称北客。李常大他十几岁，仕途正顺畅，后去齐州（济南）担任知州。这位继欧阳修之后的数一数二的藏书家，博学，性情开朗而幽默，笑声激荡太湖水；喜欢美酒美食美人，并且说在明处。李常已经影响了外甥黄庭坚，现在又来影响子侄辈的秦少游，以调侃的语气趣话孙觉的古板。由他说合，孙觉的女儿孙兰溪嫁给了进士黄庭坚。

李常进一步延伸了秦观的交游平台，一些吴越名士，以邀请秦观做客为夸耀。有个钱塘名士陈舜俞，把秦观请到他的府第吃酒谈诗，安排他的侍儿妙奴表演歌舞。秦观即席赋一首《陈令举妙奴诗》："西湖水滑多娇嫩，妙奴十二正芬芳。肌肤皙白发脚长，含语未发先有香。溪上夜燕侍簪裳，皎如月华堕沧浪。音声入云能断肠，不许北客辞酒浆……"《西湖游览志余》："妙奴者，钱塘陈令举小鬟也。"

妙奴十二岁，含苞欲放的花朵，她除了能歌善舞，还能劝嘉宾尽兴饮酒，不许客人推辞美酒。娇憨的情态呼之欲出。苏轼初仕杭州担任通判，遇王朝云，朝云也是十二岁，"琵琶绝艺……玉人家在凤凰山。"江南女子，自幼入籍做官妓的不少。宋代的城镇人口增长快，仁宗朝达到三千万，约占总人口的三分之一。有些偏远的地方溺杀女婴成俗，江淮一带不多见，盖因自古富庶，女孩儿有更多的谋生手段。

苏轼另有记云："杭妓往苏迓新守。"杭州来了新太守，杭妓们要到苏州去迎迓。官妓私妓竞争琴棋书画，从唐代就开始了，宋代三百年更热闹，她们纵马冶游，斗酒斗茶，品画解诗，制造欢乐的气氛不遗余力。纤细而卑贱的群落倒是具备文化修养，堪称古代中国之奇观。宋词的兴旺，很难想象官妓私妓的缺席。官妓者，服务的对象主要是官员。

士大夫兴奋了，诗词手、丹青手、建筑手层出不穷。皇家推动，市井追捧，而士大夫良好的修养为艺术的格调设定了底线。士大夫的兴奋，远离了优伶式的轻薄，轻佻，轻浮。艺术不向权力场，更不向市场寻求本质性根据。柳永的毛笔要赚银子糊口，于是俚词多，晏殊就冷淡他，仁宗皇帝大笔一挥叫他梦断科场，时隔百余年，李清照批评他。

书画市场形成于北宋，但大多数顶级的艺术家是不卖字画的，像文同太守，墨竹天下第一，却穷得叮当响，死后无钱归葬蜀中的故乡盐亭。苏东坡是写意画的宗师，书法居"宋四家"之首，平生不卖一幅字画。欧阳修是文人书法的开创者，也不卖字。

艺术自律，而非他律。

宋词的作者都是受过严格训练的诗人，苦于唐人的高度难以企及，把更多的灵感交给了"诗余"，唐诗之旁，另起高峰。两座高峰乃是相互映照的高峰。唐诗宋词延伸了起于《诗经》《楚辞》、承于汉乐府民歌以及魏晋诗歌的汉语艺术之大道。我们今天能读到那么多绝妙好词，盖因两宋士大夫三百年的兴奋。

秦少游越游越远，越来越兴奋了，享受着褶皱的缓慢打开，心花的悠长绽放。兴奋点通体分布，能量自持，远离了现代常见的快餐式的积聚与消耗。能量太足，他将用一生的时间去释放。只能是部分释放，没人能把褶皱完全打开。除非是快餐式的稀薄积聚。

这个话题不小，容后细谈。

秦观三十岁左右留下一首《满江红》："越艳风流，占天上、人间第一。须信道，绝尘标致，倾城颜色……"越艳，即越州艳女。

会稽（绍兴）太守程公辟像孙觉和李常一样，高规格接待秦少游，待以国士之礼。少游入住的馆驿叫蓬莱阁，类似扬州的平山堂，为官方接待贵客的豪华宾馆。此间的秦观已是高邮名士，多年与诸豪游，除了把自己的学识见闻游丰富之外，也把名气游大了。二者他都要。唐宋六百年，士子们的远游正是冲着见识和名气去的。

从仲夏到暮秋，秦观待在会稽，诗心勃勃，写下近百首诗篇。多写野外，越州风物、兰亭风流收于纸上。诗中找不到几句情色语。填词则不同，笔触转向了越女吴姬。程太守让越州最具艳名的官妓侍宴，"绝尘标致，倾城颜色"。诗歌不便表达的，曲子词一吐为快。不难想象大胡子秦观惊艳的傻模样。他想得远了，想到那位标致越艳的宝钗落枕了，于是，合该转颓唐，空成追忆。追忆好，得不到的越女之艳，只会越来越艳。情怀若是落实了，思绪飘不远。一个是久闻艳名，另一个止于歌舞佐酒的迎宾礼。才子庆幸相识，佳人青睐才子而已。双方的情愫并不对称，越艳矜持，少游惆怅，她是缠过小脚的。女人裹小脚始于宋代，盛于清代。宋词九百家，存词一万多首，写小脚的词作少。

越艳风流与自然之美同在。沉鱼落雁，闭月羞花，"侧帽风前花满路，冶叶倡条情绪"，女子的艳姿和男人的风度，令枝叶生出情绪来。

关于《满江红》和那位越艳的故事，容后细表。

苏轼三十七岁初仕杭州，始作曲子词，一写三十多首，不见豪放之作。四十岁升山东密州太守，笔端才有了北方的粗犷。地域对情绪有着不易察觉的潜移默化。连江南人的吵架，听上去也跟唱歌似的。我去杭州、苏州、绍兴盘桓，觉得太有意思了。数以百计的地名、山水名，打上了女性柔媚的烙印，苏轼命名的西子湖居首。

鲁迅劝过郁达夫，说杭州待久了不行，再弄个苏小小，就更没意思。温柔乡，美女窟，容易消磨意志。中唐杜牧名句：

十年一觉扬州梦，赢得青楼薄幸名。

北宋柳永接着说：

漫赢得青楼、薄幸名存。

苏轼在杭州，流连城南的繁华区沙河塘。"沙河塘里灯初上，水调谁家唱？夜阑风静欲归时，唯有一江明月碧琉璃。"月夜钱塘江畔，谁唱歌呢？苏轼另有诗《戏赠》云：

惆怅沙河十里春，一番花老一番新。
小桥依旧斜阳里，不见楼中垂手人。

唱《水调歌头》的人和苏轼念念不忘的楼中垂手人，是否系同一佳丽？楼中的丽影稍纵即逝。

苏轼的杭州惆怅，秦观的越州惆怅，相隔大约六七年。惆怅是一种常见的古典情绪，以心之幽深为前提，裹得紧，飘得远，拢集花木和旷野，抵达了悠悠白云。苏轼《荷花媚》云：

终须放、船儿去，清香深处住，看伊颜色。

杭州三年通判，苏子瞻下笔缠绵，足见江南柔媚之气场。如果一直待下去，东坡与西湖长期共柔波，那么，豪放子瞻多半出不来。而秦观的活动区域主要在淮南江南，不识北方的雄浑苍凉。尽管他生得雄壮。

填词走上婉约一途，是上帝给他安排的。

秦观二十来岁始与官员游，并且不是一般的官员，多是一方大员。频繁与官妓接触，她们还不是一般的官妓。十几年来他阅美多矣，越艳杭艳苏艳、吴兴艳、扬州艳、高邮艳，更兼佳酿鲜花作了催化剂。词笔涉孟浪，倒不值得大惊小怪。婉约词的先锋队通常有些孟浪语，柳永、苏轼、李清照、周邦彦、辛弃疾、姜白石……翻翻他们的词集，早期的孟浪为后来的雅典含蓄作了铺垫。

为何不能孟浪到底？个体良好的文化修养、群体长期的道德覆盖设定了底线。

而眼下，占据媒体娱乐版的艺人圈子缺什么，不需笔者来饶舌。

闲居扬州的刘太尉邀请秦观去做客，连日诗酒酬唱，席间一歌女，竟然"为学士瘦了一半"。这桩轶事见于宋人笔记《古今词话》，歌女是个箜篌女，秦观听她弹奏当不止一次。箜篌是一种古乐器，用材讲究，昂贵，体积也较大，弹奏的曲子多是技巧难度高的古典，一般歌女是不去碰的。中唐李贺的名篇《李凭箜篌引》："吴丝蜀桐张高秋，李凭中国弹箜篌……"是描绘弹箜篌的绝唱。秦观自是熟悉，对箜篌和箜篌女都感到好奇。

酒酣耳热之际，座中寥落之时，秦观应她的眼色邀请，凑近了看箜篌，复看与古乐器浑然一体的紫衣箜篌女。双方都好奇，有掩饰不住的好感。秦观的音乐修养非苏东坡所能及，解乐，解箜篌，解歌女的琴心。一言合，句句合。一点通，周身通。于是双双转至屏风后。不觉天光暗了、眼儿低了、神思恍惚了，老天爷又送来一阵及时风，直将烛台扑灭。顿时黑咕隆咚的，二人竟抛开乐器亲昵起来，移至花深处，细雨蒙蒙情浪翻。

末了，箜篌女脱口道："今日为学士瘦了一半！"秦观说啥，史料不载。大概激动得语无伦次。歌女说她一天瘦了一半，既是心情的表达，又是某种程度的实情。

为秦少游，她连日消得人憔悴。

秦观是秀才兼名士，宋代的民间尊敬读书人，一般呼为学士。

漫游游出了艳遇，听歌听到了心声。少游睡不着了，睁眼闭眼都是扬州箜篌女，起床命笔，《御街行》一挥而就：

> 银烛生花如红豆，这好事、而今有。夜阑人静曲屏深，借宝瑟、轻轻招手。可怜一阵白蘋风，故灭烛，教相就。 花带雨冰肌香透。恨莺啼、辘轳声晓，岸柳微风吹残酒。断肠时、至今依旧。镜中消瘦。那人知后，怕你来僝僽。

僝僽，犹憔悴，愁闷。

称好事而今有，看来是少游的头一回。时令在夏秋之交。情怀按捺不住，有了另一首《阮郎归》，上片：

> 宫腰袅袅翠鬟松，夜堂深处逢。
> 无端银烛殒秋风，灵犀得暗通。

熙宁初年，苏轼忙完了官事游西湖，一个杭州的"尤丽女子"驾小舟破浪奔向他，弹古筝，睇秋波，弄风情，私心倾慕久也，"闻公游湖，不惮呈身以遂景慕之忱"。这古筝女的献身精神把苏轼吓了一跳。女子未能如愿，弹哀筝怅然而去。古筝女是个钱塘少妇，《瓮牖闲评》说她："年且三十余，风韵闲雅，绰有态度。"

秦观与箜篌女，苏轼与古筝女，相同的邂逅，不同的结果。史料称苏轼"性不昵妇人"，苏轼做了朝廷大臣，家中不蓄歌舞伎，有人来借歌舞用的拍板，他家没有，宣称自己是京城的"声色独完人"。为什么？苏轼的生命喷发点太多，他欣赏女性美，发乎情而止乎礼。在黄州，他于雪堂墙壁写了一段话，其中说："蛾眉皓齿，命曰杀性之斧。"

秦少游的漫游是冲着山水、古迹、佳丽和良师益友去的，大胡子渐渐目光细腻，与湖光山色相接、相得、相亲，氤氲而妙合。心灵的节奏合于自然的律动。此种契合，晋唐宋一千年，多矣，多矣。游出了内心纵深，打开了种种褶皱。装备精良的诗人们上路了。词语为诸般微妙的情绪赋形。词语和春花秋月、夏云冬雨搅作一团。

所谓天地之魅惑，盖指此焉。

一个人在路上，一群人在路上。过了一道水，翻过一座山，发现了不一样的人，不一样的语音举止，不一样的服饰和生活习惯。连村酿的味道都有好多种⋯⋯

世界真的很大呀！不一样才有世界之大。

飞机画出的半径其实不大，如果人是蜻蜓点水的人，那么，一切事物都如同过眼云烟，何处是远方？哪里有他乡？也许迁徙的候鸟倒是有着更多的惊奇。不着急，慢慢走。中国毕竟山水纵横古迹万千，南方是南方，北方是北方，找个有意思的地方住下来，慢慢体验吧。如果修炼了一双审美之眼，格物之眼，远方就在任何人的家乡。

熙宁三年（1070），鲜于侁任扬州太守，秦观以贵宾的身份与之游。

熙宁七年（1074），吕公著迁扬州太守，一封请柬到高邮，秦观下兰舟，再度出发。

第五章 扬州平山堂与秦少游的滑稽表演

一〇四八年，太守欧阳修在扬州之南郊蜀冈建了一座平山堂，宋人叶梦得记云："欧阳文忠公在扬州，作平山堂，壮丽为淮南第一。"堂后古木参天，堂前沃野千里。欧公建了美堂，隔数年又写美词，且看《朝中措》：

> 平山栏槛倚晴空，山色有无中。手种堂前垂柳，别来几度春风。　文章太守，挥毫万字，一饮千钟。行乐直须年少，尊前看取衰翁。

此前，欧阳修在滁州做太守，建丰乐亭，作《丰乐亭记》，又作《醉翁亭记》。小邦为政卓有建树，于是调到大邦扬州，仅一年，政通人和。欧阳修的政治才能可见一斑。他生于西蜀绵州，和李白算同乡，距苏轼的老家眉山二百里；五岁随父出蜀后，不复返回绵州。平山堂建在蜀冈上，当含有思蜀的意思。扬州百姓爱戴他，在堂前栽了一棵柳树，呼为"欧公柳"。欧公调去京师，继任者姓薛，也在堂前栽了一棵柳树，命其属下呼为薛公柳。平山堂前两棵柳,一棵枝繁叶茂,另一棵却是病歪歪。

为何病歪歪呢?原来,夜里有人棒打树,指树骂曰:姓薛的,你这狗官贪官,如何能够自比欧公?我今日打你三百棍子,我明日打你五百棍子!

薛调离扬州的当天,薛公柳被人连根拔去,当柴火烧了。欧公柳依然堂前笑春风。

平山堂是欧阳修亲自设计的。苏轼则于黄州起黄楼,在密州建超然台,在杭州西湖筑苏堤,在惠州建浮桥,在儋州盖桄榔庵,为广州设计自来水工程……宋代官员于建筑多有嗜好,一砖一瓦一木,注入了心血,融入诗人的想象和工程师的精确。

宋代的建筑简洁尚意,与服饰、器皿、书画的风格是统一的。

文人主政三百年,价值体系大致清晰,士大夫的情趣主导了民间的生活方式。

十一世纪中叶,醉翁欧阳修醉于平山堂,僚属簇拥,艳姬娇娥鱼贯列,"佳人舞点金钗溜"。苏词:"记得醉翁语,山色有无中。"苏轼记错了,"山色有无中"是王维的佳句。另外,欧阳修自幼视力不好,看山脉才若有若无。欧公大约想起了洛阳的青春岁月,跟着老贵族钱惟演,打马纵酒胡闹,红楼绮陌颠颠地奔走……于是归为一声叹息:"尊前看取衰翁。"而刚才还宣称要豪饮一千钟。这句子,带出欧阳修暮年的身心特征:忽而气足,忽而气衰。欧公名句:"日日花前常病酒,不辞镜里朱颜瘦。"

欧阳修的一生操劳太多,兴趣太广。政事、文事、家事、佛事、书事、绘事、琴事、棋事、集古事、冶游事、风流事……国家领导人,又是文坛宗师、学界的领袖,活得那么率真,生存的姿态朝着四面八方,面部表情永远丰富。

北宋有这个气场,盛唐不能比。

欧阳修把精英文化的接力棒,交给了更为强大的苏东坡。

一〇七二年，欧阳修仙逝于颍州，享年六十六岁。就生存密度而言，他的一年，胜过常人十年。他是精神生活与物质生活的双重贵族。青年时代读书用功，也是章台妓馆的积极分子。中年他自号"六一居士"，勤政之余优哉游哉。年过六旬，乐山乐水乐逍遥，乃是古今不多见的老年魅力的排头兵，随时可能改变自己的活法。

且看欧公写颍州西湖："群芳过后西湖好，狼藉残红，飞絮蒙蒙，双燕归来细雨中。"《采桑子》十首，把颍水写绝了，如同苏轼把杭州西湖写绝了，把庐山写绝了。

一〇七九年暮春，苏轼过境扬州，鲜于侁于平山堂设宴款待。苏轼作词《西江月》云：

> 三过平山堂下，半生弹指声中。十年不见老仙翁，壁上龙蛇飞动。　欲吊文章太守，乃歌杨柳春风。休言万事转头空，未转头时是梦。

平山堂的墙壁上有欧阳修的墨迹《朝中措》。苏轼复留墨宝，肥而见骨的苏体字映照欧公的龙蛇飞动，蜀人鲜于侁大喜。

宋人记载：

> 东坡登平山堂，怀醉翁，作此词。张嘉父谓予曰：时红妆成轮，名士堵立，看其落笔置纸，目送万里，殆欲仙去耳。

靓妆佳丽围成了姹紫嫣红的圈子，一串笑，她们俱弯纤腰，杨柳般的轻盈。名士如云，豪饮剧谈。旷代之大师目送万里，飘飘然若神仙。其时苏轼四十来岁，声誉如日中天，四海争拜马蹄。苏轼生得"颀身伟岸"，短须，红脸膛，胸中万卷书，一挥百纸尽。

中国的水墨写意画，苏东坡是开创者，竹石图真迹今尚存焉。书法灵动而丰腴，"肥到杨妃肉亦佳。"填词是余事，书法更是余事中的余事，随意为之方可，不能追奇逐怪，不能为风格而风格。欧阳修明确说："书法不可为怪！"

宋代已有专工书法者，欧阳修斥曰："弃人间百事而专攻一书事，本末倒置矣！"

眼下这个问题的严重性，岂止十倍于宋代。写字画画不读书、不讲修炼的，数字庞大，各地皆然。糟糕的风气早已形成，艺术正在沦为技术。而苏东坡评价文同的画、米芾的字，首重其学养，末了才谈技法。东坡深意在焉。

这文脉，庶几断了一半。

秦观的孩提时代，二十几岁的苏轼已"暴得大名"，仁宗皇帝叹赏：子瞻有宰辅之才啊。秦观长大了，复从孙觉、李常、鲜于侁等人的口中听到苏轼的风采，心向往之，"如慕天人。"苏轼与他们三个人多有书信往来，秦观得以观真迹，如观至宝。借了苏轼的亲笔信件回家揣摩，往往一纸摩写数十遍。苏轼每有新诗词，士大夫们乐于传播。高邮秀才秦少游不甘人后，须臾记熟了，吃饭睡觉也在玩味，停箸于空中，发呆于床上。妻子徐文美笑话他，儿女们叽叽咕咕议论父亲有趣的举止，暗暗崇拜父亲崇拜的当世高人。

秦少游对弟弟秦少章说：我总觉得，迟早与子瞻先生有缘。

秦少章笑道：那我就等着沾哥哥的光吧。

欧阳修发现了眉山苏轼，苏轼会不会高看高邮秦观呢？

这念头忽然就来了，秦少游的心不禁怦怦跳。风起于青萍之末，念头起于细微之处。看似来无踪，其实有痕迹。早年的滑稽游使他的脑袋十分好使，每日读书，并没有读成迂夫子。念头来了就抓住它。怦然心动，表明念头不一般哪。

灵动者善于反观自身。这灵动，也源自偷酒胡闹，晨昏游走。

四书五经容易捆住人的手脚，思绪和四肢都动弹不开。

中国传统文化，打得通便是好汉。打不通则麻烦，摇头晃脑晃到老。腐儒，迂叟，穷酸秀才，乃是古代近代的常用词。鲁迅先生笔下的孔乙己，描画最生动。

如何打通？血性是个渠道。血性之力能把束缚人的东西冲开，孔子孟子庄子皆属此类。笔者写司马迁，写曹操，写李白杜甫，写曹雪芹，写李清照，写竹林诸贤和东晋的王羲之，写自言"性刚才拙，与物多忤"的陶渊明，意识到血性之于经典读物的重要性。

当然，血性冲力也把更多的人冲到一边去了。

血与智的内在联系尚待考察。这方面，注重个体的西方人占据明显的优势。

一〇七四年的仲夏，秦少游闲居三垛村之秦垛老宅，"从妇论蚕"，逗儿子抱女儿，闲绕老宅观桑柘，偶尔下地干农活，进厨房做做妻子的下手。断断续续扛了几回锄头，打了几回鱼，劈了一堆柴，体验"晨起理荒秽，戴月荷锄归"，沉思"斜风细雨不须归"的妙境。生活介于富贵与贫穷之间，正好。孔子讲过："奢则不孙。"孙，意即谦逊。不孙，引申为骄纵，骄横。看来富家子弟的不成器，骄纵凌人，似乎成了历史规律。暴富之家易衰。暴富者的价值观通常糟糕，天大地大不如钱大，其言传与身教，不出败家子也难。

宋代的富人们大抵低调，懂得向书香人家看齐。读书多，奢侈少。民间的耕读传家可称历代之最。良好的文化修养是少数人的事情，多数人却是骨子里尊重文化。

文化修养与学历是两码事。文之化人，是要进入血液的，要有清晰的价值引领。

秦少游并不知道自己处于历史的张力中，不像黄庭坚，由衷地感激宋仁宗时代。秦观活在具体的向往中，此间正热烈地向往苏轼。有消息说，辗转仕途的苏轼将到高邮来访问孙觉，秦观一听，眼睛顿时亮得像织女星。

终日怀揣大激动，不觉徘徊村头树。

当年，他在村头表演滑稽戏，手持丈余木戟，朝着想象中的契丹人发起一次又一次冲锋。眼下他仰望枝干遒劲的老槐树，忽然箭步跃上了树台，金鸡独立，打眼罩，吹胡子，挺胸膛，将念头瞄准了那位鼎鼎大名的眉山苏子瞻。

高邮秦少游，真是不简单。高看少游的江南高人好几个哩！秦少游想要结识苏子瞻还不是小菜一碟？可是且慢，且慢，不要太激动，那苏子瞻足迹万里阅人无数，学养才华十倍于孙觉李常，如果他并不高看秦少游呢？如果他察觉了秦少游用功少才导致屡考失利呢？如果……愿望很强烈，于是他想得多了，真是没法想得少。要找个办法，让秦少游三个字亮起来，高邮秦少游，扬州秦少游，淮海秦少游！要让自己的名字和淮海一样大。少游一念及此，顿时觉得天高地厚。

天地间一髯秦，每一根胡子都不同寻常！

这暮色中的髯秦却又想：苏轼只叫眉山苏轼，不称西蜀苏轼或成都苏轼，书画作品的落款，连眉州苏轼都不用，是何缘故？唉，人家的名头够响亮了，太响亮了，连大漠辽国都视为"中朝第一人"，人家犯不着把名字号与地域的宽广捆绑而沾。

李白自号青莲居士，只用绵州的一个乡名。

牛啊。历史牛人星光灿烂。

秦少游细想李白苏轼，有点泄气了。不过，他还年轻，日子长着呢，说不定哪一天他跟李太白一样光焰夺目，气冲牛斗，彼时，只消打出三垛村秦观的旗号足矣。

脑子发热了，冒出来的念头有些不着边际了，转而自笑，拍拍脑门子，摸一把扎手的浓胡子。三垛村秦观？不大可能。托大了。有点儿犯神经。

秦观初字太虚，后来改字少游，中年闻达于学林之后，自称淮海居士，学士们也认可。苏轼贬黄州，始自号曰东坡：一块五十亩左右的废坡地，他率领全家改造为金麦田。黄庭坚自号山谷道人，道号取自一个无名山谷。相比之下，秦少游的号大，径直接了淮海，透露了某种不自信，自傲通向了自卑。也许，研究秦观的学者们未能思及这一层。

夜深了，月儿在天，人影在地。滑稽青年秦少游徘徊村头树，不知道自己要干啥。村里人早习惯了。弟弟秦少章站在家门口观望。——哥哥想了大半天，想出妙招了吗？

一〇七四年七月，苏轼自杭州赴密州任，过境高邮，入住孙觉的庄园。其时孙觉居丧。二人泛舟于新开的湖上，并辔于乡村的弯弯山道，流连高邮好风景。慕名而来的士子们追随其后。苏轼在杭州始填词，三十多首，均系婉约一派。到了山东密州，下笔见豪放。《江城子·密州出猎》：

> 老夫聊发少年狂，左牵黄，右擎苍，锦帽貂裘，千骑卷平冈……

二〇〇九年，山东的张炜先生再次来眉山，席间与我细谈这首《江城子·密州出猎》，认为苏轼笔下的猎犬叫作山东细狗，体格瘦长如豹，奔跑的速度极快。

此间，苏轼逗留高邮，秦观未现身。苏轼问及当地的豪俊，孙觉笑而不答。

两位太守复去扬州，孙觉因居丧不可宴饮而折返。苏轼在扬州太守的陪同下，登蜀冈上的平山堂，名士与官妓环列，争睹苏徐州的道骨仙姿。夏季长风吹古木，堂前一望弥千里。醉翁今何在？墨迹空留华堂，"壁上龙蛇飞动。"

苏子瞻抚摸着欧公柳，怅然久矣，"手种堂前垂柳，别来几度春风。文章太守，挥毫万字，一饮千钟。"众人转至后堂，远远看见雪白的长壁龙飞凤舞。苏轼吃了一惊：谁敢在平山堂书壁呢？官吏们议论开了，边趋前边猜想，有人已作色，准备追查问罪。

苏轼走近了，更是惊得说不出话来。那长壁书法分明是肥而有骨的苏体字，内容又是苏轼诗，再看落款，赫然四个字：眉山苏轼。

宋人笔记《冷斋夜话》："东坡初未识秦少游，少游知其将过维扬，作坡笔语，题壁于一山寺中，东坡果不能辨，大惊。及见孙莘老，出少游诗词数百篇，读之，乃叹曰：向书壁者，岂即此郎耶？"《徐谱》："其题壁之处，或为平山堂及其附近之大明寺。"

秦观为保险起见，两个地方都留下了苏体字墨迹。他预先抄给孙觉的数百首诗词，兼有楷书和行草，下笔飞珠溅玉。这个秦胡子冒名题壁，就不怕苏轼看了不高兴么？看来，他揣摩过苏轼的性格和为人。书法本不错，这是冒名的另一个前提条件。这么干有几分把握呢？六七分把握就可以干了。滑稽饮酒者有冒险精神，有良好的生存直觉。

平山堂是淮南最大的文化符号，苏轼名满天下，而秦观的这一举动将二者兼收。

士子的求功名，乃是盛于唐宋的集体冲动。唐朝干谒的风气波及宋朝，尽管宋的读书人，靠名流显贵举荐而登科的空间已大大缩小。

崇拜、干谒，是秦观冒名书壁的两个动机。平山堂书壁之后，应该说他还有机会面谒偶像，可是他未拜马蹄，没去孙觉的庄园。何以如此？大约是以不在场的方式在场，让苏轼对他的印象更深。诗词、书法，大胆的、近乎怪异的行为，足以让苏轼从此记下秦少游。表演是成功的，秦观以滑稽剧的方式达到了正剧的效果。

不妨猜想：苏子瞻"大惊"于平山堂，秦少游正躲在某处紧张观望，汗水滴下胡子。他蓄谋已久，终于松了一口气，继而手舞足蹈，原地蹦三尺，倒空翻，吐门户，揪耳朵，挤眼睛，伏地吞吃野果……尽作滑稽相也。

偶像近在咫尺，秦观避而不见，表明他的分寸把握，或曰自控力。要知道，他是非常希望当面聆听大师的。分寸把握的来源倒是一个谜。既任性，又自控。换言之，野性的边界亮出了理性——此系古今人杰的共同特征。而分寸把握的基础性情态尚待考察。

十年优游，二十年阅读，秦少游备下了身心迸发的可能性。

第六章

『我独不愿万户侯，但愿一识苏徐州』

　　秦观的科举道路不畅，本书无意细看。如果他二十多岁考上进士做了官，那么，命运会改写，错失顶级的文化圈，又置身于北宋后期日益复杂的官场，成为一代词宗的概率甚小。我感兴趣的，倒是他两次奔汴京，游中原，往返八九千里，路途中难以名状的兴奋，哪里是那些善于"祛魅"的人所能想象的。道路的有限畅通维系了感觉的无限生发。到处都是严格意义上的他乡，惊奇的眼睛永远惊奇。野店一灯如豆，都市百里繁华。奇人异人怪人，神出鬼没。和尚、道士、行商、游医、侠客、卜者、流浪汉……各色人等长足于城市与乡村。南客北客，每个人都诉说着不一样的东西。

　　多样性的游走。神秘诱人的四面八方。每隔三十里有个官办驿站，民间的道路服务设施更多，未见统计数字。租马赁驴的店子，唐宋六百年，点缀了南北大地。

　　"枯藤老树昏鸦。小桥流水人家。古道西风瘦马。"苍凉美感叫人情绪饱满。"鸡声茅店月，人迹板桥霜。"这是落到实处的空灵。"星垂平野阔，月涌大江流。"我们当年是有过切身体验的，岷江之水仿佛天上来。"山重水复疑无路，柳暗花明又一村。"

宋代拥有十万人以上的城市五十多个，大城小城的节庆日众多。民间自发的乐子耍子，没人数得清。自发意味着，经过了漫长时光的自然淘汰，类似物竞天择。

自发生自主。

自主性生存，乃是二十世纪法国人爱用的"被生存"的反义词。

迄今为止，人类智慧尚不足以维系人的多样性、物种的多样性、生活方式的多样性。近现代西方资本-技术逻辑的越界扩张，使世界的祛魅有覆盖这个星球的势头。祛魅这一概念，正是西方哲人发明的，人类学家们加以推广。返魅的道路复杂而漫长。当人类有能力像坐飞机一般漫游外太空时，也许能够重新唤起天地魅惑、"宇宙式的虔诚"（罗素语），不过，这种可能性小。我们的星球永远孤独的可能性大。飞船以光速行驶的星际漫游之类，听上去还不如孙悟空翻筋斗云。科学神话听多了，反而使人更不珍惜已经伤痕累累的地球，愚蠢地认为技术能够解决所有的生态与环境危机、气候变化危机。

笔者拜读胡塞尔《生活世界现象学》一书，感慨良多。

秦少游科场拼搏二十年，自言："奔走道途，常数千里；淹留场屋，几二十年。"其实在京城他依然如故，不大用功，人在书房瞅着窗外。

赵宋立国一百二十多年，汴京繁华胜过唐朝的长安，好玩的去处密如栉。大考在即，秦观还忙着东走西逛，见了陌生人，也要互相嬉笑怒骂。《送钱秀才序》："大衢支径，卒相觏逢，辄嫚骂索酒不肯已。因登楼，纵饮狂醉，各驰驴去，亦不相辞谢。异日复然，率以为常。"谩骂索酒，是欺负店家吧？狂起来没个分寸。

不要分寸。越过了分寸才知道分寸。青春乃是不断试错的过程。

秦观的狂，应该有古代狂士的参照，奔了李太白去，奔了阮步兵去。秦秀才笑骂钱秀才，喝高了，骑驴自走，不打招呼。此系晋人风度（参见《世说新语·任诞》）之宋代版。秦观的酒后胡闹也不是偶尔闹一回，"率以为常"。背负家族的殷殷嘱托千里去赶考，他不学苏轼、黄庭坚挑灯复习，倒是大街小巷乱窜。十处打锣九处在。

学者考证，他的纵饮狂醉是在秋试前。人在繁华汴京，足足玩了一个夏季。为什么这样？对拼搏场屋的重视程度有限。这位高邮三垛村的青年野惯了，髯秦、滑稽秦、饮者秦、诗人秦、夜游秦、狂士秦，合力冲淡了秀才秦。

也许家里给他的压力不大。生计过得去。徐文美只是企盼，并未催逼。

汴京落第之后，朋友们写诗安慰他。他打马回高邮，杜门谢客，下功夫读书，作《掩关铭》：

> 元丰初，观举进士不中，退居高邮，杜门却扫，以诗书自
> 娱，乃作掩关之铭。

后悔了。青春岁月意味着一连串的后悔，有些人甚至养成了后悔的习惯，后悔到老。今日悔过自新，明日毛病又重来。类似一些瘾君子每天都在戒烟。

秦观任性，苏轼也任性，自云"性不忍事"，但苏轼的意志力强于秦观，瞄准了目标就心无旁骛。秦观多髯，苏轼少髯；秦观酒量大，苏轼酒量小。秦观猎艳奔红楼，苏轼大抵不思艳遇，西湖上拒绝艳遇，一般不涉足瓦子勾栏。

青年秦少游的生命冲动同时朝着几个方向，苏子瞻和他的弟弟一心要登科。苏轼二十五岁前的诗作少，三十七岁前，曲子词寥寥，秦观于相同的年龄段已经写下许多，迷上了填词，包括用高邮的方言写词。条声天天地唱，悠悠打着拍板。

词为倚声，要哼，要唱，配以雄壮或轻柔的肢体语言。

生命乐章的多重奏。换言之，年轻的秦少游什么都想要。

平山堂冒名题壁轰动一时，然而，四年过去了，秦观铭记着苏轼，却不知道苏轼对他的印象是否已淡化。双方并无书信往来。大人物见过的小人物数以千计，随口夸几句亦属常情。如何是好？三十岁的秦观决定去徐州拜访苏轼，浙江於潜县的和尚参寥同行。

参寥名道潜，是苏轼的挚友，秦观邀请他当有考虑。

一个浙西於潜大和尚，一个高邮处士，路上玩儿着走，过水，留码头；过山、居山寺；过野店，喝他几杯。盘缠从哪儿来呢？徐文美为丈夫的远行攒下了银子。参寥子平生交游广阔，朋友中官员多，住官舍僧舍，留宿驿站，不用掏腰包。

顺便提一句，宋代的高僧常与士大夫游，佛教与儒教共化天下。和尚们有此自觉。

秦观精心准备了这次拜见，请李常太守写了推荐信。

髯秦满怀期待，巴不得乘疾御风奔徐州。於潜和尚参寥子优哉游哉。

苏轼在密州太守的任上干得好，迁徐州。徐州是古九州之一，农耕发达，山丘富含铁矿石，冶炼场多，历来是军事重镇。秦时叫彭城，西楚霸王项羽定都于此。宋代徐州州治的城市人口约二十万，属于上州。苏轼到任，碰上了大洪水：黄河上游的东平段决口，洪水滔滔而下数百里，昼夜冲击徐州城的城墙，吏民惊恐万分。"一城生齿"，全看苏太守。苏太守连月"庐于城上，过家不入"，治水的英姿不减大禹。

洪水退。宋神宗大喜，下诏嘉奖："敕苏某，昨黄河水至徐州城下，汝亲率官吏，驱督兵夫，救护城壁，一城生齿，并仓库庐舍，得免漂没之害……朕甚嘉之！"

诗人、官员和工程师都需要灵感，需要灵感落地的周密。苏轼于杭州治西湖，于颍州上书，阻止朝廷耗资巨大弊害甚剧的八丈沟计划，皆属此类。

徐州全城欢呼苏太守。工程师苏轼又要过一过建筑瘾了，河畔盖一座黄楼，取五行中土克水的意思。策划、构图、选材、指挥施工，每日跑工地。

苏轼又"性好种植",当初丁母忧回眉山,手植青松三万棵。又种橘、种桑、酿酒、制茶、制墨丸、制陶,发明了许多至今令人喜爱的美食。大儒、高官、学者、文豪、居士,善于推陈出新的艺术家,真正的漫游者,儒释道的融会者,敬天畏地的虔诚者,生活意蕴的保护者,充满奇思妙想的发明家,敢于犯颜直谏的朝堂勇士,影响千年的文化英雄(法国《世界报》评选苏轼为全球十二位千年英雄之一),人类永恒的良知……

真真了不得。非常了不起。

我总觉得,农耕文明对个体生命的塑造更为成功。工业化分工细,不大可能出现博大精深的、百科全书式的人物。

苏轼在徐州造了镇水的黄楼,写信邀请外地的朋友们写黄楼赋,选一篇刻于楼前的石碑上。参寥和秦观都写了,大约参寥接到苏轼的信,转嘱少游趁机露一手。后来没选上。选上的是苏辙的作品。苏轼赞少游"有屈、宋之姿"。苏子由是明代某个文学流派推举的唐宋八大家之一,诗词一般,文赋不错。笔者读他的诗词集,记不住几首。

黄楼除了镇洪水之外,另有一层寓意。苏轼作《永遇乐》:"明月如霜,好风如水,清景无限……燕子楼空,佳人何在,空锁楼中燕。古今如梦,何曾梦觉?但有旧欢新怨。异时对、黄楼夜景,为余浩叹。"徐州的燕子楼系中唐高官张建封所建,张的爱妾关盼盼,色艺双佳且忠诚,张去世,关盼盼独居燕子楼十年,然后从张建封于地下。张的朋友白居易大为感动。时隔三百年,苏轼登燕子楼凭吊关盼盼,夜上黄楼,浩叹古今如梦。

几年前,秦观的一个长辈在高邮病死了,这位长辈的妻子竟然服毒殉了丈夫,淮扬一带传为贞节妇人。她殉情尚可理解,单纯的殉夫却是受了礼教的毒害。

四十三岁的苏轼知徐州,正与钱塘佳丽王朝云两情缱绻。苏与王的热恋期显然在徐州，有苏轼长调《三部乐》为证。徐州官厅之逍遥堂，翠竹千竿媚，池塘渡鹤影，幽深的石板小径布满了恋人悄然的足迹、颤动的心绪。今日徐州市重建了"同心池"，纪念苏与王的爱情。王朝云十二岁进入苏轼家，居杭州，迁密州，来徐州，耳濡目染苏太守的家风三四年，向学向善且向美，爱意点点滴滴生出来。

苏轼太忙，初不经意。一朵绝艳之花正在他的身边含苞欲放……

苏王之恋，对秦少游的内心冲击不难猜想。

温书备考要用功啊，否则哪有书中的颜如玉？哪有红袖夜夜添香？

秦观何时到徐州，年谱记之未详，大约是元丰元年（1078）春。他和於潜和尚参寥一起去的，参寥的诸多活动，他应该不会缺席。好不容易千里拜偶像，待的时间估计不短。可能举行了某种拜师仪式，邀请了诸多朋友，击鼓吹笙，诗酒酬唱，尽管拜师的地点不详——这也不重要。徐州人陈师道在《秦少游字序》中说："扬秦子过焉，置醴备乐如师弟子。其时，余病卧里中，闻其行道雍容，逆者旋目，论说伟辩，坐者属耳。世以此奇之，而亦以此疑之，唯公以为杰士。"

本书若干引文，转引自《徐谱》和许伟忠先生《悲情歌手秦少游》一书，均表谢忱。

秦少游置酒备乐，恭恭敬敬的，"如师弟子"，表明不算正式拜师。座谈的时候秦观倒是不谦虚，高邮口音滔滔不绝，还伴以奇特的手势，时有耸人听闻的言辞。宾客反应不一，有人侧目而视，有人耳朵耸起。座中不乏鸿儒达官，他秦观区区一个乡里秀才，白衣混迹于官衣锦衣，非但不怵场，反而眉飞色舞，客人们只好憋了性子听。

这件事传出去了，世人奇之、疑之、怪之，唯独苏公视之为杰士。

秦观的性格，由此可见。

是否有事前的自我推销之谋划呢？应该有吧。平山堂的滑稽表演可视为佐证。另外，他怀揣李常的推荐信。性格加设计，使他在偶像的面前毫不拘束，显示了过人的才华。

陈师道是苏门六君子之一，性格更倔。黄庭坚、晁补之、李方叔、张耒亦然。苏东坡这块大磁铁，吸引的都是同道者和血性汉子。七个人，令人联想啸聚讽诵的竹林七贤。秦观继晁无咎之后，第二个进入苏门。时人呼黄庭坚为苏门四学士之首。

黄庭坚等人也没有正式拜师的记载。收弟子之类，我估计苏轼不感兴趣。旁人将黄、秦、晁、李呼为苏门四学士，他管不了，也懒得去管。

苏轼知徐州，黄庭坚寄来手抄的古风诗作和干谒信件，苏轼和诗，复信说："轼始见足下诗文于孙莘老之坐上，耸然异之，以为非今世之人也。莘老言：此人，人知之者尚少，子可为称扬其名。轼笑曰：此人如精金美玉，不即人而人即之，将逃名而不可得也……轼方以此求交于足下，而惧其不可得。"黄庭坚小苏轼九岁。

苏轼这风度，俨然一生荐贤才的欧阳修；俨然走马昌谷、拜访小城少年李贺的韩愈；俨然白发苍苍却崇拜着青年李商隐的文坛泰斗白居易。白居易读了《无题》系列之后对李商隐说：我这一辈子是写不过你了，来生让我做你儿子吧。

时下的文坛，这类故事听上去像外星奇谈。

苏轼在徐州拆了祭祀项羽的"霸王厅"，梁柱、石头用以建黄楼。苏轼不喜欢杀人如麻的项羽，命其抵挡洪水。他的祖父苏序曾在眉山拆茅将军庙。祖孙二人的行事，仿佛商量过。并非不重尚武精神，兵学乃苏氏之家学。北宋有远见的士大夫慎言刀兵事，苏轼来徐州的途中，留居范镇的东园，与张方平联名，上书好战的宋神宗，称："贼民之事非一，而好兵者必亡！"

北宋最大的边患辽国，七十多年前已经化干戈为玉帛。西夏不足为大患。可是宋神宗念念不忘契丹辽国拿去的燕云十六州，要打仗，要敛财，要招兵买马。王安石拜相，一系列皆在充实国库和强军的变革措施，正好与皇帝的心思合拍。君臣的意志推为国家意志，要冲破一切阻力，包括冲破祖宗的法度。王安石的"天命不足惧，祖宗之法不足守"，瞄准了赵匡胤重文抑武的立国战略，要另起炉灶，大规模扩充武备。士大夫们嗅到了危险，群起而抗之。敛财，民受其害；打仗，国受其害。从朝廷大臣韩琦、欧阳修、司马光、张方平、富弼、范镇、范纯仁、范纯夫，到地方官员陈襄、苏轼、刘贡父等，一大批人，为赵宋的国运忧心不已。

苏轼建密州超然台，意在彰显无为而为的智慧；拆徐州霸王厅，去掉武人争雄的弊端。而秦少游一度痴迷项羽的神勇，几百里路跑去参拜项羽庙，舞枪弄棍，狂读兵书，激发战斗雄心，跃跃欲试想去北部边疆立战功。此与苏轼，显然相去甚远。他写的《黄楼赋》受到苏轼的称赞，但其重大的政治关切，与苏轼相背。

也许他心存疑问：好端端的霸王厅，至少是个数百年的古建筑吧，为何非要拆掉呀？

小贤在大贤的面前，隐秘的疑问尚不敢透露。受大贤的影响有个过程，多年积下的心劲不大可能瞬间转向。秦观的徐州之行，不妨视为某种新的开端，其后漫长的岁月中，他的价值观和苏轼趋于一致，而艺术道路各走各的。

年方二八（十六岁）的钱塘佳丽王朝云，在徐州正式成为苏轼的侍妾。古代的女子，十几岁嫁为人妇是常态，李白《长干行》："十四为君妇，羞颜未尝开。"

王朝云字子霞，她的名字是苏轼起的，子瞻，子霞，正好是一对情侣，如此称谓，古代罕见。苏轼为朝云写下了十多首诗词，东坡诗集和乐府中，仅有她一人享此殊荣。长调《三部乐》作于徐州的枫叶庭，全词如下：

美人如月。乍见掩暮云，更增妍绝。算应无恨，安用阴晴圆缺。娇甚空只成愁，待下床又懒，未语先咽。数日不来，落尽一庭红叶。　　今朝置酒强起，问为谁减动、一分香雪？何事散花却病、维摩无疾？却低眉，惨然不答。唱《金缕》，一声怨切。堪折便折，且惜取，少年花发。

苏轼于徐州纳朝云，证据是比较充足的。一般学者讳言这个，其实没必要。朝云初为杭州官妓，艺名不清楚，苏轼未曾讲过。也许她七八岁就入籍了。一些穷地方有溺死女婴的恶俗，例如苏轼笔下的密州、黄州。苏杭鱼米之乡，溺婴事少。官妓私妓的队伍庞大，两京之外，两浙第一。官妓们竞争才色艺，希望日后脱籍，进入体面的人家。

唐宋的体面人家主要指官宦之家。朝云进入苏家，努力的方向是明确的，"侍先生二十有三年，忠敬若一。"从《三部乐》看，她的情窦初开，并非一朝一夕。苏轼看她的情态也细，"娇甚空只成愁，待下床又懒，未语先咽。"双方的年龄差距，从苏轼半开玩笑的语气中透露了几许。《东坡乐府》今存词三百多首，婉约词占了大半。豪放词比例小而影响大。为何影响大？因为豪放入词是一件新鲜事，为这种文学形式注入了新鲜血液，使之更高贵，更容易被士大夫接受并影响民间的读书人。

秦观在徐州见过了王朝云，惊艳之余复惭愧。看看人家苏徐州过的是啥日子，文采风流，嘉宾云集，妻贤而妾美。宋仁宗嘉祐二年（1057），苏轼考进士拿了事实上的第一名，数年后制科试入三等（一、二等虚设），系百年来并列三等的第二人，东京民众呼为"双料状元"。苏轼多么用功啊，几十万言的《汉书》居然手抄三遍！难怪他书法无敌。

秦观反观自己的老毛病，天资好，却"废于不勤"，三十而不立。苏辙十九岁考上进士，黄庭坚二十二岁金榜题名，与欧阳修王安石同，且不说孙觉李常鲜于侁……

沉舟侧畔千帆过，病树前头万木春。

若干年以后，秦观纳妾曰边朝华，多半受了苏轼纳朝云的影响。秦观拥有一朵朝花（华通花），苏轼拥有一朵朝云。朝华二字当出自秦观，如同苏轼给朝云取名字。

徐州之行收获多多，其中一种叫作艳羡；另一种叫作惭愧。二者合铸秦观的心劲。

据《徐谱》，秦观陪同苏轼游览了徐州名胜云龙山。其他游览未详。

京城的公子哥儿王巩携家酿而来，醉饮于著名的百步洪，写诗飞快，抛珠溅玉。这王巩字定国，是名相王旦之孙，名臣王素之子，朝廷重臣张方平的女婿。当年苏轼进京应试，怀揣成都府尹张方平写给欧阳修的推荐信。苏轼与王巩论交已近二十年。王巩的年龄比秦观略大，生得细皮嫩肉，眉目间有轩昂之态。他的侍妾宇文柔奴，和王朝云站在一起，酷似并蒂的姊妹花，双双歌舞俱佳，两两艳光四射。

王巩将去山东的青州做官，过境徐州，盘桓一个多月。

此前，李常来徐州官厅逗留，向苏轼屡屡提到秦观和黄庭坚。

徐州名妓马盼盼的书法，似乎专学苏轼。苏轼题匾"山川开合"四个字，写完第三个字，被人拉去吃酒，饮罢归来再写，发现"合"字已淋漓于纸上，仿佛四个楷体大字一气呵成。一问，方知是马盼盼写的。苏轼走到哪儿都有书法的模仿者，足以乱真的不多。当年有秦少游，如今有马盼盼。苏轼大笑认可。

秦观盯紧了大师的一举一动。苏轼的为官，为人，做学问，写诗词，包括开怀大笑的样子，包括雄赳赳走路的姿势，样样是标杆。——秦观近距离迷偶像，丢失自我了。

如何是好？苏徐州可不是孙湖州，那高士做派，那幽默谈吐，那英伟之姿，迷倒天下士子也。秦观既受强大的引力，又不甘心做他附庸，掉头摹写王羲之的小楷字帖《黄庭》，冲淡苏体字的笔意。基础在，拿得起来。

髯秦连日狂饮酒，旁若无人地高谈阔论，"拥鼻高吟"。登山，攀岩，一路领先，拿舟下河炫耀技巧。——偏拿自己的长处，暗比苏轼的短处。

狂士底气有限，把佯狂当作真狂。早年的滑稽劲头尚有余力。

王巩、颜复携马盼盼与另一官妓张英英，画船月夜载美酒，漂流于泗水，苏轼一身羽衣，登黄楼而观之，叹曰："自李太白死，世间无此乐事，已三百余年矣！"

秦观在侧，一声不响。憋呀。

秦观居徐州，没有携妓游的记载。作为苏徐州的座上客，他也就语惊四座罢了，还不敢造次于官妓，重演邂逅扬州箜篌女的那一幕。

秦观自幼有一种异乎寻常的冲劲，这是不成问题的。吸引到苏轼身边的人有两个特点，一是才华出众，二是特立独行。黄庭坚时任北都大名府国子监教授，拒绝教授王安石的《三经新义》，国子监的学生拿不到科举的敲门砖，纷纷跑掉。王安石推新法要起用一批新人，青睐黄庭坚，称："黄某清才，非奔走俗吏。"黄不买账，宁愿做冷官。

冷官一做七年，黄庭坚旺盛的精力付与书画艺术。

徐州的陈师道十六岁就出名了，写诗受到曾巩（唐宋八大家之一）的称赞，长居徐州，从其游者数十人。陈师道也不喜欢王安石，主动放弃了科举考试，自绝于仕途。

《徐谱》："熙宁中，王氏经学盛行，师道心非其说，遂绝意进取。"

陈师道家境一般，拒绝趋炎附势，后来付出了沉重代价。王安石的两个弟弟和一个名叫郑侠的得意门生，同样因反对熙宁新法而甘愿待在下层，郑侠只做个汴京安上门的门吏。类似的例子不胜枚举。北宋士大夫的价值理性具有普遍性，形成百年大气候，汉唐远远不能比。小官也能担当天下，"先天下之忧而忧"。从朝廷到州县，有良知的官员比比皆是。而政治远见由良知出，良知由人文修养出。士大夫要乱来，得首先拆掉他自幼培养的价值体系，冲淡时代氛围。

陈师道因病居家，留意到在苏公座上出了风头的秦少游。十余年后，二人才聚于京师的显赫苏门。苏门六君子，文事酒事风流事……

秦观要走了，将去汴京参加秋试。大约夏四月到徐州，转眼到了五月中旬，按计划，他将走马南都拜访苏辙，怀揣李常的另一封推荐信。这一趟走得风生水起。徐州一些人看不惯他的狂者姿态，阅人无数的苏子瞻识得他的不凡，当庭呼为杰士。高人就是目光长远，看人看事直抵紧要处，不以世俗的议论为参照。

秦观用小楷字写下了一首《别子瞻》，诗云："人生异趣各有求，系风捕影只怀忧。我独不愿万户侯，惟愿一识苏徐州。徐州英伟非人力，世有高名擅区域。珠树三株讵可攀，玉海千寻真莫测……"三珠树指三苏父子。寻，即八尺。李白求官名句："生不用封万户侯，但愿一识韩荆州。"

秦观这首诗的标题直接称子瞻，未称苏徐州，看来早已熟稔。这也算是未行正式拜师礼的一个旁证。苏轼和诗，其中说："故人坐上见君文，谓是古人吁莫测。新诗说尽万物情，硬黄小字临黄庭。"又云："天谴君来破吾愿，一闻君语识君心。"

苏轼看人很准，看过了秦观的数百篇诗文，复见其人，听其语，加深了四年前留下的好印象。苏辙对少游也是礼数有加，《次韵秦观秀才携李公择书相访》称："鸿飞携书堕我庭……袖中秀句淮山青……狂客吾非贺季真，醉吟君似谪仙人。"李常字公择。

贺知章在长安的酒楼一见李白，呼为谪仙人。

大胡子秦观好酒量，醉吟直似诗仙李白。他的诗文却常常被目为清丽，"秦文倩丽若桃李"。苏辙说他的袖中丽句使淮山显得更青。这使秦观的形象容易被误读，以为他生得清秀。不料是一条浓胡子乱飘的大汉。司马迁曾经以为张良身材魁伟，见了画像，才发现张子房"貌如妇人好女"。曹雪芹偏胖，而不是一般阅读印象中的清瘦。

苏子由记云：

秦君与家兄子瞻，约秋后再游彭城。

第七章

闲居

秋后，秦少游在高邮郁闷。汴京考砸了，《徐谱》："秋试不售。"

才子闭门思过，埋头读经书，包括读王安石的《三经新义》。不喜欢王氏经学，但硬着头皮还是要读。当年柳永落榜，写下名词《鹤冲天》："黄金榜上，偶失龙头望。明代暂遗贤，如何向……忍把浮名，换了浅斟低唱。"秦观却需要浮名，不可一味地由着性子浅斟低唱。对他来说，考不上进士前景黯淡。做地方长官的幕僚类似今之"临时工"，官员调走了，饭碗就成了问题。家境也不允许，拿俸禄的祖父垂垂老矣。结婚十多年了，他得负起一个丈夫和父亲的责任。总不能指望妻子年复一年回娘家拿银子。

参寥和尚写诗安慰他，苏轼唱和，并作书信云："此不足为太虚损益，但吊有司之不幸耳。"他收到参寥带来的苏轼诗简很感动，复信曰："某顿首，再拜知府学士先生。比参寥至，奉十二月十二日所赐教，慰诲勤至，殆如服役，把玩弥日，如晤玉音，释然不知穷困憔悴之去也……某鄙陋，不能脂韦婉娈，乖世俗之所好。比迫于衣食，强勉万一之遇，而寸长尺短，各有所施；凿圆枘方，卒以不合。亲戚旧游，无不悯其愚而笑之……惟先生不弃，而时赐之以书，使有以自慰，幸甚幸甚。穷冬，未由侍坐，伏乞为国自重，下慰舆情，不宣。"枘，即榫头。脂韦婉变，犹言搔首弄姿以迎合当局。秦观知道自己的秉性不合时宜，勉强应试，只为衣食之谋。

直到六年后他才考取进士。此间居家读书，写诗、论蚕、酝酿《蚕书》，环宅植桑树，偶尔扛起锄头扁担，干几天农活。交游减少了，他防范着自己的漫游冲动。家庭生活时有拮据，但总体是好的。如果衣食不继，钱粮无算，他会想法子挣钱，比如以秀才兼名士的身份设馆授徒，"舌耕"养家。高邮境内的秀才，数他的名气大，谁能与堂堂苏徐州游呢？谁能再三收到苏徐州的亲笔信呢？李常、孙觉、鲜于侁、吕公著，这些名臣都欣赏他的才华。如果他以此为炫耀，为鼓吹，搭建新的交往平台，并非一件难事。像往常一样出入官厅，做太守的清客，不缺美酒与官妓。然而三十出头的秦少游此间过得很安静。乡邻笑话他的迂阔，他懒得去解释。汴京狂客钱某来访，他比较冷淡。当初在京城互相笑骂的嬉皮相荡然无存。他变了，钱某乞诗未果，当面讨个没趣，悻悻然走人。

《淮海集·与苏公先生简三》云："某比侍亲如故……深居简出，几不与世人相通。"

秦观的性格中有宁静的潜在能量，一朝遇挫折，宁静便来照面。严格意义上的读书人都是宁静者。他不主动访友，诗朋酒友来访，他也与之笑谈字画。客人走了，不远送，不约下一次，独酌挺好的。

艺术家要有直面孤独并且享受孤独的能力。一味地寻欢冶游调笑，"春似轻薄荡子难久。"像眼下的一些蜀人，动不动就搞笑嬉皮再嬉皮，庸俗，动态性地趋于恶俗。

滑稽饮酒秦少游。宁静致远秦少游。

落花人独立，微雨燕双飞。

《徐谱》："先生退居高邮，杜门却扫，以诗书自娱。有《秋兴》九首，拟韩退之、孟郊、韦应物、李贺、李白、玉川子、杜子美、杜牧之、白乐天。"卢仝自号玉川子。

秦观将唐代的诗坛巨星一并收入眼帘。有趣的是，秦观追和的九个著名诗人颇似眼下教科书开列的名单。他词名高，掩盖了诗赋名和字画名。宋词的大家都有很好的诗歌修养，否则就流于浅薄。柳三变、张子野也不例外。喜爱宋词的读者不宜错过宋诗。

秦少游三十来岁，恐怕写诗已千首。诗笔先于他的词笔。呈送苏轼的多是诗文。苏轼赞曰："新诗说尽万物情。"万物的无限差异涌来笔端，于是情绪也千端。尼采讲艺术是生命的兴奋剂，康德说"美是无利害的愉悦"，不过，自近代以来的西方思想强化主客观对立，而技术的急剧进步，终于显现了向自然施暴的另一面。所以海德格尔断言："西方思想从来没有让一朵鲜花绽放。"而庄子式的审美之眼，有进入一朵鲜花绽放的无穷冲动。这对于中国的审美传统具有决定性的奠基意义。审美几乎不伤物。审美与风俗主导的日常生活少伤物。进入物的差异并表达这种差异，乃是最爱物。可惜今天的西方主流意识形态依然不懂。或者说，佯装不懂。资本无限逐利，向自然施暴乃是必然。

经史与唐诗，不叫大胡子秦观浅薄轻浮。场屋失利遏制他的骄狂。后悔了，安静了，"闭门成隐居"，把盏只小饮。他酒量大，小饮也是三五杯。从族兄弟聚饮时，他的表情淡淡的，举目悠远。村里的滑稽后生抱着酒坛子来找他，他闭目晒太阳。微雨天戴了草帽去河边钓鱼，"野渡无人舟自横。"风和日丽躺草坡，把卷却慵懒，仰天打呵欠。

枝头鸟语花香，诗人抱臂入眠。

草坡下，麦苗儿青青菜花黄……

妻子贤惠，儿女绕膝，有酒盈樽，这惬意的日子一直过下去岂不好？可是不行啊，为儿女，为兄弟，为父母的亡灵。弟弟秦少章读书很努力。再者，好男儿志在汴京洛阳。做官若能做到类似知州的品秩，门庭生辉，封妻荫子。宋代官僚制度对读书人的吸引力胜过唐代。一人入仕途，往往形成整个家族的向心力。高邮秦垛村已经出了两个进士。

秦观七岁入小学，读经史子集二十多年。

断断续续的用功，年复一年责备自己的懒惰。赴京考砸了，责己更甚。他决心甩掉以往的生活态度，近于洗心革面。要过苏轼那样的日子，有造福苍生的伟业，有名扬四海的文采风流，有王朝云一般的红颜知己！

意志力提升了，稳住了，不复降下来。这些日子的情与貌，庶几叫作气定神闲。读王氏经学也不那么排斥了。过了一个关键坎，忽然天宽地阔。这一转变，对秦观的重要性显而易见。苏轼二十七八岁任凤翔签判，顶撞太守陈希亮，很闹了一些别扭。后来做杭州通判，与两任太守合作愉快。忆及作古的陈希亮，充满了后悔与惆怅。苏轼年少"暴得大名"，颇自负，性格又雄浑奔放，口不择言，得罪了不少人，其中包括他的几个好友。年轻人走点弯路干点愚事不要紧，要紧的是学习孔夫子，"吾日三省吾身"。

秦观窝在家里，待在村里，偶尔浮槎春水上，纵马骑射于丘山之间。勤学苦读后，闲适方来照面。闲而自适，身心爽然。有志一身轻。何以说有志一身轻呢？因为他战胜了自己的惰性，谢绝了"损友"和不必要的家族应酬。意志力终于提升上来了，换了一个人似的，近乎脱胎换骨。举步轻快，目光内敛。看书更仔细，字里行间的领悟更多。

秦少游婚后不乏闲居的时光，远远超过出门漫游的日子，但这一次不同。考砸了，醒悟了。所谓当头一棒，佛门谓之棒喝。苏轼等人又提供了强大的榜样力量。要向优秀的人物看齐。儒家强调的反观自身，反求诸己，这一次在秦观的身上表现得比较充分。

不管将来能不能考上进士，他自身的变化是可喜的。

秦观的这种闲适，乃是躁动之后的安静，换言之，躁动的能量衰减了。而立之年他完成了一次转折。野性未消，而理性的亮相，平衡了由来已久的野性。安静向来有安静之外的因素作铺垫。静的深度，常常取决于动的力度。静的时间长了，失掉动之力的潜在支撑，静就从它自身脱落，滑向无聊，滑向昏昏欲睡。一切安静、安详的情绪状态都有动态世事之背景。这个背景模糊了，安静便会转向空洞和无聊。山寺里的高僧，蒲团打坐启慧眼，眼观鼻鼻观心，纳大千世界芸芸众生于方寸间。

海德格尔《存在与时间》，欧美学界九十年来折服也，阐释多焉。笔者长期拜读这部大书，领悟了一点皮毛。西哲之思环环相扣，对中国古典文献的再探索有明显的帮助，以辨幽析微之精细，补汉语大词常趋于"概而言之"的短板。

不过，日常生活中的闲，存在大量误区。悠闲正在蜕变成无所事事。无所事事乃是无聊的前兆或近邻。无聊之能量驱使无聊者寻找刺激，刺激完了他一定更无聊，一定再寻新刺激，形成恶性循环。悠闲，无疑是后天获得的一种能力。如今太多的人以为温饱之后就能享受悠闲了，深入误区而不自知。渐渐闲而不适，心慌，于是沉溺于打牌、上网、酗酒、编段子嬉皮笑脸，生存难以逆转地趋向逼仄，锁定于单一。

十一世纪的秦少游修养好，情趣多，牵挂深广。这是他享受闲居的前提。也许秦氏家族的老宅有些破旧了，却不妨碍诗意栖居。老房子恰好贮藏诗意，老树、老井、老墙、老家什，闪烁着家族的传说，诉说着无边的记忆。唐朝的文化巨星们日夜陪伴他。苏徐州，嗬，这个名字真响亮。苏子瞻太迷人了。秦观张罗高邮的土特产给苏轼寄去，年谱有记载，寄螃蟹和鱼干。没有寄特产给苏辙、李常的记载。

《淮海集》有云：

> 余既以所学迂阔，不售于世，乡人多笑之，耻与游，而余亦不愿见也。因闭门却扫，日以文史自娱。

这里讲的所学迂阔，是指此前的读书自主，玩思经史与诗词，没有去迎合熙宁年间科场盛行的王氏经学。晏丞相的儿子晏几道衣食无忧，读书全然凭着自己的兴趣，"玩思百家"，又居于东京（汴梁）赐第，有个一流的文化圈子，而秦观的家乡哪能与汴京比。要大展宏图，必须走出去，必须金榜题名。

秦观的奋斗目标确定了，思维清晰了，看王安石阐释儒家经典的新书，大抵看得进去了。据他所知，司马光和苏轼对王安石的道德文章评价很高。

秦观《次韵参寥》云：

> 长安仕路与云齐，倦仆羸骖不可跻。

长安代指汴梁。仕途高不可攀。他自谓羸骖，一匹弱马，终于有了自知之明。

《春日杂兴》，其五曰：

> 东方有美人，容华茂春粲。抱影守单栖，含睇理哀弹。声意一何切，所欢邈云汉。徒然事膏沐，孰与徂昏旦……岁岁芳草滋，夜夜明星烂。合并会有时，索居不必叹！

诗篇以美人寂寞比喻求仕失败，但不止于此。春天里的诗人亦和想象中的美人相对。苏轼的侍妾王朝云，王巩的侍妾宇文柔奴，王诜的侍妾啭春莺，徐州官妓马盼盼，汴京繁华歌舞场的脂粉娇娃，她们的丽影挥之不去，她们的芳姿不请自来……

高邮湖畔的杨柳与秦少游的美髯，一并迎着春风乱飘。

秦词《南乡子》：

> 妙手写徽真，水剪双眸点绛唇。疑是昔年窥宋玉，东邻，只露墙头一半身。　往事已酸辛，谁记当年翠黛颦？尽道有

些堪恨处，无情，任是无情也动人。

崔徽系唐朝名妓，一般代指歌女舞姬。秦观滞留汴京，为歌女画像当不少，画半身像，联想窥视宋玉的美艳绝伦的东邻子（参见宋玉《登徒子好色赋》）。秦观自比宋玉。

"想佳人妆楼颙望，误几回、天际识归舟……"柳永的词，秦观早已烂熟于心。去年盘桓京师日，瓦子勾栏听柳词。士大夫津津乐道柳三变，市井人家传播柳永的故事。这个柳永啊，一管词笔传天下，胜过了欧阳修、张子野，子瞻学士暗羡也，虽然嘴上一般不提。越是不提，心里越有……"执手相看泪眼，竟无语凝噎……留恋处，兰舟催发。"

秦观苦读王氏经学之余，漫步春天的原野，过小桥，绕竹林，穿田园，嗅着金黄色的十里油菜花。柳永又来了，"钱塘自古繁华，有三秋桂子，十里荷花。羌管弄晴，菱歌泛夜，嬉嬉钓叟莲娃……"嗬，画面真舒服。

秦少游屡游扬州、湖州，还没有去过杭州。子瞻先生名句：

欲把西湖比西子，淡妆浓抹总相宜。

此前的西湖有好几个名字，唐代称石涵湖，宋代叫得最响的是放生湖，苏轼诗一出，南北竞相传抄，西子湖的美名压倒其他的湖名，后者逐渐淡出人们的视线。

秦观会想：此后将去杭州、越州。

居家闲把盏，出门闲把卷。阳春天气柳丝长，飘来飘去惹思绪。秦少游迈上一个新台阶了，村里的议论，族人的冷嘲，内心的自责，渐渐化为无形。意志力使周围的老房子、老丘山、老池塘、老槐树、老炊烟、老湖泊，旧貌换新颜。万物复苏啊，万象更新啊，"村南村北响缲车"，家家户户忙着养春蚕。"牛衣古柳卖黄瓜"，"道逢醉叟卧黄昏"，要说那位苏徐州哪，不经意之间，下笔有如神助，他把徐州的乡村写得多么美妙！

苏词《浣溪沙》：

> 酒困路长惟欲睡，日高人渴漫思茶，敲门试问野人家。

宋代士大夫把乡野之人称作野人，源自孔夫子，不含贬义。居于城邦外者，称野人。

秦少游不远游了，大半年的时光乖乖待着，"悦亲戚之情话，乐琴书以消忧。"冬去春来，拜读苏轼寄来的新作，一面喝着村酿。喝到二晕二晕，抬腿出去了，顺手拍拍小女儿、小黄狗可爱的头。蝴蝶绕宅飞，蜻蜓过墙头。诗句脱口而出："会有黄鹂鸣翠柳，何妨白眼望青天。"这是化用杜甫的句子。白眼望青天，表明他的怨气和傲气未全消。

古道古村古柳，道旁错落着少许人家。李贺佳句："野水泛长澜，无人柳自春。"

秦少游一个人亲近旷野是常态，古道上来了古诗人，杜子美未去，李长吉又至。词语携同美景，环绕着这个高邮乡下三十出头的男人。饱满的情绪逸出身体，飘忽的思绪弹向云端。柴米油盐自有贤惠的妻子操心。两个弟弟读书用功，儿子秦湛健康成长……

《淮海集·次韵参寥》有云：

> 武陵渔子入花源，但见秦人不得仙。

据年谱，此诗写于秦观落榜后闲居乡里的时日。陶渊明不请自来。人真多啊，晋唐宋的都来了。分不清古人今人。古亦今，今亦古。秦观生于江西九江，那可是五柳先生的故乡啊。苏轼说："吾于诗人无所甚好，独好渊明之诗。"陶渊明的性格也是苏轼秦观的性格，不肯向世俗低头，不为五斗米折腰。"其服野，其行方。"

秦少游漫步旷野一整天，陌生的村落，相似的炊烟，古朴的画面。浑身爽得难以言说。七尺男儿足力长远，从清晨一直走到繁星满天。诗词手，丹青手，种桑养蚕的手，呵护妻儿的手。哦，如今也是捧读王氏经学的手。——越过了这道坎，极目地平线。

秦观冲着薄暮笼罩的田园笑了笑，摸摸自家的浓胡子。参寥光头，苏轼短须，李常小个子，孙觉先生的大胡子，看上去像一团雄性摆设。

乡村暮色四合了，闲适层层包裹着秦少游。

秦诗《秋日》："霜落邗沟积水清，寒星无数傍船明。菰蒲深处疑无地，忽有人家笑语声。"邗沟在高邮境内。

笔者十六七岁，时常转悠眉山城的郊野，盘桓明代古城墙。或只身一人，或二三同学，带上喜欢的书，磨旧的口琴短笛，军挎包塞几把瓜子花生胡豆。乱花照眼，野地的交响曲不绝于耳，蜂鸣鸟唱鸡咯咯，大风小风弯弯风，翩翩掠过杂树林，枝叶的形状便是风的形状。池塘翠鸟贴了水面飞。还有那嗡嗡嗡嗡的十里油菜花呀，还有那阳光颤动的金麦田呀。——所谓阳光的气味，早已渗入皮下。烈日下的恣意行走延续到二十一世纪，骄阳越骄越爽。意绪在书页间，快感在舌头尖。从来没有刻意去感受周遭，周遭的风物倒是般般袭来。万般风物逗你玩儿……通感是自然发生的事，统觉直觉习以为常。一切如歌复如酒。坐下来坐下来，捧一口小桥桃花流水，甜滋滋兮爽歪歪。正午时分出门去也，转眼便是黄昏。走了多远也不管。没人管。当时也未曾读过"心远地自偏"这类句子。野地盘腿看书。秋千架上看书。文字不断地把含了情绪的思绪抛向高空。

尝作《十七岁口占》：

漫步原野思悄然，旧时流水旧时阡。

遥望母校雾遮断，沉吟诗章似去年。

若干年后追忆，闲笔写下来。原野依然向我们蜂拥。"星垂平野阔。"生存在朝着更丰富的过程中，方有闲适前来照面。

阅读下功夫，审美在里边。凡事认真做，闲适在里边。思绪强劲伸展，优哉游哉在里边。一味的闲闲闲，哪有丁点儿闲适可言。利欲熏心者就是百无聊赖者，他的生存向瘾头收缩。无聊劈头盖脸，无聊无孔不入，无聊将庸众牢牢锁住。这些年，无聊加嬉皮的面孔何其多矣，文明赋予的精神潜能封闭甚矣。现实位移。慌，直奔瘾头去也，世界不复世界着，世界收缩到眼皮子底下。牌客网虫一大片。

且看宋代秦观。

第八章

审美之眼

　　宋神宗元丰二年（1079）的春夏之交，好事来了。苏轼迁湖州太守，赴任所的途中，邀请参寥秦少游与之游。这事轰动了扬州士林。

　　苏轼一纸书信来，秦观原地蹦三尺。安顿了家小，告别了族人，旋风般刮出了秦垛村。和尚在某个地方等着他，一袭僧袍舞春风。这位宋代的头号诗僧有佳句："禅心已作沾泥絮，不逐东风上下狂。"他接触的官员多是章台路的积极分子，他本人只闲观风流而已，也不吃肉饮酒，持戒甚严。参寥遁入空门前，想必有过春心荡漾的体验。

　　二客逗留高邮，一日看尽小城花。据苏轼记载，他们三个人在高邮碰头。

　　苏太守大驾光临，小县令趋之若鹜，官厅连日宴饮，红妆翩翩起舞。苏轼掉转船头去了扬州，邀约扬州太守鲜于侁，登蜀冈之平山堂，少游墨迹犹在壁。当年的滑稽表演引起苏轼的注意，眼下细说旧事，众人仰面大笑。山风劲吹堂前的欧公柳，苏轼抚柳怅然，参寥说：子瞻如今得了佳弟子，醉翁含笑九泉矣。

　　《徐谱》："四月初，（秦观）与参寥随苏轼南下，如越省亲。过江后，大风留金山两日，有诗《次韵子瞻赠金山宝觉大师》。"

金山是茫茫太湖中一座二百米高的小山，山顶有金山寺。苏轼五年前通判杭州，多次登临，作《游金山寺》一诗，其中有四句记下了不明飞行物。

太湖上波涛汹涌，精舍中品茶谈禅。

《苏诗集成·余去金山五年而复至，次旧诗韵，赠宝觉长老》："谁能斗酒博西凉，但爱斋厨法豉香。旧事真成一梦过，高谭为洗五年忙。清风偶与山阿曲，明月聊随屋角方。稽首愿师怜久客，直将归路指茫茫。"

《淮海集·次韵子瞻赠金山宝觉大师》："云峰一变隔炎凉，犹喜重来饭积香。宿鸟水干迎晓闹，乱帆天际受风忙。青鞋踏雨寻幽径，朱火笼纱语上方。珍重故人敦妙契，自怜身世两微茫。"水干，犹水畔。乱帆天际受风忙，此句佳。

官员上任通常要走很长时间，这是交通不便带来的好处，行期难测，阻风，阻雨，舟楫阻于水浅。苏轼从徐州出发，先一步去湖州任所，家眷们随后才动身。逍遥游习以为常了，寻僧访道于丽山秀水间。清风偶与山阿曲，叫人去想弯弯曲曲、随山势而赋形的江风。又喝酒，吃豆豉，是否带了肉食不得而知。苏轼自幼是个好吃嘴，但写给宝觉大师的诗，不会提到吃肉。江上清风与山间明月，皆是佐酒之物，当然，有鱼有肉更好。

《徐谱》："经无锡，先生与苏轼、参寥同游惠山。"

苏轼《游惠山并叙》："余昔为钱塘倅，往来无锡，未尝不至惠山。既去五年，复为湖州，与高邮秦太虚、杭僧参寥同至，览唐处士、王武陵、窦群、朱宿所赋诗，爱其语清简，萧然有出尘之姿，追用其韵，各赋三首。"钱塘倅，指他当年通判杭州。未仕的民间读书人，称处士。其时苏轼的官运正好，调往湖州任太守，却羡慕唐代处士的出尘之姿，清简之语。可见道家的生存姿态对宋代士大夫的影响力，不是个别情形，而是较为普遍。用与舍、行与藏、出与处、仕与隐，这类字眼的使用频率高。儒释道构筑了完整的进退体系。"居庙堂之高，则忧其民；处江湖之远，则忧其君。"

进可担当世事，退可亲近丘山。士大夫良好的文化修养为退隐林泉提供了支撑。经史子集，诗词文赋，每个官员都懂，坏官庸官不例外，只不过后者受制于名缰利锁罢了。

退隐有两个前提：一是有地方可退，二是具备隐的能力。什么叫文化修养？文化进入了血液才叫修养。质朴的农夫渔父并不需要这种修养，官场中人是需要的。官场历来复杂，争名夺利是常态，做老爷先做好孙子是常态。有修养的官员需要重返质朴，重拾赤子之心，尽可能克服人性的扭曲，摆脱人事纠缠，活向丘山自然，活向审美之境。

农夫离土地太近，失掉审美间距；又受到生计的长期压迫，审美之眼的开启有限。

孔子说："不学《诗》，无以言。"语言的分化与感知的细化乃是同一件事。

诗人乃是感知的细化者，是普通人日常感受的提纯者。

农夫敏感于农事，关切四邻人事，牵挂八方亲友，感觉的层面并不贫乏。名缰利锁的官吏一般说来思绪逼仄，忍不住要板着面孔装老爷，正襟危坐，人五人六做动作，肥肚皮装满算计，嘴皮子持续翻动堂皇词语，唉，人格不分裂也难，心理不阴暗也难。这些乌帽高轩的锦衣玉食者，情绪间歇性恶劣，病毒周期性发作，奸臣贪官们更是伏着恐惧，怀揣紧张，日复一日活得獐头鼠目，比质朴而放松的农夫渔父差远了。

二者在生存论上的优劣一目了然。

咱们接着说咱们的秦观。

苏轼写无锡惠山的三首诗，其一云："梦里五年过，觉来双鬓苍。还将尘土足，一步漪澜堂。俯窥松桂影，仰见鸿鹤翔。炯然肝肺间，已作冰玉光。虚明中有色，清净自生香……"参寥唱和三首，其二："松门暗朝雨，寂历无行人。蔓草忽穿径，卉木郁已新。阶泉漱石齿，照眼光粼粼。使君美无度……谈笑凌穷旻。"穷旻，即苍穹。

秦少游《同子瞻赋游惠山三首》，其二云："使君厌机械，所与惟散人……洞天不知老，金界无栖尘。缅彼人间世，乌蟾阅青旻。讵得蹑三隐，山阿相与邻。"使君指苏轼。机械比喻中规中矩的凡俗辈，异于山中的散淡人。三隐，指上面提到的三位唐代处士。

人在山林中，散淡是自然生发的。山有山的气场，人在这个气场中，举止渐渐的朴拙，目光清澈如山泉。符号化的中国山水向来有化解欲望的功能。山水是人事曲折的对立面，双方皆是动态性的。人事愈复杂，山水愈朴拙，二者有如强对流天气，生风生雨生雷电。中国的山水田园之美，核心要素在此。山里的宁静源自于尘世之喧嚣。笔者对此，多次加以阐释。陶诗："少无适俗韵，性本爱丘山。误入尘网中，一去三十年。"

山民们靠山吃山，诗人们爱山写山。

全世界几千年的山水诗人加起来，恐怕不及唐宋一半。

中国的山水乃是诗化山水，笔墨山水，佛道山水。

这一年的仲夏，苏轼、秦观、参寥过吴淞江，与关彦长、徐安中等人会于垂虹亭。垂虹桥位于江苏吴江县之东门外。苏轼诗云："吴越溪山兴未穷，又扶衰病过垂虹。浮天自古东南水，送客今朝西北风。"秦观《与苏子瞻会吴江得浪字》写道："松江浩无旁，垂虹跨其上。漫然衔洞庭，领略非一状……"五个诗人面对大江上的夏浪滔滔，长桥卧波如虹，诗人气势也如虹。苏轼叹曰："胜游难复五人同。"

少游与和尚游了惠山再游吴淞江，苏轼到任后，复游湖州境内的各处胜景。《徐谱》："（秦观）初至湖州，泊府西观音院。五月五日，遍游湖州诸寺，有诗。"苏轼《端午遍游诸寺得禅字》云："肩舆任所适，遇胜辄流连。焚香引幽步，酌茗开净筵。微雨止还作，小窗幽更妍……"肩舆，即轿子。秦诗有云："参差水石瘦，窈窕房栊深。"

苏轼平时不太喜欢坐轿子，最喜舟行，次为马行，但新官上任，偶尔也坐坐肩舆。秦观与参寥大约骑马相随。湖州寺庙多，一日之内遍游诸寺云云，并不是实指。

近两个月的时间，秦观与苏轼几乎形影不离，可见苏轼对他的赏识。既是师生，又是诗友、酒友、茶友、道友、玩友、净友。二人颇知茶道。"清风朗月不用一钱买"，但吃住行总要花费银子的，苏太守或动用官府的"招待费"（公使钱），或自掏腰包。总之，秦少游一概不问，只管游山戏水看歌舞，饮酒于官厅，品茶于宝刹，流连于古迹，运思于道路。仍然要拿自己的长处去比苏轼的短处。苏轼一笑置之。

锦袍苏太守处理公务，白衣秦少游旁观，为将来做官"现场取经"，表情颇严肃。

苏轼的家眷从徐州来到湖州，设家宴，少不了高邮秀才、於潜诗僧。

六月，秦观揖别老师，去越州（会稽）省亲，他的祖父承议公和叔父秦定在那儿做官。苏轼是否修书一封，叫他去拜见会稽的程太守，史料无记载。

越州的风景之美胜过杭州，南宋改名绍兴，一度考虑建都于此。"山阴道上桂花初，王谢风流满晋书。"王羲之留下第一行书的兰亭序，谢安携妓浪隐的东山，美不胜收的浩渺鉴湖，令人遥想九疑山上的禹穴……秦观在会稽一直待到冬天，一日不闲着，把越州的风物尝了一个饱。那条著名的山阴古道犹在，蜿蜒百十里，虬曲的古桂树几千棵，风吹花雨溅落湖上，美得叫人眩晕。

何谓仙境？山阴古道便是仙境，谢灵运"身登青云梯"的故事在风中传播……如今来了秦少游，弃马步行于那条依山傍水的石板路，岁月磨损的石板路，说不尽道不完的石板路。秋风桂花香百里，蝉鸣鸟飞野物窜，诗人一时竟无语。

山阴古道之美，勾魂摄魄。

我去剑门关附近的翠云廊，那条漫长古道的两边，一千多棵森森古柏遮天蔽日，传为"张飞柏"，于是联想当年流连的绍兴，想象桂花覆盖的山阴古道，发不尽思古之幽情。今日绍兴，在原址上重修山阴桂花古道，迤逦数十里，该有多好。

水乡绍兴，小石桥大石桥，乌篷船摇来摇去，桨声应和着水乡人家的锅碗瓢盆。秦观盘桓百余日，脚着参寥送的谢公屐，穿夜街、走雨巷、踏拱桥，惊奇惊异没个完，沉醉沉迷无时休，听不懂的土话，看不太明白的越风吴俗，似懂非懂的会稽社戏，吃不够的当地美食与黄酒。官妓们的表演倒是既有地方特色，又有南北客皆能欣赏的通俗之美。

程太守高规格接待秦少游，请少游入住鉴湖边的蓬莱阁。苏太守的贵客，程太守岂能怠慢？这位程公辟太守，为官颇有政声。

诗人兴奋了。高邮家居的宁静，无锡和湖州的饱和漫游，越州如梦如幻的日子，屈指算来，正好一年。汴梁落第且不管它！"侧帽风前花满路"，桂花且酿桂花酒。

南朝的独孤信，北宋的秦少游，风流倜傥谁不夸？

秦观荡舟浩渺无际的鉴湖，"无风水面琉璃滑，不觉船移"，日光水色看无穷。鉴湖亦叫镜湖，取名于王羲之的诗句："山阴路上行，如在镜中游。"

《会稽志》："东汉永和五年，太守马臻始筑塘立湖，周三百十里。"周长三百多里。

秦诗名篇《游鉴湖》：

> 画舫珠帘出缭墙，天风吹到芰荷乡。水光入座杯盘莹，花气侵人笑语香。翡翠侧身窥渌酒，蜻蜓偷眼避红妆。葡萄力缓单衣怯，始信湖中五月凉。

翡翠，或指翠鸟。葡萄酒力弱，单衣不敌湖风。

湖中诸岛，火焰般的枫叶点燃了诗人的体细胞，欲吟欲啸欲扑水。官船携妓游湖，或是一个人扁舟入夏澜，荡秋水。前者热闹，"急鼓催盏"闹翻天，玉手传花笑饮美酒，后者却是：重温他久违的孤独。诗人享受着差异。一天天感受不同，早晨又迥异黄昏。越州的秋天从各个方向袭击他的肌肤，美感横呈于眼前，风物萦绕于脑际，浓墨书写于纸上：《谒禹庙》《蓬莱阁》《荷花》《游龙瑞宫次程公韵》《游龙门山次程公韵》《次韵公辟会流觞亭》……共有百余首诗词。美得口袋胀鼓鼓香喷喷。

流觞亭取自王羲之、谢安等四十余人曲水流觞之兰亭雅集，当位于兰亭附近。

闲居写诗，出游写诗，词语缠绕着一颗敏感的心。"无奈诗魔昏晓侵，绕篱敧石漫沉音。"这是曹雪芹描画的经典的诗人形象。汉语艺术有巨大的魔力，灵感把双颊烧得滚烫。文字敞开世界，而电脑制造瘾头，瘾头收缩世界——笔者若干年来不避重复。

笔者熟悉的数以百计的当代诗人，几乎全都被汉语的魔力牢牢抓住，无论他做着什么职业，一谈诗歌就双眼发亮。不写诗而栖身于诗意的人，隐于各行各业。中国毕竟是诗的国度，诗意在生活中的长期缺席是不太可能的。现在古典文学大量进入课文，夯实了诗意的基础。一个学生，只需在不同的年龄段记牢百十首古典诗词，爱上两三个古典诗人，词语就赢得了发酵的空间，审美之眼就已然开启。

一扇门会通向几道门：音乐、美术、书法、建筑、园林、器物、服饰……

练就一双审美之眼，生活处处别有洞天。

审美之眼乃是复眼，多角度瞄准世界，饱和摄取事物的精神能量。一朝炼成，终身受用。这是非常划算的。诗心乃是强大的心，自由的魂，不汲汲于富贵，不戚戚于贫贱。最大限度地提升感觉力，对春夏秋冬之万千气象了然于心，对人世间的一切美好保持敏感，平衡贪欲，遏制瘾头，祛除嬉皮怪相，赢得生存的敞开。

旧话重提：唯有精神的强大者才有更多的精神记忆，强大者的物质记忆也闪烁着精神之光。生存的敞开与否，乃是衡量温饱之后的个体生命质量的首要标准。

秦少游的童年少年青年太充足，一天用作十天，生命的触须朝着四面八方强劲伸展。他真是忙不过来呢，犹如我们永远引以为骄傲的孩提时代。他有拮据的日子，有拼搏场屋屡不售的颓唐，有族人的嘲讽、乡邻的白眼、妻子的埋怨，这些负面的东西所形成的阻力，恰好为意志力的强化提供了支持。本书在前面提到过，秦观是比较任性的，如果家境好，钱财多，那么他活向纨绔子弟的可能性大。

越州的两个月，秦少游居于观景的最佳处蓬莱阁（宋人云："蓬莱阁，登临之胜，甲于天下"），庶几三日一小宴，五日一大宴。祖父和叔父在越州做官，也许反倒沾他的光。年谱说他去省亲，并无相关的省亲细节。看上去他首先是太守府的贵客。写诗、饮酒、出游、狩猎、闲逛。程太守成了他的好朋友，超越了一般意义上的主人与贵宾。

秦观人缘好，交游广。诗人有时候像个怪物，秦观不是怪物，只是有些倨傲。他有倨傲的本钱。性格中有柔和的、讨人喜欢的一面。诗文清丽，大约与天性相关。

审美之眼到处抛，蓬莱阁中听玉箫。

善吹箫的越州官妓，姓甚名谁他也不知道，持酒听箫，不觉把身子前倾，托腮听得入神了。官妓艳若秋海棠，眉似远山还细，秋光里秋波婉转。她起舞、她敬酒、她吟诵诗歌、她拨弄琴弦、她轻启歌喉……箜篌女、王朝云、马盼盼、宇文柔奴，她们艳丽的影子在秦观的眼前飘来飘去。诗人加美景再加美酒，能加出什么呢？

大半年以来，热闹深处，伏着某种坚硬的孤单。对秦观来说，庶几可称"最孤单"。

常有这类情形："隔墙飞过秋千影。"常见这种懊恼："笑渐不闻声渐悄，多情却被无情恼。"越女多娇娃，州府官妓又是个高素质的脂粉堆，"红妆如轮"。越州的蓬莱阁位于卧龙山下，依山临水，水面极壮阔。但凡有宴集，佳人们便进进出出。秦观初来时，可能已经对某一官妓情有独钟，有诗为证："珠帘卷雨惊秋近，罗袜凌波笑客醒。"

两个多月过去了，他仍是单相思。瞅她、听她，情不自禁寻她的芳踪、觅她的罗袜、嗅她的余泽、打听她的芳名，暗里期待着邂逅，却是一回回情愁。这种事，程太守并不帮他。躲到屏风后看箜篌、风吹蜡烛的好事不再有。

《徐谱》："郡守程公辟馆先生于蓬莱阁，席上有所悦，眷眷不能忘怀。"

秦观词《满江红》：

> 越艳风流，占天上人间第一。须信道、绝尘标致，倾城颜色。翠绾垂螺双髻小，柳柔花媚娇无力。笑从来、到处只闻名，今相识。　　脸儿美，鞋儿窄，玉纤嫩，酥胸白。自觉愁肠搅乱、坐中狂客。《金缕》和杯曾有分，宝钗落枕知何日？谩从今、一点在心头，空成忆。

越女长得绝了，秦观写得绝了。《金缕曲》原是唐朝名妓杜秋娘唱的曲子，"花开堪折直须折，莫待无花空折枝。"苏轼写王朝云少女情状的《三部乐》，用过这个典故。如今秦观再用，情形却是不同。听歌共饮有缘分，宝钗落枕就与他无关了。玉指嫩酥胸白……偏是诗人想得细，把自家愁肠搅乱。诗狂、酒狂、情狂。到头来空成追忆。

"二十四桥明月夜，玉人何处教吹箫？"

没人教他吹箫。倾城颜色只叫他烦恼。宝钗落枕只叫他辗转低号。

秦观《会流觞亭》："吴歌送酒随流急，越艳浮花转曲迟。"

从初秋到孟冬，秦观大约见她若干次，写诗把她比作唐代越地的歌女盛小从。"尊前倦客刘师命，月下清歌盛小从。"秦观即将辞别程太守，终于在诗中吞吞吐吐提到她。他知道她的名字，"到处只闻名，今相识"，却又不肯说出来。

秦观名词《满庭芳》：

山抹微云，天连衰草，画角声断谯门。暂停征棹，聊供引离尊。多少蓬莱旧事，空回首、烟霭纷纷。斜阳外、寒鸦数点，流水绕孤村。　　销魂，当此际，香囊暗解，罗带轻分。谩赢得青楼、薄幸名存。此去何时见也？襟袖上空惹啼痕。伤情处，高楼望断，灯火已黄昏。

时令在冬季，斜阳、寒鸦、流水、孤村，情绕两个将要天各一方的销魂人。意绪思绪情绪，遇物即化、遇春便伤春、遇秋便悲秋。晁补之点评："近世以来作者，皆不及秦少游。如'斜阳外、寒鸦数点，流水绕孤村'，虽不识字人，亦知是天生好言语。"

文盲也会欣赏秦观的词。但其诗赋，就只有读书人能欣赏了。宋词比之宋诗，要通俗得多。这首词大概写一位烟花女，不像写蓬莱阁中绝艳的那位。眼前一个，心头一个，"多少蓬莱旧事"，化作烟霭纷纷。

另有作于同一时期的《南歌子》，末句云："客程常是可销魂，怎向心头横着个人人。"人人，即可意之人。要走了，这一走再也不可能见面了，毕竟在越州他待了这么久。游，玩，饮……最大的收获竟是伤离别，"高城望断，灯火已黄昏。"

得不到的越艳，催生他两首佳作。天生好言语，妙哉秦少游。

经典就是这么产生的，天闷热酝酿雷阵雨。词语为一切情绪赋形。情思缠绕风物，委实画图难足。"众里寻他千百度，蓦然回首，那人却在、灯火阑珊处。"南宋辛弃疾有类似的经典表达。三十一岁的秦少游，流连越州的夏秋冬，写诗百余首，填词两三阕，诗词都传下来了，而词的流传百倍于诗。

岁暮，他返回高邮的家，"除夕抵家"。途中不写只言片语。登高时，满眼惆怅。

第九章

秦观与龙井茶

　　秦观盘桓越州时还发生了一件大事：苏轼在湖州任上被捉拿，投入了汴梁的乌台黑狱。时在元丰二年（1079）七月二十八日。后来苏轼与王朝云生的儿子苏遁也死于七月二十八，再后，苏轼撒手人寰同样在这个日子。这个现象可能是永远的不解之谜，如同苏轼、沈括、孙觉等人在不同的地方遭遇不明飞行物。

　　捕快皇甫遵带了御史台的台卒，星夜飞马奔湖州，"拿一太守，如捉小鸡。"讲苏轼的话语何止亿万，这一句大概绝无仅有，近千年的豪放人物之代表，竟然像一只可怜的、束手就擒的小鸡。事实上，苏轼的表现比较勇敢，差一点扑太湖自尽。

　　东京的乌台，因大量乌鸦栖于许多古木而得名，民间引申为黑狱。苏轼入狱三个多月，史称"乌台诗案"。北宋立国一百二十年，这是头一桩轰动天下的文字狱。苏轼担任杭州通判时，写了几首讥刺熙宁新法的诗，言词尖锐，被沈括不怀好意带到京城，几年后，复被李定等变法机构的骨干用来罗织罪名，一举将苏轼攻倒。

　　苏轼《湖州谢上表》有这么几句："知其愚不适时，难以追陪新进；

察其老不生事，或能牧养小民。"谢表是例行文字，要呈送皇帝的。新进，指变法机构那些急于邀功的年轻人。老不生事，讥讽李定、舒亶辈善于生事扰民。

苏轼"性不忍事"，更兼"制科习气"，为官二十多年后，终于惹事了。无论他此前的政绩有多好，难免牢狱之灾。反对熙丰朝政的官员太多，宋神宗惩治苏轼，以儆效尤。乌台诗案牵连司马光、张方平、王诜等四十余人。

苏轼被捉拿的消息传得很快。官船行于太湖上，鲜于侁不顾掉官帽的危险，要登船看望老友。秦观于七月末得知，"亟渡江至吴兴，问讯得实。"吴兴即湖州。

秦观在湖州待到中秋节，半个月无法可想，复去杭州。

秦观这是第一次到杭州，於潜的诗僧参寥与之游。杭州辖十县，包括於潜、余姚、新城、富阳、盐官等。当年苏轼巡视诸县，写诗，哀民生之多艰，讥讽王安石的盐法与青苗法，得罪了王的手下。此间安石已罢相，退居金陵的蒋山（钟山）。若安石仍在相位，未必会因几首小诗和谢表中的两句话治苏轼的罪。安石罢相，王珪执政，此人是北宋出了名的阿谀之辈，曾经肉麻地赞美王安石胡子上的虱子。

苏轼在狱中，秦观在杭州。以一介处士之卑微，论救苏轼不可能。辩才法师修书一封请他进山，他欣然前往。牵挂恩师与游山戏水是两码事。

宋代高僧，辩才法师的名气甚大，苏辙《龙井辩才法师塔碑》云："师生而左肩肉起，如袈裟绦，八十一日乃灭……及师之终，实八十有一。师生十年而出家，口不茹荤血。每见讲堂坐，辄叹曰：'吾愿登此，说法度人'。"士大夫与和尚共化天下，宋代称最。

辩才法师二十五岁，"恩赐紫衣及辩才号。"皇帝赐他紫衣和法号。佛印和尚的法号也是皇上所赐。佛印是湖州金山寺住持，参寥是杭州智果院住持。

辩才法师在天竺寺讲经说法，吴越信众争相前往。法师一度离开天竺寺，"吴人不悦，施者不至，岩石草木为之索然。及师之复，士女不督而集，山中百物皆若有喜色。清献赵公抃与师为世外友，亲见而赞之曰：'师去天竺，山空鬼哭。天竺师归，道场光辉'。"

苏轼的次子苏迨，绰号"长头儿"，三岁还不能行走。苏轼"请师为落发，摩顶祝之，不数日能行如他儿"。三岁不能行，大师摩顶后不几天，却能走得稳当，像其他的同龄儿童。苏辙还列举了其他一些例子。高僧们神奇的故事，殊难以科学的标准去衡量。

科学探索未知世界，而未知世界之广大，科学家们探其万一而已。需要防范的倒是迷信科技，不识这把极危险的双刃剑，以为技术能解决自然界的所有问题。

人类自信奉技术以来，不过一二百年，自然的危机与人的危机同步发生。

海氏："技术本身朝着更高的技术。"

海氏："很可能，在自然背向技术的另一面，恰好隐藏着自然的本质。"

辩才法师晚年居龙井山圣寿院，社会贤达、显官大贾竞趋山门，法师常常避而不见。普通百姓中的虔诚礼佛者，见法师不难。苏辙说："师度弟子若干人……颇能以其道教化吴越。"若干人，即不计其数。儒释道合力教化百姓，宋代造极也。

而眼下佛门道观不清净，和尚道士诓骗信徒钱的，早已不是新闻。嵩山少林寺这种令人向往的古刹，达摩面壁之圣地，搞起了公司化运作，方丈俨然董事长……笔者去河南，不上嵩山、不进少林寺、不忍心拜谒达摩洞。留一份当年的向往吧。

辩才法师修书邀少游，派轿子下山请他，真是难得之殊荣。

法师大秦观三十五岁，年近七十了，一般不见俗客。客来闲谈，法师不远送。龙井山寿圣院外有一条虎溪，法师送客止步于虎溪前，吴越人皆知，数年后，唯与苏轼笑谈甚洽，品茶甚欢，送东坡，不知不觉走过了虎溪。并引用杜甫诗句对东坡说:"与子成二老,来往亦风流。"又筑二老亭于寺中。二老亭今犹存焉。

辩才送客的故事源自东晋的另一个故事:庐山东林寺前有一条虎溪,慧远大和尚送客,止步于虎溪,唯独送陶渊明先生,忘了三十年不过虎溪的老规矩。

辩才自视为慧远,目东坡为渊明,亦是一桩千年佳话。

秦观平时爱看佛书,抄佛经,据苏轼后来写给王安石的介绍信件,他于佛教,颇有研究和领悟。参寥和尚是他的至友之一,屡去三垛村找他,一住十天半月。参寥乃一代高僧,平生持戒甚严,秦观若无慧根,仅凭才华和一点人事关系,则和尚与他深交的可能性不大。大和尚的方外交是有讲究的。

一〇七九年秋,秦观应辩才之邀上了龙井山,留下一篇著名的美文《龙井题名记》:

> 元丰二年中秋后一日,余自吴兴过杭,东还会稽,龙井辩才法师以书邀予入山,比出郭,已日夕。航湖至普宁,遇道人参寥,问龙井所遣篮舆,则曰:"以不时至,去也。"是夕,天宇开霁,林间月明,可数毛发。遂弃舟从参寥,杖策并湖而行,出雷峰,度南屏,濯足于惠因涧,入灵石坞,得支径,上凤凰岭,憩龙井亭,酌泉据石而饮之。自普宁经佛寺十,皆寂不闻人声。道旁庐舍,或灯火隐显。草木深郁,流水激激悲鸣,殆非人间有也。行二鼓矣,始至寿圣院,谒辩才于观音堂,明日乃还。

篮舆,指竹轿。文章不足二百字,类似西方人讲的零度写作,几乎不抒情,更不夸张。秦少游一条七尺汉子,下笔凝练如此,内敛如此,不抒情而情在焉,叫人去玩味。从日夕走到二更天,先是并湖而行,后入山，所过之处都是杭州名胜，他舍不得多写几个字。洗脚于惠因寺，大约脚上的泥巴多了。月下找到一条支径直上凤凰岭，累了，小憩龙井亭上，渴了，痛饮甘泉。两次提到泉水，两次提到龙井与辩才，这就够了，再无半句铺陈。

宋人的短文，简约，尚意，言外的东西多。我近年读到的白话散文大抵啰唆。网络文章之倒胃口，更令人担忧汉语的美感将趋于式微。古诗文的多入课堂是件大好事，让数千年积淀的好东西垫底，阻挡浅薄浅浮之所谓浅阅读。

一年后，苏轼于黄州跋秦文曰：

> 览太虚题名，皆余昔时游行处，闭目想之，了然可数。始予与辩才别五年，乃自徐州迁于湖，至高邮，见秦太虚、参寥，遂载与俱。辩才闻余至，欲扁舟相过，以结夏未果。太虚、参寥又相与适越，云秋尽当还。而余仓促去郡，遂不复见。明年，余谪居黄州，辩才、参寥遣人致问，且以题名相示。时去中秋不十日，秋潦方涨，水面十里，月出房、心间，风露浩然。所居去江无十步，独与儿子迈棹小舟至赤壁。西望武昌山谷，乔木苍然，云涛际天。因录以寄参寥，使以示辩才。有便至高邮，亦可以寄太虚矣。元丰三年八月六日记。

结夏，谓僧尼自夏初至秋初，静居于寺庙。

辩才闻苏轼的官船将至，欲扁舟相见，奈何错过了日期。次年，辩才、参寥遣人到黄州问候，并带去秦观的《龙井题名记》。文章可能是秦观手迹。苏轼欣然命笔。受秦文的感染，携长子苏迈，棹小舟，夜游秋水茫茫至赤壁下，西望长江对岸的武昌。

顺便提一句：苏轼通判杭州时受百姓爱戴，杭人两次送钱塘土特产到黄州，苏轼叹曰：

一年两仆夫，千里问无恙。

秦少游题名于龙井，苏轼跋，后来米芾又书之，匠人刻之。宋代三位大家和一位高僧，使龙井和龙井寺的声誉传天下。《咸淳临安志》：

> 元丰二年，辩才大师……自天竺退休，兹山始鼎新栋宇及游览之所……山川胜概，一时呈露，而二苏、赵、秦诸贤，皆与辩才为方外交，名章大篇，照耀泉石。龙井古荒刹，由是振显，岂非以其人乎？

龙井古荒刹，由于几个人的美誉而香火大盛，名播百代。文字与书法照亮了林木泉石。二〇一一年，杭州纪念辩才大师诞辰一千年，誉大师为"西湖龙井茶鼻祖"。

依愚见，秦观应该居功第二。

秦观又作《龙井记》：

> 龙井，旧名龙泓，距钱塘十里……方士葛洪尝炼丹于此，事见《图记》。其地当西湖之西，浙江之北，凤凰岭之上，实深山乱石中泉也……元丰二年，辩才法师元静，自天竺谢讲事，退休于此山之寿圣院。院去龙井一里，凡山中之人有事于钱塘，与游客之将至寿圣院者，皆取道井旁。法师乃即其处为亭，又率其徒以浮屠法环而咒之，庶几有慰夫所谓龙者。俄有大鱼自泉水中跃出，观者异焉。然后知井之有龙不谬，而其名由此益大闻于时。是岁，余自淮南如越省亲，过钱塘，访法师于山中。法师策杖送余于凤凰岭之上，指龙井曰："此泉之德，至矣！美如西湖，不能淫之使迁；壮如浙江，不能威之使屈。受天地之中，资阴阳之和，以养其源。推其余绪，以泽于万物。虽古有道之士，又何以加于此？盍为我记之？"

这段文字既是美文，又是传奇故事，又是极珍贵的历史文献。

辩才法师建龙井亭，率领僧众念念有词，少顷，井中的大鱼跃出了水面。此事当为辩才亲口所言，秦少游亲笔记下，后人除了相信之外别无更好的选择。高僧不会妄言。

苏轼游西湖，为西湖留下名片般的诗歌。秦观写龙井，龙井水与龙井茶从此名高。中国许多地方的泉与茶并不逊于杭州，只是传播之力度不及耳。可见名气这种东西对人的吸附力，古今一焉。另外，随意为之的文字往往出佳作。古人云："东坡每用事，俱不十分用力。"看来秦少游亦有这能耐，下笔若不经意。别忘了他也是丹青好手、书法行家。宋人尚意蕴、尚简淡、尚通脱，各门类艺术是相通的，建筑风格与陶瓷制作亦然。

秦观居杭州一个月，上凤凰岭当不止一次。又有《跋元净龙井十题》。元净、元静，皆指辩才。跋云：

> 辩才法师谢天竺讲事，退休于龙井寿圣院，凡堂室斋阁，山峰水泉，皆名以新意。复作诗继之，号《龙井十题》。其言清警，发人之妙思，信非世间音矣。元丰二年八月，高邮秦观为写，遗其徒怀楚刻于石。

杭州辩才法师对秦少游的器重与信不赖，由此可见。论年纪，辩才近于祖辈了，且是吴越数一数二的佛门人物。约十年后，苏轼《跋参寥辩才少游唱和诗》云：

> 辩才作此诗时，年八十一矣，平生初不学作诗，如风吹水，自成文理。而参寥与吾辈诗，乃如巧人织绣耳。

一个如风吹水，一个似巧人织绣，天工与人巧，高下自现。苏轼此言，有自谦并赞美辩才的意思。

秦观九月返会稽，逗留至岁暮，踏上了归程，经湖州、杭州、扬州，回高邮之秦垛村。一路上寻僧访古，写诗词饮茶酒，浩歌于船头，夜宿于船舱，枕边水茫茫波淼淼。不禁回思山阴蓬莱阁的那位越艳风流，怅然良久，喃喃吟旧词《蝶恋花》：

晓日窥轩双燕语，似与佳人，共惜春将暮……流水落花无问处，只有飞云，冉冉来还去。

第十章 『仆，散漫可笑人也』

秦太虚除夕匆匆赶回家，应该是有盘算的。一家子团聚乐融融。秦观不会空手回去，携物甚丰。会稽做官的祖父、叔父叫他带东西、带银子，沿途的朋友们大约有土物相赠。这次离开家，又是大半年。妻子徐文美是否有意见呢？结婚十多年了，她习惯了。丈夫回来就好。丈夫是要做大事的。再者，宦游在外的男人多的是，三五年不归家，娇妻幼子折断门前柳……徐文美操持家务，操心儿女，在村里带头干起蚕桑事，分心的渠道多。

古代女性多如是，她们是大家庭中的另一个核心，勤劳，隐忍，方方面面要考虑周全。丈夫要有出息，这可是头等大事，上对列祖列宗，下对子子孙孙。她们是妻子、是母亲、是媳妇、是织妇、是蚕妇、是农妇，是每日柴米油盐的筹划者，夜夜灯下缝补衣裳……中国民间伟大的女性何其多矣，可惜她们的身影在史料中几乎为零。

礼教于女性，尤其不公。

媳妇渐渐熬成婆，手里终于有了一点权力，有些婆婆忍不住要拿腔摆谱，指手画脚，一肚子恶言语并着唾沫横飞，更有甚者，专心压迫儿媳妇，横挑鼻子竖挑眼，类似官场的孙子一朝变成老爷，便忙着去压迫孙子，释放他多年积下的郁闷。

秦少游此番归村，心情不错。正月十五，他画了一幅墨竹图卷，题诗于画上。诗配画起于文同。文同的墨竹图冠天下，苏轼受其影响，秦观等人复受苏轼的熏陶。中国的写意画，苏东坡是宗师，并有理论指导创作："论画以形似，见与儿童邻。"从画得像到不画像，从具象到抽象，循序而渐进。苏轼称："诗不求工字不奇，天真烂漫是吾师。"天真烂漫意味着情绪兴奋，神采飞扬，单纯的形似自然会束缚他的手脚，自发地谋求突破。不仅绘画，书法的线条变化同此理。性情引领学养，强化思索。

当然，任何艺术形式都有固化的可能，写实，写意，眼下固化的例子占多数，盖因书画家的修养学养实在成问题，很成问题。一味地追求技术，焉知自然之神韵？

苏轼有一幅《墨竹图》，秦观题诗于画图的上方："叶密雨偏重，枝垂露不消。会看晴日后，依旧拂云霄。"《徐谱》："先生盖以比兴手法写乃师之遭遇并称誉其品格矣。"

苏轼像一竿雨雾中的竹子，枝垂叶重，但只是暂时的，须晴日，反弹拂云霄。

秦观除夕归高邮之日，正是苏轼迎着风雪踏上贬谪路之时。从汴梁到黄州一千多里，阴风持续怒号，铅云压在心头。乌台黑狱他蹲了三个多月。狱中的迫害和狱外的营救都是紧锣密鼓。一波三折，胜于戏剧。宋神宗未必不想杀他。紧要关头，倒是退居金陵的王安石讲的一句话起了作用："安有盛世而杀才士乎？"盛世杀才士，宋神宗岂不是犯傻、留下骂名么？王安石一语点醒皇帝。了解宋神宗的，还数这位老丞相。

茫茫贬谪路，苏轼昂起头：

却对酒杯浑似梦，试拈诗笔已如神。

抵达黄州贬所，住进一座叫定惠院的寺庙，意志复又消沉："披衣坐小阁，散发临修竹。心困万缘空，身安一床足……默归毋多谈，此理观要熟。"写信给受牵连贬柳州的王巩：

> 某寓一僧舍，随僧蔬食，甚自幸也。感恩念咎之外，灰心杜口，不曾看谒人。

致信李之仪又云：

> 妄论利害，挼说得失，此正制科人习气……谪居无事，默自观省，回视三十年以来所为，多其病者。

伟岸男儿亦消沉。消沉预设了反弹。测不准的是：强劲反弹的过程中，艺术以何种方式前来照面。概言之：苏轼命运的低谷，总是一次次反指艺术之高峰。

他二十几岁考制科试，科名"贤良方正能言极谏科"，入三等，为百年来的第二人，一二等皆虚设。所谓制科人习气，就是大胆言事。能言，谓言事的能力。苏轼《上皇帝书》《再上皇帝书》，洋洋万言，慷慨陈词，译作白话文几万字，历陈熙宁新法之不当，言词充满了火药味儿。后来他又写诗讽刺盐法、青苗法，痛斥并抵制手实法，得罪了朝廷的一帮新晋之辈，导致牢狱之灾，四十多个官员和朋友受牵连。

当初考中进士第二名，苏轼发豪壮语："自今为许国之始！"七尺男儿的一腔热血，都付与国家了，如今挨了当头一铁棒，贬到荒凉的黄州，闭门思过而已，回思三十年之非。待到春暖花开时，他的反弹开始了，下笔见轻快："自笑平生为口忙，老来事业转荒唐。长江绕郭知鱼美，好竹连山觉笋香。"诗名《初到黄州》，可见郁闷沮丧的时间并不长。庄子和陶渊明活在他的血脉中。他把一己之身放进大自然，把功名利禄看得淡了。次年写信给李常，豪气横呈纸上：

吾侪虽老且穷，而道理贯心肝，忠义填骨髓，直须谈笑生死之际……遇事有可尊主泽民者，便忘躯为之，祸福得丧，付与造物。

尊主是次要的，泽民乃是为官的第一要务。宋代官员有民本的自觉。何谓浩然之气？何谓元气淋漓？看看苏轼这段话便知。顶天立地可不是说故事。没有这股浩气，就没有苏东坡，没有《念奴娇·赤壁怀古》和前后《赤壁赋》，没有被称为自东晋至北宋的第三行书《寒食帖》……贬黄州五年，苏东坡佳作如潮。

元丰三年（1080）的寒食节，苏辙到了高邮乡下的秦垛村，秦观连日陪着。苏子由贬为江西高安祭酒。子由是高个子，言语不多，此时他四十出头，已是一大堆儿女的父亲。他还要把哥哥的家眷护送到黄州去。留高邮的两天，也许独自一人。子由不大可能带着几十口人去。临别，秦观送出六十里。二人互相赠诗，惜别之情流露于笔端。《高邮别秦观》三首之二：

笔端大字鸦栖壁，袖里清诗句琢冰。
送我扁舟六十里，不嫌罪垢污交朋。

其三云：

高安此去风涛恶，犹有庐山得纵游。
便欲携君解船去，念君无罪去何求？

秦观和诗曰：

冠盖纷纷不我谋，掩关聊与古人游。

会须匹马淮西去，云巘风溪遂所求。

意思是无意仕进，闭门读古人书，与李白、杜甫、孟浩然等诗人神游。甚或纵马随了子由去，在山水之间寻觅所求。未入仕途而先讲退路，乃是唐宋士人之做派。

苏子由再次形容秦诗的风格，"袖里清诗句琢冰"。

秦观写了一封信，托子由转给子瞻。这封信未能传下来。苏轼《答秦太虚书》："五月末，舍弟来，得手书，劳问甚厚。"秦观的书信言语简淡，纵是表达厚意，也不会弄得夸张。随手写下来，文字、书法均见性情。

读古人近人的书简往来，不失为一桩乐事，随意的笔触之间，想见其生活方式也，追怀其日常情貌也。

秦观写给会稽人李乐天的信，道出他返乡后的情况：

某顿首，昨在会稽，游虽不数，然诵盛文，讲高谊，熟矣。及还淮南，又得所寄书，词古而义高，超然有从我于寥廓之意，岂所谓有心相知者邪？幸甚幸甚！仆，散漫可笑者人也，去年如越省亲，会主人见留，辞不获去，又贪此方山水胜绝，故淹留至岁暮耳，非仆本意也。自还家来，比会稽人事差少，杜门却扫，日以文史自娱。时复扁舟，循邗沟而南，以适广陵。泛九曲池，访隋氏陈迹，入大明寺，饮蜀井，上平山堂，折欧阳文忠所种柳，而诵其所赋诗，为之喟然以叹。遂登摘星寺。寺，迷楼故址也，其地最高，金陵、海门诸山，历历皆在履下。其览眺所得，佳处不减会稽望海亭，但制度差小耳。仆每登此，窃心悲而乐之。人生岂有常？所遇而自适，乃长得志也。以阁下趣尚高远，非复今时举子之比，得以发其狂言，他人闻之，当绝倒矣……

会稽士人李乐天，大概是秦观的第一批崇拜者，所以秦观洋洋洒洒写了数百字，在他的书简中是比较长的。如越即去越州。广陵即扬州。绝倒，意谓笑倒。制度差小，指规模稍小。"所遇而自适，乃长得志也"，这句话的语气像出自苏轼。苏轼的随遇自适，又取自陶潜和庄子。文脉传为血脉。中国历史长河中这是极醒目的一条线。

秦观下笔，顺手讥刺当时的举子。

秦观再游扬州当在暮春时节，扬州太守鲜于侁请他去。再饮于蜀井，登平山堂，上摘星寺，放眼远眺。画船美酒鲜花，佳人如画，人在画中也。秦少游怀念欧阳修，想念黄州的苏轼、旅途中的苏辙。鲜于侁是西蜀阆中人，为官刚直不阿，这样的官员必定会体贴百姓。王安石熙宁变法，敛财过度，他是反对的。

《宋史》：

> 士大夫期（王安石）所为相，侁曰："是人若用，必坏乱天下。"助役法行，侁以为执行一半可矣。苏轼称，侁上不害法，中不废亲，下不伤民，以为"三难"。

王安石的几个大法，助役法受到的非议不多，其他如青苗、市易、科举变更诸法，广受诟病，连他的两个亲弟弟都不赞成。欧阳修在青州、陈述古在杭州、司马光在洛阳、范镇在朝廷、韩琦在大名府……均有不配合王安石的举动。

鲜于侁不害法又不伤民，确实很难，这需要做官的技巧。

作为士大夫，鲜于侁照例是诗人兼学者，编了一部多人诗集《扬州集》，请秦太虚作序。作序当有报酬。秦观做客会稽时，亦为程太守的文章写序，游杭州，受辩才大师之请写龙井，加上当年的孙觉、李常和眼下的这位鲜于侁，论年纪都是他的长辈，都器重他，欣赏他，乐意与他共游，把重要的文事托付给他。

秦少游人缘好，除了才华的因素，更有性格的因素。其中包括女人缘。

居家的日子，赏心乐事多。这个三十二岁的男人已是名动淮南。过两年他将再去汴京应考，此时且待着，每日温习功课。家事、农事，不用他去操心。妻子默默地支持十余年不变。诗朋酒侣相邀，他偶尔去一回，更多的时候"闭门却扫"。李贺诗云："衙回自闭门，扫断马蹄痕。"秦氏的老宅几进院子，族人四十余口，平日里热闹也吵闹。秦观置身事外。心思在别处，这已经很多年了，几乎看不见日常生活中的鸡毛蒜皮。静若处子，动如脱兔。邀请他的人通常是太守级别的，他一去许多时日。偌大的高邮，更大的扬州，谁能享有这般殊荣呢？不是一次两次，而是十次八次，扬州的历史上恐怕也不曾有过。他是高官和高僧们的座上客，山川名胜的流连客，歌台酒榭的风流客……

秦观向远方的朋友描述自己："仆，散漫可笑人也。"散漫，指他追求功名利禄的意志力不够集中。写诗、画画、漫游，占去了大半时光。于是，在一些人的眼中他是可笑的，难以理解的，不合时宜的，莫名其妙的。散漫却是艺术家必备的气质。苏轼入仕后，渐渐摆脱名缰利锁，散漫起来，看来骨子里有这种东西："我坐华堂上，不改麋鹿姿。"

秦观的散漫比苏轼来得早。

《徐谱》："春，有《和黄法曹忆建溪梅花》，参寥、苏轼、苏辙皆和之，后王安石书于纨扇，黄庭坚书于花光《梅树图》。"秦观和诗："海陵参军不枯槁，醉忆梅花愁绝倒。为怜一树傍寒溪，花水多情自相恼。清泪斑斑知有恨，恨春相逢苦不早。甘心结子待君来，洗雨梳风为谁好？谁云广平心似铁，不惜珠玑与挥扫。月没参横画角哀，暗香销尽令人老。天分四时不相贷，孤芳转盼同衰草……"末句伤春甚也。

苏轼和少游诗云：

西湖处士骨应槁，只有此诗君压倒。东坡先生心已灰，为爱君诗被花恼。多情立马待黄昏，残雪消迟月出早。江头千树春欲暗，竹外一枝斜更好。孤山山下醉眠处，点缀裙腰纷不扫。万里春随逐客来，十年花送佳人老。去年花开我已病，今年对花还草草……

对比两首咏腊梅的诗，苏轼稍胜一筹。
"竹外一枝斜更好""十年花送佳人老"此二句佳。
苏子由和少游诗云：

老夫毛骨日凋槁，愁见米盐惟醉倒。忽传骚客赋寒梅，感物伤春同懊恼。江边不识北风劲，墙头知有南枝早。未开素质夜光明，半落清香春更好。邻家小妇学闲媚，靓妆惟有长眉扫……

宋代僧人释洪记云：

少游此诗，荆公自书于纨扇，盖其胜妙之极，收拾春色于语言中而已，及东坡和之，如语中出春色。山谷……遂书两诗于华光《梅花树》下，可谓四绝。

清代查慎行曰：

腊梅，宋以前未有赋者，东坡、山谷、后山、少游始吟咏。

黄庭坚号山谷，陈师道字后山。元丰二年（1079），王安石改封荆国公。

中国古典诗词写千山、状万水、咏千花、吟万树，覆之以人间温暖的情怀。文之化人也，复化了山山水水。这个巨大的审美符号全球无双。无穷无尽的审美冲动平衡了对象化思维。人与万物齐一，人在万物之中，人，永远是谦卑的人。写诗画画谱曲，不伤物，不消耗，人却持久地兴奋，由衷地欣悦。诗痴、画痴、琴痴、棋痴、书法痴……

贾岛："两句三年得，一吟双泪流。"

唐宋士大夫的审美趣味陶冶了民间，引导市井，几百年不衰。优伶球星占不了主角。

夏日，秦观生病。入秋仍辗转于病榻。疾病是这条健硕汉子的新体验，他致信孙觉："某自入夏，得中暑疾，去之不时；至秋遂大作，伏枕余月。今虽少间，而疲顿非常，气息仅属，人事殆废。"又致信参寥："至秋得伤寒病甚重，食不下咽者七日，汗后月余食粥，畏风如见俗人，事事俱废。"秦观都病成那样了，却还要讥刺俗人。

不知这次绵延数月的伤寒病，是否伏下了身体的某些隐患。

病中犹作《遣疟鬼文》《秋夜病起怀端叔作诗寄之》二首。

李之仪字端叔，后来是苏门六君子之一。文章写得出色，"尤工尺牍"，书信尤其好。

宋人于尺牍，已有文学的自觉。

秦观大病初愈，黄庭坚远道来访。二人初见于秦垛村，不可能是在高邮城。黄庭坚字鲁直，大秦观四岁，江西修水县双井村人，小时候被目为神童。好学，贪玩，在村子里是个娃娃头，自称"江南最少年"。学不废玩，玩不废学。《新寨饯南归客》回忆说："夜行南山看射虎，失脚坠入崖底黑。却攀荆棘上平田，何曾悔念身可惜！辞家上马不反顾，谈笑据鞍似无敌。"少年气如虹，雄性十足也。及长，面容却清秀，于是认为自己的前身是个俊俏女子。舅舅李常是整个家族的荣耀，官声好，学问高，藏书万卷。

黄庭坚貌如好女而性格倔犟，和秦观是一路人。王安石做宰相时看好他的才干，他却跟王安石对着干，拒绝在北都（大名府）国子监教授《三经新义》，长期不得提拔。山谷诗："据席谈经只强颜，不安时论取讥弹。"几乎是苏子瞻第二。他的至交郑侠是王安石的得意门生，宁愿做个京城的小门吏，却画下《流民图》，越职调驿马，半夜驰送深宫，使皇帝和皇太后震惊，令王安石二次罢相。

物以类聚，人以群分。黄庭坚一叶扁舟来访，秦少游倾囊款待。

三十五岁的黄庭坚去吉州太和县（今江西泰和）任县令，过境高邮，留两日。复去芜州、舒州。舒州境内有一座潜山，山上有个泉水倒挂的山谷寺，黄庭坚一待十余天不想走，入迷了。从山谷中的寺庙爬到山顶，玩风弄月连日不休。从此自号黄山谷。

宋代的官员玩着走是常态，赴任途中颇散漫。

古代官员在全国范围内调动，漫游半径大。这对人文地理的形成具有决定性的影响。

黄庭坚十六七岁，跟着博学而风流的舅舅游淮南，亦步亦趋，把舅舅视为父亲和偶像。他父亲去世早。舅舅是张先的好朋友，二人熟悉江南淮南的烟花巷。年轻的黄庭坚写艳词《少年心》："心里人人，暂不见，霎时难过。天生你要憔悴我……"又作《定风波》："粉面不须歌扇掩，闲静，一声一字总关心。"

人人，谓可爱的人。宋词中多见。

读书万卷而未读成书呆子，倒是活得兴奋。这在宋代比较普遍。什么原因呢？一是远游，二是自由、生活花样多，三是强大的时代氛围。

黄庭坚的婉约名词《清平乐》：

春归何处？寂寞无行路。若有人知春去处，唤取春来同住。　春去踪迹谁知？除非问取黄鹂。百啭无人能解，因风飞过蔷薇。

黄庭坚的诗名盖过了他的词名，秦少游正相反。此时都是三十多岁，声名远播，都受到苏轼的盛赞。可是谁更出色呢？学问、诗词、丹青、书法、禅悟……黄鲁直并不是到高邮来打擂台，秦少游却有意无意要比个高低。不须繁琐较劲，高人一出手，便知有没有。举酒谈笑之间，纵情山水之际，挥毫泼墨之时，秦少游感慨复感慨。

山外有山啊，高楼外更有高楼。

黄庭坚拱手别过，官船官袍向扬州，秦少游的一纸书简追上了他，《与黄鲁直简》：

> 某顿首，奉违甚遽，殊不尽所欲言者。每览《焦尾》《弊帚》两编，辄怅然终日，殆忘食事。昔人千里命驾，良有以也，岁暮苦寒，不审行李已达何地？……昨扬州所寄书中，得《次韵莘老斗野亭》诗，殊妙绝，来者虽有作，不能过也。及辱手写《龙井》《雪斋》两记，字画尤清美，殆非鄙文所当，已寄钱塘僧摹勒入石矣，幸甚幸甚……

黄庭坚手书秦观的作品，钱塘僧人刻上石碑。

宋代叶梦得《避暑诗话》："鲁直旧有诗千余篇，中岁焚三之二，存者无几，故名《焦尾集》。其后稍自喜，以为可传，故复名《弊帚集》。"秦观每读黄庭坚的诗集，"怅然终日"，自叹不如也。知不足，然后发愤，然后才有学无止境。

古代艺术家的精益求精，今人要深思。

秦观对黄庭坚由衷的钦佩毫不掩饰。见贤思齐，宋代是常态。

黄庭坚走后没几天，李之仪又来。家里的客人一拨接一拨，且非寻常之辈。族人旁观，村邻议论，这要花费多少柴米啊，有些客人还带着家眷。据记载，黄庭坚赴太和做县令，带家眷三十口。秦氏家族的老宅有这个接待能力么？也许有吧。

从现实利益的角度看，广交太守与县令，对秦观进入仕途有帮助。但这显然不是秦观唯一的动机。他的重交游，应该说重在养气，养浩然之气。他对艺术的浓厚兴趣从来不减黄山谷。患大病，不停诗画笔。自熙宁变法以后，诗赋在科举考试中几乎派不上用场。秦观做着无用功，年复一年乐此不疲，散漫到家了。艺术、山川勾走了他的魂。犹如无名山谷勾走了黄庭坚的魂。天地魅惑大于仕途。

中国的顶级艺术全是非功利的产物。

眼下格局一词，颇流行于南北的大城市，一些知识分子乐于谈格局，然而知识界的利益盘算多也，多也，人事朝夕纠缠不休，精致的自私自利流行，格局如何能大？境界如何能高？佛教主张净空，道家推崇散淡。散漫，简淡，冲淡了意志，留驻于日常感觉，优秀的艺术家活动于他对分寸的精确把握中。人生诸事，无可无不可。我们重温苏东坡："诗不求工字不奇，天真烂漫是吾师。"字不奇，意即不追奇逐怪。唐宋书法家已见刻意求工、追奇逐怪之端倪。天真烂漫是说，意志不可去染指感觉的原初性。

现象学意义上的看，不是流俗意义上的看。"本质性直观"，需要修炼再修炼。举目悠远与鼠目寸光呈现为两极。慧眼的开启要下功夫。

不妨重温海氏名言："少一点哲学，而多一点思想的细心。"勤于学，勤于思，又懂得散漫者，方做得好作家、好书家、好画家、好音乐家。古今皆然。

第十一章

汴京

秦观在高邮散漫，引起了谪居黄州的苏东坡的注意。东坡担心他散漫过了头，《答秦太虚书》有云：

> 太虚未免求禄仕，方应举求之。应举不可必。窃为君谋，宜多著书，如所示《论兵》及《盗贼》等数篇……但旋作此书，亦不可废应举。

苏轼这封信长约五百字，在他留传下来的一千多封书信中可能是最长的。信中问起秦观的日常生活，又谈及他在黄州的拮据："初到黄，廪入既绝，人口不少，私甚忧之。但痛自节俭，日用不得过百五十。每月朔，便取四千五百钱，断为三十块挂屋梁上。平旦用画叉挑取一块，即藏去叉，仍以大竹筒别贮用不尽者，以待宾客……度囊中尚可支一岁有余，至时别作经画。水到渠成，不须预虑，以此，胸中都无一事。"

用画叉每日叉三十钱作柴米之用，然后把画叉藏起来，以免小孩子叉钱来用。挂在屋梁上的钱，可望而不可即。也许是苏轼乳娘任采莲的主意，系眉山风俗。日用未尽的钱贮入竹筒，来了客人才取出。苏轼的性格是喜聚不喜散，贬谪到底层，更与农夫渔父流浪汉、老秀才、老道士打成一片。旷达豪放之类，在苏轼，乃是自然而然，不勉强，不做作。有记载说，他在黄州乡野到处找人说故事，人事说完了，他缠着别人讲村里的鬼事。蒲松龄写《聊斋志异》，自言受了苏轼的影响。

《答秦太虚书》又云："所居对岸武昌，山水佳绝，有蜀人王生在邑中。往往为风涛所隔，不能即归，则王生能为杀鸡炊黍，至数日不厌。又有潘生者，作酒店樊口，棹小舟径至店下，村酒亦自醇酽，柑橘椑柿极多。大芋长尺余，不减蜀中。外县斗米二十，有水路可致。羊肉如北方，猪牛獐鹿如土，鱼蟹不论钱。岐亭监酒胡定之，载书万卷随行，喜借人看。黄州曹官数人，皆家善庖馔，喜作会。太虚视此数事，吾事岂不济矣乎！欲与太虚言者无穷，但纸尽耳。展读至此，想见掀髯一笑也……夜中微披酒，书不成字。不罪不罪。不宣，轼再拜。"斗米二十，即一斗米值二十钱。会，谓聚会，指家宴。

斗米二十，与唐代开元盛世的米价同。猪牛獐鹿如土，鱼蟹不论钱，可见普通人的生活状况。黄州是相对偏僻的地方，是宋代罪臣贬谪之所，生活犹如此。有钱人多吃羊肉鸡肉，普通人的餐桌不缺猪肉、牛肉、獐肉、鹿肉，鱼蟹不论钱，十钱买一堆。

黄州是宋代的贬谪地，肉类的普遍令人感到惊讶。今人以为古人的餐桌上荤菜少素菜多，看来是个认识误区。且不谈单靠饲料催肥的所谓肉。苏轼《猪肉颂》提供了宋代人肉食丰、肉价便宜的另一证据，"富家不肯吃，贫者不解煮。"

老师给弟子写信，末尾称"轼再拜"，足见其平等意识。东坡先生历来如此。

千年前写的信，今日读来明白如话。《论语》《孟子》《楚辞》两千多年了，阅读无大碍。汉语真是了不起，只是数千载本土生长的好东西，难以译出国门去。汉语艺术之意蕴难以言传，遑论翻译。西方的汉学家，终究是隔靴搔痒者多。当年钱锺书先生斥马悦然不懂汉语艺术，未必冤枉马评委（瑞典诺贝尔文学奖唯一的汉语评委）。

苏轼谪居黄州吃得蛮好，有好书好酒，有各种各样的肉（当然是生态肉），又不缺素心朋友，山水又绝佳，诗人画工的审美之眼又实实在在。东坡住的雪堂、南堂、临皋亭，不是在大江边，便是在丘山下。他还是个夜游神、攀峭壁的好手，茫茫大江一叶扁舟，一管洞箫，一壶美酒，一支妙笔，一轮明月……

试问古今之豪宅，何处可比黄州的雪堂、南堂、临皋亭呢？

东坡先生的七尺肉身，拢集了天地人神，召唤了鱼虫草木，回思老子、庄子、陶渊明，著《易传》《论语说》《中庸论》，写下诸多绝妙好词……一个人，几乎穷尽了生命的可能性，穷尽了中国文化的可能性。窃以为，类似苏东坡这样的全景式的、百科全书式的文化人物，未来不会再有了：我们正在步入只能回望人文大师兼生活大师的漫长时期。宋人的寿命不如今人，生存的饱满度、开阔度、细腻度，恐怕非今人可比。

秦观收到苏轼的长信，欣喜之情可以想见，"掀髯一笑也。"猜想他的性格，这宝贝信件要给别人看的。于是族人争相传阅，远道而来的朋友一睹为快。也许拿到扬州府去，请鲜于侁太守看……当然，会有人说闲话：人家苏子瞻二十出头就金榜题名，你秦太虚三十几岁还窝在家里，你不惭愧啊？你也争口气，走马汴京城弄一顶乌纱帽呀！

许多年来，三垛村的闲话未曾断绝，秦观以白眼对白眼。不过，他的反应倒是表明受了闲话的刺激。缺一顶乌纱帽。官员朋友们都希望他早一点将白衣换作锦衣。

岁暮，他致信孙觉，谈及苏轼："南来士大夫具云：（苏轼）在黄甚能自处，了不以迁谪介意。昔之论者，常患其才高太锐，今日之事，尤足以成其盛德也。"

几乎同一时间，李常过境黄州看望苏轼，居东坡雪堂数日，"谈秦观不绝口。"

元丰四年（1081）春，孙觉调任徐州知州，过高邮，留庄园数日。召秦观去，叮嘱他一定要用功，一定！秦观唯唯。孙觉是一位可以骂他的长辈，"髯孙"对髯秦不留情面，尤其担心秦观进了京城便忘乎所以，一头栽进绮陌红楼。

孙觉写诗一般，填词羞于出手，也不善书法。纵是长了一脸胡子，性情的迂阔却如同自称迂叟的司马光。作为严谨的学者，正直而执拗的官员，司马温公的艺术细胞有限。

此间，秦观"从妇论蚕"，著《蚕书》，抄佛经，搜寻古碑。微雨荷锄去种瓜，闲来把酒话桑麻。东坡在黄州躬耕，种麦子，割麦子，晒麦子，收麦子，"力耕不受众目怜"，秦观在高邮捞虾捉蟹，"长钉画鱼"（有钉子的长竿划水捕鱼，流行于扬州一带）。

凡事须亲历，尝尝劳力的滋味，累得一身臭汗，方知歇息的舒畅，吞吃的快活，入梦的香甜。这个生活智慧，习惯于现成在手之物的九〇后、〇〇后，要有继承才好，有一些反思，从常态中捕捉异态，才能够在感觉的层面把生活的品质提高，把生命撑饱满。

亚里士多德尝言："缺乏反思的生活是没有价值的生活。"

黑格尔讲得干脆："哲学就是反常识。"

一〇八一年，秦观的家用渐渐拮据。有几个族人的脸色不大好看，妇人们嘀嘀咕咕于井边、窗下。秦观自读书。风声雨声读书声。《徐谱》："夏，与两弟学时文，以求应举。家人贫病交迫。"时文指应试文章。

秦观《与苏公先生简四》："老幼夏间多疾病，更遇岁饥，聚族四十口，食不足。"岁饥，指收成不好。靠天吃饭，一遇天灾便麻烦。

冬，秦观动身赴汴梁应举，与徐州名士陈师道相会于扬州。陈师道《秦少游字序》："见于广陵逆旅之家，夜半，语未卒，别去。余以谓当建（封）侯万里外也。"

二人夜半谈兴正浓，说豪杰讲兵法，却要仓促揖别，不知道是何缘故。也许这回赶考有点急。水陆兼程进东京，一路无诗作。进京后倒是诗作不少，但是，又考砸了。

《徐谱》："春，先生在京应举，生活澜浪。"

几年前赴汴京生活澜浪，这一次，生活又澜浪。开封城对秦少游的吸引力真是不可思议。一座迷城，幻城，花柳繁华大都市。"帝里风光好，当年少日，暮宴朝欢，当歌对酒竞留连。"——当年柳永就是这么干的。

十年寒窗苦，一朝忘得精光。

苏轼的劝告，孙觉的叮嘱，秦少游似乎当作了耳边风。

汴京是一座什么样的辉煌城市呢？笔者凭借阅读史籍的印象写几段。

北宋中期的人口已近一亿，后期过亿。据学者考证，汴京一百三十多万。全国三百二十多个府、州、军，数千个城镇，人口规模远胜唐代。城镇人口的占比，为古代之最。百工前所未有地踊跃，精致的器物铺天盖地。商业发达，商贾不绝于水路陆路。服务业兴旺，汴京城单是酒楼就有三千多家，每日供应的美酒数十种，包括烈性烧酒。"市食"五百多种，市声彻夜不绝，早市、夜市、鬼市、河市，热闹劲儿从未衰减。有一座白矾楼的高度超过皇宫，太监们联名上札子，强烈呼吁拆了它。大臣们倒是认为，拆名楼是小题大做了。双方争执不下。丞相王安石发话，白矾楼得以保存。皇帝的意见只能算他的个人意见。顺便提一句：宋代君权、相权、谏权的相互制约，有制度性保证。中书省决策，门下省审议，尚书省执行。门下省有封驳圣旨的权限。当然，皇权变着法子绕过封驳、抵制台谏的事也时有发生。

赵宋王朝卓越的开国智慧能管一百多年，其后，渐渐变形。

宋代的城镇化率乃是古代之最。城镇是长期自然生长起来的城镇，类似悠久的自然村。推动力来自民间：农工商兴旺了，与之相应的东西应时而生。建筑精美，器物讲究，服饰多样化，美味佳肴更是数不清。都市的节庆日多达七十多种，国家节日，宗教节日，民间自发的节日，从年初到年尾，平均五六天一个节庆日，还不算单个家庭的喜庆。

可惜《宋代市民生活》一书，未能将节庆日罗列仔细。孟元老《东京梦华录》，记东京城市生活甚详。张择端《清明上河图》，叫人一窥北宋后期的市井繁荣。单是汴梁金明池花样繁多的水上游戏，已叫人向往个没完没了。

民间自发的乐子层出不穷，这一点非常重要。成年人的乐趣，小孩子的游戏，经过了千百年的自然筛选，完全是优胜劣汰。生活之意蕴层的形成，缓慢而又扎实。

老百姓不分老幼男女，活得投入，几十年活不够，这是为什么？苏轼总结，主要是因为道德与风俗掌控着大局。此二者，源自遥远的尧舜时代。追求财富是民间的自发行为，不独市民村民，寒窗士子亦然。宋真宗亲自写《劝学歌》。草根阶层进入官吏阶层的比例高达百分之六十三，而唐朝仅占百分之十三。更值得一说的是，民间的兴奋有士大夫精神作长期引领。士农工商的价值排序始终不变。商风不能主导世风，差得远呢。"工商杂类"，商人的社会地位又不及工匠，远远形不成足以挑战士大夫的话语权。

农工商一旦考中进士走上仕途，便进入精英阶层，大规模瓦解了汉晋唐的阶层固化。

宋代的重商有严格的上限。儒释道相异相生，合力限制了商业型人格的越界膨胀。有钱人倒是向书香人家看齐，乐于联姻，既提高家庭家族的社会地位，又少出败家子。

义利之辨，义是价值规范，利是本源性冲动。苏轼在迩英殿侍读，力谏宋哲宗："言义而不言利。"本源性的冲动不需谈，倒是需要严加防范。从孔夫子就开始防范了，孟子又奋力加以发挥，形成一千多年的儒家道统。

笔者一直感兴趣甚至很有些诧异的，是宋代蓬蓬勃勃的生活局面，同时又有道德的大面积覆盖。南北各地的乡风民俗，蕴含大量的道德因子，士大夫加以强化。老臣富弼对仁宗皇帝讲："与士大夫治天下。"盖指有良知的士大夫的表率作用。

道德风俗有固化，有过头，总体说来是好的。

宋代生活世界的敞开度明显高于唐代。

敞开的反面叫遮蔽。有遮蔽，就有解蔽。

　　汴京城坊、市相通，高官也能去市场，而唐代是不允许的。唐代的女人不得离婚，不可二嫁，婚礼还不能动用鼓乐，宋代突破了这些束缚人性的礼教樊篱。元宵节、寒食节、端午节、中秋节，类似全民狂欢节，民众连日走东串西，持续兴奋，双眼亮如灯，观灯也观人，男女相约黄昏后，全城随处可见，河边桥头影成双。街头的表演花样百出，包括露胳膊亮美腿的女子足球队。名媛淑女们，命妇贵妇们，一反平日里的矜持，她们要亮一回本真面目，她们要活出一番异样风采。面具面纱要去掉，至少趁了夜色要去掉。男欢女爱的自主倾向对礼教构成冲击。有些媒人的说合，先要安排男女于酒楼或别的地方见个面，挑战父母包办婚姻。婚俗繁复而多趣，往往亲朋数百人卷入喜庆中，闹他个三天三夜不罢休……拙作《李清照》对宋代婚庆有较为详细的描写。民间自发的婚俗花样百端。自发、自主、自由，三者环环相扣。有限的商业逻辑不能左右市井习俗。

　　艺术的本体（以自身为根据），男女情爱的自主趋势，构成了礼教运动的反运动。

　　汴京的早市、夜市、鬼市（通宵营业），店铺林立，每日吸引大量市民。外来人口更是川流不息，高鼻子蓝眼睛的异域人士混杂其中。著名的大相国寺可容万人交易。据考古，汴梁的主要街道一百多米宽，中间的行道树唤作"权子"。树的品种因街道而异。御街宽达一百四十多米，几十辆豪华马车可以并驰，至今彪炳于全球。大虹桥横跨汴河；精致的小桥卧波支流，俨然江南水乡；汴河两岸万家灯火；舟楫千帆竞渡，不舍昼夜；大大小小的码头，人如织车如龙。——这是东京五六代人眼中不变的景象。

　　唐时的长安周长二百里，宋代的东京或许更大。

好玩的去处永远数不清。春秋多佳日，倾城去看花。美感渗透生活的各个角落。

东京人的市内交通工具主要是驴，次为马，再次为辎车（轻便小马车）和肩舆。驴子慢悠悠，足力长远。王安石上街最喜骑驴。马行桥夜市，古玩字画多多，书肆一家挨着一家，雕版印刷的，名家手抄的，有些珍贵图书论页卖，后来衍生为活页图书。马行桥的小吃夜食又较别处精致，吸引着官员士子庶民。苏东坡感慨："马行灯火记当年。"

西京洛阳的繁华仅次于东京。河北大名，河南商丘，称北都和南都。中原的名城，山东的名城，四川的名城，江南、淮南、华南、荆楚的名城……

北宋的"一二线"城市究竟容纳了多少人，准确的数据恐怕是没有的。

唐代士子奔长安，宋代士子奔汴梁、后奔临安（杭州）。六百年浩浩荡荡。

三十几岁的秦少游是个博学汉子，章台妓馆的积极分子。千里来赶考，却被某种莫名的力量赶进了章台路、歌舞场。春试礼部，榜上无名。也许汴京叫他神魂颠倒。也许另有原因，知贡举的主考官李清臣、舒亶，正是加害苏轼的佞臣。

但是，不管什么原因，秦少游再度铩羽。琼林苑进士宴没他的份儿。礼部放榜那一天，礼部附近的大街和广场人山人海，"榜下捉婿"，大户人家抢女婿，简直要把前三名大卸八块。凡是金榜题名的都是争抢的对象，不管他长成什么样。

据《唐宋科举制度研究》一书，有一年的新科进士，被东京人家捉去大半。

灰溜溜的秦观躲在城市的某个角落喝闷酒。秦词《画堂春》：

落红铺径水平池，弄晴小雨霏霏。杏园憔悴杜鹃啼，无奈春归。　　柳外画楼独上，凭栏手撚花枝。放花无语对斜晖，此恨谁知？

杏园指新科进士宴饮的地方，秦观独憔悴。他体验了柳永的伤心。"且把浮名，换了浅斟低唱。"

开封的平康里，花团锦簇十里垂杨，秦观一头扎进去了，每日浅斟低唱。登科也会去，落第更要去。各地的考生进京，盘桓平康里是唐宋几百年的老传统，白居易欧阳修俱为代表人物。官妓私妓婀娜多姿。官妓通常不卖身，竞争姿色才艺。秦少游熟悉她们。红楼绮陌花销大，他的银子从哪儿来？典当春衫值不了几个钱。在扬州、湖州、越州、徐州，他有官员士绅的邀请，一般不用掏腰包，在东京却不行。谁认识高邮秦观呢？当初，苏轼应举时写诗：

独立市桥人不识，万人如海一身藏。

秦观的高邮口音也成了一个问题。他喜欢用土语讲话。至于银子，多半赴京时留了专用款。孙觉可能资助他一些盘缠，叮嘱他不可乱花。

参寥和尚寄来一首《都下晓霁》：

千门昨夜雨，万木晓生光。
御水浮红蕊，官云丽粉墙。
转楼迟日静，萦草乱丝长。
想像西池路，浓荫覆绿杨。

西池是汴京最大的人工湖，宋初，赵匡胤操练水军用的。和尚把河水写作御水，将流云视为官云。寺庙是官产，和尚写诗，难免使用"体制内"的言词。高僧与高官交往频繁。

宋代《王直方诗话》："参寥言，旧有一诗寄少游，少游和诗云：'楼阁过朝雨，参差动霁光。衣冠分禁路，云气绕宫墙。乱絮迷春阔，嫣花困日长。平康何处是？十里带垂杨。'孙莘老读此诗至末句，云：这小子又贱相发也！"

后来秦观自编诗集，把末二句改了。孙觉骂他又发贱相，可见他禀性难移。上次来汴京也这样，礼部的考期临近了，仍与姓钱的秀才饮酒胡闹。

秦少游是苏轼的弟子，却忍不住要走柳永的道路。

《淮海集·春日五首》，其二云：

> 一夕轻雷落万丝，霁光浮瓦碧参差。
> 有情芍药含春泪，无力蔷薇卧晓枝。

芍药含春泪，蔷薇卧晓枝，这句子，写美人情态写到家了，一时传抄甚广，传进孙大胡子的耳朵，肯定又要招骂。

苏轼未必骂他。李常鼓励他。

秦观写歌姬舞女，不过是延伸了《诗经》的思无邪罢了。

龙榆生《唐宋名家词选》有一首秦词《江城子》，录于下：

> 西城杨柳弄春柔，动离忧，泪难收。犹记多情曾为系归舟。碧野朱桥当日事，人不见，水空流。　韶华不为少年留，恨悠悠，几时休？飞絮落花时候一登楼。便做春江都是泪，流不尽，许多愁。

南宋的李清照青睐秦少游，下笔有云："犹恐双溪舴艋舟，载不动，许多愁。"

宋代的官妓私妓，竞争琴棋书画，才艺催生艳力，当为古代之最。士大夫的文化修养与生活方式，带动了这一纤细而优雅的群落，互相推波助澜。文豪们的身边大抵红颜生动。例外者也不少，像孙觉、王安石、司马光、苏辙、曾巩。

熙丰年间，司马光居洛阳陋巷之独乐园十五年，写《资治通鉴》，夫人张氏替他张罗小妾。这姑娘是洛阳人，貌美，颇知诗书，进书院伺候司马君实。书院静悄悄，"炉香静逐游丝转"，姑娘玉手捧香茶，美目流盼，司马光板着山西面孔，姑娘磨墨时再献殷勤，随口说出张遇墨一丸难求，墨分五色，配了温公珍爱的澄心堂纸，千年不褪色……红唇皓齿，软语娇言，墨香炉香脂粉香，那司马光却把瘦脸黑了，把浓眉锁了，喝道："院君（张夫人）不在，你来书院做甚？"

洛阳姑娘吓哭了。张夫人无计可施。

司马光无子，闷闷不乐，但不纳妾。王安石暮年丧独子王雱，也不考虑置偏房。两位大丞相以身付国，把身体处理成盲点，似乎并不重视传宗接代。苏子由元祐年间做了副宰相，俸禄甚厚，同样不纳妾。

子由的书法与君实相近，楷书端正，行书少。君实不填词。子由填词，几无佳作。

唐宋八大家之一的曾巩，官声文名俱佳，风流韵事甚少，尽管他的老师欧阳修趋美奔艳劲头高。他弟弟曾布，是王安石变法机构的骨干；小弟曾肇，政坛和文坛都享有盛名，《宋史》："肇天资仁厚，而容貌端严。自少力学，博览经传，为文温润有法。更十一州，类多善政。"这位容貌端严的人物，在汴京与秦观一见如故。二人有书信往来。

曾肇《答淮海居士书》是一封关于秦观的重要书信，录于下：

　　某顿首，复书太虚足下。某比过高邮，始得足下姓名于所书舅氏埋铭中。后游金山，遇参寥师，爱其温粹有文，然未知与足下善。参寥至京，久而复见，自言与足下游最旧，一日，出足下所为诗并杂文读之，其辞瑰玮闳丽，言近指远，有骚人之风。且诵且叹，欣然如获明珠大璧，德非隋侯，识非卞和，未敢谓能辨之。然磊落奇怪，动人耳目，固已知其为希世之宝矣。他日以示一二同舍，皆咨嗟爱玩，然后信其真龙蛇之珠、荆山之璞也。方其时，虽未识足下面，而心亦已相亲，因其文而想见其为人，固知足下之为也。既而辱顾敝庐，未及再见，而行李已东……久欲以书叙万一，都城多故，每以事夺。足下既相期以古人之谊，则疏数淹滞，固未足道也。即日且留里中，或寓他郡。春寒，眠食佳否？向风驰情。千万。

曾舍人向风驰情，秦少游临风阅信。

曾肇的这封复信，当作于次年春。他大秦观两岁，做着令人羡慕的朝官，即将担任起居舍人（皇帝近臣），却对落第秀才秦观由衷地钦佩。

曾肇对秦观评价之高，几不亚于苏轼。宋人重友谊，见贤思齐，今天的许多人显然不及。古人看重尺牍，近人亦然，现代老一辈作家亦然，此系活得认真的表征之一。重生存，凡事投入，较真儿，牵挂深广，操心操到死，这反而使生存得以持续饱满。不识字的深山老农亦然。不妨细想：秦观凭窗写信，苏轼旅次写信，曾肇倚马写信，司马光"钻地"写长信，王安石"如厕布复"……朝霞满天或是一灯如豆。笔意潇洒或是工工整整。字字句句招呼远方的亲友。宋代邮递快，"倍道急足"，日行五百里，千里之遥两三天。

由衷地钦佩一个人，朴素地学习一个人，眼下实在是不多见了。见贤犯嘀咕倒是常态。见贤就急于把目光挪开，急于把目光倒转，寻找那点自我推许的小感觉，抓紧自家优点，抓牢别人的缺点。放大自家的小感觉，势必越找越小，找感觉找出幻觉来。

"谦虚使人进步。"虚心才能见贤。

虚怀若谷，不要变成一种稀有之生存情态。

第十二章 黄州风物与人物

苏轼贬黄州，秦观自然是要去的，李常、参寥、陈慥去过了，淮南转运副使蔡承禧去过了，巢谷先生待在那儿不走了，后来米芾等人又专程去。苏轼一系列的佳作井喷于黄州，南北士子传疯了，连同他发明的美食，遭遇的趣事。患痔疮卧病，外面传坡翁仙逝，宋神宗吃不下饭，连称"才难，才难"。也许皇帝有不便启齿的内疚吧，是他差一点把苏东坡一棍子打死。王安石嘘唏不已。老谏官范镇要来黄州奔丧……

黄州惠州儋州，知名度大起来始于苏东坡。当然，受惠于苏轼的地方首推眉州。

秦观身在汴京情系黄州，拿舟向家园放在其次。路上照例是玩儿着走。头一回到西京洛阳，满眼皆新奇。洛阳是一座浪漫的古都，牡丹花都，唐朝女皇武则天的国都。李白拿牡丹花比杨玉环，确立了富贵花。文坛盟主欧阳修写下《洛阳牡丹记》，洛阳纸贵。

洛阳一马平川，历来是四战之地，宋代重兵拱卫。洛阳的物质供应极丰富，唐时长安缺粮，一朝又一朝的天子们就带着朝廷百官到洛阳来，自称"逐粮天子"。洛阳女儿生得水灵，十分标致的女孩儿也愿意嫁入普通人家，莫愁姑娘是她们的代表。莫愁嫁卢郎，生儿育女，幸福了一辈子……洛阳的人口仅次于汴梁，当有百万之众。几百年的古建筑随处可见，古树、古井、古街、古塔。寺庙与道观星罗棋布。大户人家大园子，小户人家小园子，花木与蔬菜参差，高墙与棘篱错落，大街与小巷贯通。李格非《名园记》专写洛阳。此间，洛阳的显赫人物首推司马光。两京政要走马灯似的叩访温公柴门，盘桓五亩小园，吃饭二素一荤，洛阳人长期传为美谈。

宋人笔记《文昌杂录》：

> 司马公在陋巷，所居才能庇风雨。又作地室，读书其间。

地室里一待十五年。一榻，一桌，一旧椅。《资治通鉴》三百万言。

秦观游洛阳，想着居陋巷的、六十多岁的高官司马光。如雷贯耳的名字啊！小得不能再小的五亩独乐园，园子里连个像样的厕所都没有，仆人掏钱来修。冬季来了客人，司马温公不生炭火。待客吃得简单。尝言：

> 食不敢常有肉，衣不敢纯有帛。

有十二位长居洛阳的国家级领导人，每月聚会于寺院，只四菜一汤，荤素各半，名之曰率真会。其他地方的官员闻而谨肃，大商巨贾不敢炫富铺张。

宋代有良知的士大夫们，唯恐"朱门酒肉臭，路有冻死骨"的悲剧重演。苏轼初仕凤翔，对一个姓李的大地主的豪华庄园满腔怒火，那巧夺天工的亭台楼榭，是以破千家作为代价的："当时夺民田，失业安敢哭？谁家美园圃，籍没不容赎。此亭破千家，郁郁城之麓。"苏轼听得见穷苦人的哭声。不仅听得见，而且像杜甫一样听得细。

苏轼与司马光是忘年交。当初范镇罢去知谏院一职，宋神宗问谁可继任，司马君实荐苏子瞻，王安石不同意。知谏院位高而权重。介甫当政，君实走人。介甫著名的《答司马谏议书》云："与君实游处相好之日久，而议事每不合，所操之术多异故也。"术，指统治术。二人政见相反而友情长在，尽管十几年不复见面。后来王安石去世，身为宰相的司马光总体评价说："介甫无他，但执拗耳。赠恤之典宜厚。"

苏轼小王安石十五岁，亦是政见不同而文化认同，平时遥相牵挂。苏轼入狱是熙宁变法的一个典型插曲，论救苏轼最力者，还是王安石。

秦观曾于扬州平山堂冒名书壁，又跑到徐州去见苏徐州，眼下漫游西京洛阳，未敢造次，去敲司马光的门。君实多半是知道高邮秦观的，苏轼的高足，谁不知道呢？

秦观滞留洛阳的具体时间无考，时令当在暮春，各色牡丹花开得正艳。一个人。匹马利剑酒葫芦，游伊水，游白马寺，有诗纪行。这洛阳白马寺乃是中国第一座僧寺，《读史方与纪要》："白马寺，在故洛城西，汉明帝时建，中国僧寺盖始之于此。"

洛城到处都是古迹，空气中似乎也弥漫着古代故事，从西周到北宋。曹植的洛城，陆机、陆云的洛城，左思的洛城，风流人物雅集金谷园的洛城……唐代杜牧留下《金谷园怀古》，北宋秦少游有佳作否？记忆却是慢慢发酵的，老有经验的年轻作家不着急。

他年回首时，好词涌笔端。秦词代表作之一《望海潮·洛阳怀古》：

> 梅花疏淡，冰澌溶泄，东风暗换年华。金谷俊游，铜驼巷陌，新晴细履平沙。长记误随车。正絮翻蝶舞，芳思交加。柳下桃蹊，乱分春色到人家。　　西园夜饮鸣笳，有华灯碍月，飞盖妨花。兰苑未空，行人渐老，重来是事堪嗟。烟暝酒旗斜。但倚楼极目，时见栖鸦。无奈归心，暗随流水到天涯。

画面逼人眼目。情绪点滴饱满。"长记误随车"，误追谁的香车呢？芳思交加，旅人惆怅。秦观词大多涉及女性，或者说，因女性而起。旷野惹思绪，芳思绕玉人。也许有个洛阳女儿属意于他，奈何他要走，一别天长水阔。饮酒，登楼，极目天地却只见乌鸦。乌鸦是个伤感符号。芳思交加……转眼间他唯见栖鸦。颓唐情绪亦是一种兴怀。

宋词的佳作，意象跳跃，意绪浓缩，言外的东西多多，类似海明威的冰山式写作，八分有七分潜在水下。往往几十个字的一首词，要拿千把字去讲它，赏析它。赏析文字的稀释功能，使其本身不可能成为佳作。白话文百年来，谁记得谁的诗词赏析呢？笔者读过几大本，记不住两三篇，包括唐圭璋先生的宋词赏析。古典诗词的自足自持，俨然遗世独立的空谷佳人，拒绝其他文字的靠近。所以要紧的还是学习加背诵。中小学背牢百余首，日后总有好处。一首诗，少年读，青年再读，中年再读，体验有明显的差异。

叫人几十年回味的东西，一定是经典。

宋神宗元丰五年（1082）夏，秦少游过境南京（今河南商丘），游新亭，宿法宝禅院，怀古于城东文雅台。春秋末年孔子过宋，讲周礼于大树下，凶巴巴的宋国大司马恒魋挥短柄斧砍倒大树，想要砸死孔子，后人便修建了这座文雅台……梁园清冷池则是李白与杜甫、高适的畅游地，"醉舞梁园夜，行歌泗水春。"三个唐朝大诗人，纵马打猎于河南山东。

怀古，乃是士子的一大兴奋点，诗人尤甚，诗人的怀古佳作又熏陶后世士子。

古代古迹多。砖木结构的房子可撑数百年，石材建筑支数千年。到近代，大部分被时光削去，或毁于战火。现代城镇的急剧扩张，又使古建筑、古村落大规模消失。这些年各地仿古成时尚，虽有诸多不尽如人意处，但聊胜于无。毕竟还有不少严谨的古建专家。

秦观弱冠后的十余年，走了许多地方，欣悦的州县盘桓，幸福的乡村游走，神秘的古刹淹留，惆怅的绮陌徘徊。腹中万卷书，方有千般景。说秦少游步步沉迷不为过也。亿万个细胞持续兴奋。山异、水异、人异、风俗异、礼乐异、语音异、穿戴异、饮食异……

笔者旧话重提：道路的有限畅通维系了生活意蕴的无限生成。

何谓漫游？此之谓也。大抵漫无目的，总是漫不经心，漫游者充满了随意性，即使预设了目的地，也容易被途中的风物不断修改。长亭短亭，大驿小店，远山近水，春花、夏草、秋月、冬雪，覆盖远行者的无边记忆。

"旅游目的地"一类的经济学词汇，不要叫人一味地直奔目的才好。

大约是年仲夏，秦观抵黄州。

自北宋以来，黄州因苏东坡而成为历史名城，这些年斥巨资修复并打造东坡遗迹。笔者两次去，印象很深。南宋陆游入蜀，专程拜访黄州，记东坡之遗迹遗址甚详。学者们撰文，常把黄州当作了苏东坡的代名词，使用频率仅次于眉州。苏东坡本人，一般自称眉山苏轼，有时称赵郡苏轼（其祖籍为河北赵郡）。宋代的眉州辖四县，州治在眉山。

黄州在大江边，对岸是鄂州（武昌）。苏轼贬到这地方已两年多，早已爱上了这片远离中原的土地。初来曾经悲叹："君门深九重，坟墓在万里。"坟墓代指他的故乡眉山。谪黄的第二年始营东坡，全家人开荒种地五十亩，环东坡栽满了花果树和桑树。筑雪堂、南堂，修旧如新临皋亭，江边系一条"大舸"，专门备为客房。夏秋时节，波连波浪打浪，客人如卧波涛上，卧看窗口的星星月亮，享受霞光照春水，暴雨扑大江，浓雾弥千里。这是苏东坡为朋友们想的妙招。

远道而来的嘉宾，生怕不能入住"波浪房"，写信预订。

秦少游从汴京来，因绕着走，行程约一千五百里，费时二十多天，平均日行五六十里。带了洛阳和南都的土特产，渐近黄州时，风雨兼程。不怕淋雨，只怕湿了行李。

过岐亭，未去叩访早已耳熟能详的陈慥（季常）。苏轼平生挚友，陈季常算一个。二人定交于陕西凤翔，陈季常的父亲、凤翔太守陈希亮是苏子瞻的顶头上司。当时苏轼二十几岁，"年少暴得大名"，以京官的身份到地方锻炼，才华初露颇自负，议事每与陈太守不合，又作《凌虚台赋》，直接嘲讽老太守的得意建筑凌虚台……

岐亭距黄州四十里。驴背上的秦观想：陈慥，世之异士也！

秦少游忽至雪堂，东坡先生大喜。

马梦得责备秦太虚：何不先写一封信来？徐州一别，首尾三年也。

秦太虚启齿笑了笑，算是作答。不期而至，不速之客，不请自来，乃是访友的三种乐趣。"有朋自远方来，不亦乐乎？"苏轼的夫人王闰之用眉山话打趣：来就来嘛，何必又驮又抱又扛的。秦少游躬身，拱手为礼，说：小可拜见恩师和师母，哪能空手来。

梦得检视行李，笑道：今日痛饮洛阳烧酒，喝它个乾坤倒转，羲和倒行。

秦观说：我只馋苏公在信中描述的黄州猪肉。还有眉州移植的元修菜。

雪堂的另一间屋，有个年近六旬的精悍男人，应声掀帘子，健步而出，朗声道：元修在此，吃俺做甚？我这老皮老肉的，呵呵，莫啥吃头。

秦观想：这人的口音与苏子瞻夫妇相似。莫非先生的故人从蜀中来？

飘着花白胡子的汉子又道：老朽巢谷，字元修，眉州人氏。足下是高邮秦太虚吧？

秦观忙问：老先生何以知之？

巢谷一笑：子瞻念叨你百十回了，我们这些人哪，耳朵都磨起茧子了。

秦观不觉眼圈儿一热，转身再拜苏轼，喃喃道：学生无能，汴京礼部春试又落榜，有负先生的殷殷嘱托啊。

苏轼拍拍他的厚实肩膀，说：礼部不取你，野有遗贤，是他们的不幸。回家再用功便是。你这次千里来黄州，好好玩些日子。此地鱼蟹不论钱，猪肉随便吃，更有牛肉、鹿肉、獐肉，款待佳客不须愁。我自酿的蜜酒贮了一大缸子，又有黄山谷寄来的修水双井茶、庐山谷帘泉，端的好茶叶，端的好泉水！

马梦得引用苏轼的句子："从来佳茗似佳人嘛。"子瞻专为山谷寄的茶和泉水设计了一款提梁壶，漂亮得很。李公择带了一只壶去浙东，浙东的官窑争相烧制。

巢谷说：我在浙西、淮南也见过。

东坡设计的这款提梁壶，今日仍是广泛流传。据说常州宜兴的紫砂提梁壶尤为精美。

这一天，王闰之夫人下厨，苏迈苏迨打下手，做了一桌菜，其中的一道"东坡肉"和黄州名小吃"为甚酥"，皆是苏轼命名。东坡肉是东坡发明的，至今是南北各地的佳肴，由"眉州东坡酒楼"卖到大洋彼岸去。

入座后，先喝一小碗"东坡羹"，席间用的酒，倒不是苏轼自酿。他自酿的蜜酒并不成功，苏迈喝了"暴下"，半夜拉肚子拉到天明，只瞒着酿酒兴头甚高的父亲，以免打击他的积极性。为秦观接风的酒唤作"雪堂义樽"，苏轼把朋友们送他的几种好酒混装，请三个以上的酒徒品尝了，然后定为义樽，招待专用。今有学人戏之为"苏东坡鸡尾酒"。

苏轼的用墨，亦喜混墨，将不同产地的上等墨丸加以混磨，张遇墨、潘谷墨、李廷珪墨，等等，苏轼耐心做实验，以期最佳效果。王朝云玉手磨墨，墨宝另有佳话。留于纸、绢的墨香，隐隐有脂粉香。恰似金陵的头号佳丽郗璇为王羲之磨墨。

现存的一些苏东坡书法作品真迹，如存于台湾故宫博物院的《寒食帖》，墨色鲜亮如昨日新作，自是混墨之千年功效。苏轼写字不大用绢，认为用绢不惜物，浪费了。

艺术大师未必都是生活大师，苏东坡显然是。更兼道德君子，更兼美政之楷模，这使他成为历史的标杆式人物。知识精英和普通民众都喜爱的人，历代不多见。接地气接到苏东坡的程度，"上可陪玉皇大帝，下可陪卑田院乞儿"，这境界，古今稀缺也。

李太白是天仙，苏东坡是地仙。"二仙"共同的源头乃是南华老仙庄周。

换成海氏般的哲学性语言：苏轼生存的敞开不同凡响。

陆游《入蜀记》：

十九日早，游东坡，自州门而东，冈垄高下，至东坡，则地势平旷开豁。东起一垄颇高，有屋三间，一龟头，曰居士亭。亭下面南一堂，颇雄，四壁皆画雪。堂中有苏公像，乌帽紫裘，横按筇杖，是为雪堂。堂东大柳，传以为公手植……又有四望亭，正与雪堂相直，在高阜上，观览江山，为一郡之最。

陆游自绍兴启程入蜀，过黄州，时在公元一一七〇年。骑驴入剑门，逶迤千里到眉山，访东坡先生的五亩故园，走大街小巷，逛古城墙，尝美食，饮佳酿，盘桓著名的、有唐宋皇帝题字的孙氏书楼，惊叹：

孕奇蓄秀当此地，郁然千载诗书城。

黄州雪堂墙壁上的雪景，应该是东坡所画。如果是别人画的，东坡定有题跋或题诗。苏公像则是后人所绘。雪堂东的大柳树，陆游称，当地人传为苏轼手栽。毕竟时隔九十年了。黄州雪堂的这棵苏公柳，映照扬州平山堂的欧公柳。

距离不是问题，价值认同重要。

苏东坡自言"性好种植"，乃是种植的老行家，松、柳、楠、橘、梨、茶、竹、桑、梅、兰、荔……从南方种到北方。劳心不废劳力，匡正孔夫子。

秦观头一回吃"东坡肘子"，尝"东坡泡菜"，喝"东坡野菜羹"，一口咬下半张为甚酥，爽得顾不上说话。马梦得蚕豆下酒，巢元修专喜吃鱼，黄州人张怀民、汪若谷谈笑风生。苏迈忙着为父执们斟酒。

闰之夫人和朝云在另一间屋子，苏迨苏过端着碗，围着桌子打转。

一条体长如豹的山东细狗，这屋走到那屋，闻闻秦观的气味，一个劲地摇尾巴，它能咬断猪骨头。李常送的。李常做过齐州（济南）知州。

秦少游醉也，喃喃醉吟："老夫聊发少年狂，左牵黄，右擎苍，锦帽貂裘，千骑卷平冈……"那山东细狗一跃而出，跃过七八尺高的院墙，追野物去了。

梦得说：这细狗听不得《江城子·密州出猎》，一听便扑。

巢谷说：少游尚在十里外，它已识得嘉宾气味，汪汪汪叫了几回。

张怀民笑道：爱犬知先生爱徒来也。

秦观喟然曰：东坡居士的禅心如一轮皓月，"阶前虎心善"啊。

汪若谷问：太虚先生，这东坡肘子味道还好吧？

秦观停了筷子，轻敲青花瓷盘，随口唱诵东坡先生的《猪肉颂》："净洗铛，少著水，柴头罨烟焰不起。待他自熟莫催他，火候足时他自美。黄州好猪肉，价贱如泥土。富人不肯吃，贫者不解煮。早晨起来打两碗，饱得自家君莫管。"

这就是白话诗了。苏轼的爷爷苏序，享福于眉山七十多年，写过几千首打油诗。

后数年，苏轼治理杭州西湖，在工地上支锅若干，小火炖猪肉，炖猪蹄儿，一时杭州大流行，猪肉价猛增，常润二州的大闸蟹几乎无人问津……

一群学富五车的汉子酒足饭饱了，移步南堂品双井茶。秦太虚自是茶艺专家，不留神成了西湖龙井茶的发明者之一（符号发明），不过，在东坡这儿，未敢班门弄斧。二十年前，子瞻签判凤翔，喝茶要跑到几十里外取泉水。居黄，他能分辨境内中游下游的长江水，南北高僧闻而叹服。他向农民学种茶，写诗云："不令寸土闲，更乞茶子艺。"

元丰五年（1082）夏，蔡承禧为苏轼建的南堂落成不久，临江的三间屋子并一小院，宽敞而明亮。其中稍小的一间辟为炼丹室，苏轼说："故作明窗书小字，更开幽室养丹砂。"又云："更有南堂堪著客，不忧门外故人车。"再云："南堂独有西南向，卧看千帆落浅溪。"

苏东坡与南字有缘，眉山的书房叫南轩，汴京的居所叫南园，杭州住的官舍叫南厅，黄州新房子，他取名叫南堂。坡翁一生贬谪地，向南更向南……

贬黄州近五年，艺术大师南面称孤。

宋人笔记称："东坡居士酒醉饭饱，倚于几上，白云左绕，青江右洄，重门洞开，林峦坌入。当是时，若有思而无所思，以受万物之备。"把心灵放空，若有思而无所思，以备万物的袭来。这是庄子式的审美姿态，何况他苏子瞻酒醉饭饱。

雪堂品香茶，闲话古与今。大江风物伴随着波涛声奔来眼底。靠窗的几案上有一封苏轼写给王庆源的信，其中称：

> 扁舟草履，放浪山水间，客至，多辞以不在。往来书疏如山，不复答也。此味甚佳，生来未尝有此适。

苏轼谪黄之初，曾抱怨："亲友无一字见及，有书与之，亦不答。"现在好了，客来，他多不见。来信，他多不答，至少不急于回复。出则放浪山水，归则卧看千帆。有酒有肉有香茶，有家人，有良友，有美艳冠钱塘而忠敬若一的王朝云，有严格意义上的诗意栖居……无官场倾轧，无案牍劳形，无皇权重压，无莫名烦恼。劳动，写作，再劳动，大碗吃米饭，大口吃猪肉牛肉鹿肉，每饭必酒，荷叶杯小饮三杯，夜夜睡得香甜。此间的苏东坡自称"生来未尝有此适"，并非强打精神，强作笑颜。奔五十岁的人了，绵历世事，阅尽美好与沧桑，提前进入了化境。倒是乌台诗案成就了他，一帮朝廷小人成全了他。

没有黄州五年，哪来艺术井喷？惠州儋州乃是黄州的精神延续，加起来十年整。

艺术是苦闷的象征，艺术是意外的产物。人在苦闷中，意志力得以提升。意志力不去干涉感觉世界的蓬蓬勃勃。为何苏轼不干涉呢？这个现象值得追问，因为古今绝大多数的艺术家不可能抵达这一境界。苏东坡几乎前所未有地赢得生存的敞开，最大限度减少生存的遮蔽。说几乎，是因为前边有一位庄子，庄子的前边更有神仙般的老子。

什么叫生存的敞开？简言之，身心备足了可能性，活得不沾，不滞，不执，活得游刃有余。苏东坡当然不是哲学家（陈嘉映教授称：中国并没有严格意义上的哲学家），却是扎扎实实的思想者。深入虚无之境，开出实有之花。

"静故了群动，空故纳万境"，这个火候不易把握，能把握，便是高士中的高士，牛人中的牛人。单纯的性格倔犟不会产生苏东坡，一味的博览群书也不会。

放于山水间，收于明窗下。自在逍遥造极也。"许国心犹在"，美政冲动暂且按下罢了，日后到汴京、杭州、颍州、扬州、定州、惠州去释放，此间他全然不晓得。晓得的只是吃、饮、眠、耕、读、写、思、游。晓得两情朝朝暮暮，晓得有朋自远方来。

牵挂着一切，又仿佛了无牵挂。生存的朝向随时可以改变，只除却君子变小人。儒释道浑然一体。此君再往前，便是圣人境界了，"至人无己"。

苏轼的"京国十年"，显然不及他的贬谪十年，差远了。峨冠博带，繁文缛节，官场无休止的人事纠缠，哪里比得上江湖逍遥。他把野地逍遥实实在在尝了一个饱，跟数以百计的素心人打成一片：看见的人都是想见的人，令人愉快的人，"乐与数晨夕"的人。那些个花花肠子杂心人远在另一星系，根本不存在。更有江上之清风，山间之明月，植入皮下的春夏秋冬，近在手边的草木鱼虫，魂牵梦萦的生活世界。劳心，玩思诸子百家；劳力，突破了孔夫子的"四体不勤，五谷不分"。宋儒风度，东坡先生一流也。自由精神，东坡先生独步也：人世关切与自然向往都抵达了最佳值。身体又好，不愁温饱，酒量饮量还增加了。几年后，当朝廷打算重新起用他的时候，他的第一反应是逃跑，"逃官如小儿迁延逃学"。迁，绕着走。延，不肯走。逃官一词，可能是苏轼首创。他是真想逃跑，连连上书朝廷，乞居常州的宜兴。在常州买房子，在宜兴买田。

此间在黄州，人们把苏东坡叫作坡仙。京城那个乌帽高轩的苏子瞻，谁会叫他坡仙？如果没有继承庄周陶潜，确立江湖逍遥的价值，谁会叫他坡仙？

"照野弥弥浅浪，横空隐隐层霄，障泥未解玉骢骄，我欲醉眠芳草。"

"夜饮东坡醒复醉，归来仿佛三更。家童鼻息已雷鸣，敲门都不应，倚杖听江声。"

"莫听穿林打叶声，何妨吟啸且徐行。竹杖芒鞋轻胜马，谁怕？一蓑烟雨任平生。"

"寄蜉蝣于天地，渺沧海之一粟。哀吾生之须臾，羡长江之无穷。"

"谁道人生无再少？门前流水尚能西。休将白发唱黄鸡。"

再过千百年，中国人还是要读这些东西。"语言是存在的家。"拜读汉语经典，人就待在家里，而不是精神流浪者，无家可归者，朝夕算计者，贪欲汹汹者。很可能，历史将不再产生老庄式的大哲、陶渊明、苏东坡、曹雪芹式的大师了，人们只能回望人文大师兼生活大师。如果回望不再，如果回望变形，历史的能量将自动消失或持续衰减。

苏诗云："去年东坡拾瓦砾，自种黄桑三百尺。今年刈草盖雪堂，日炙风吹面如墨。"

又云："腐儒粗粝支百年，力耕不受众目怜。"

苏轼开垦东坡在先，营造雪堂在后。拾瓦砾、种黄桑、刈杂草、淘老井、种麦子、割麦子、收谷子、晒粮食、挑粮食、贮粮食、舂粮食……镰刀草耙常在手，肩头扁担闪悠悠。劳心兼劳力，动脑更动手，并且两不误，相得而益彰，生命的饱满就不成问题。庄子打柴糊口，嵇康打铁养家，陶渊明不用多说，李太白一生琴剑不离手，杜甫辟巩县地室（窑洞），盖成都草堂，辛弃疾在江西信州的带湖种松成林，曹雪芹是木匠石匠篾匠织匠画匠，鲁迅先生包书胜过印刷厂的装订工，砸煤炭不逊精壮汉，青年毛泽东"文明其精神，野蛮其体魄"，雷雨天冲上高山；维特根斯坦一夜间送掉亿万遗产，做了一名中学的园丁；海德格尔摆弄钉锤锯子刀子，一如他的木匠父亲，亲手伐木改木，又腰扛木，盖托特瑙山上的小木屋，那是一块冲向全世界的思想高地……

身与心的紧密联系，灵与肉的合二为一，受制于现成在手之物的今人不大懂了。

物的上手性使物千变万化。现成在手的东西永远单一，叫人打呵欠，两眼空洞不惜物。笔者旧话重提：人与物的打交道，目前尚无普世智慧可言。哲学家是例外者，课堂智慧几千年走不到市井。老子庄子拒绝介入权力场，无意做帝王师，恐怕是早有洞见。

什么叫物质丰富呢？身处汴京的苏轼与长居黄州的苏东坡，谁拥有的物质更多？奔入眼底、慰藉短暂者（人）灵魂的日月星云不是物质么？野草古木不是物质么？雨雪雾霭不是物质么？江声雷声石钟声不是物质么？高官苏轼与扎根民间的苏东坡，究竟谁的日常感觉更丰富，更细腻？谁吃得更香睡得更甜，步履更轻快，嗓音更清爽？谁的素心朋友更广泛，更让人由衷地愉悦？谁抵达了"天风海雨逼人"的艺术大境界？

旧话重提：感觉的丰富性乃是一切生活质量的前提。

黄州的苏东坡与徐州的苏太守判若两人，瘦了二十斤，黑了，壮了，肌肉硬邦邦，目光更有神，抬腿出脚大步流星。上海王水照教授根据诗文考证过苏轼的身高，当在一米七五左右。据我所见，三苏的后裔大都是高个子。遗传的力量匪夷所思。

秦观的体魄与苏东坡相近，也许稍矮，腰围差不多。东坡在黄州日晒雨淋成墨面，少游依然是浓黑胡子加白净面皮。这群汉子当中，巢谷面最黑，苏轼次之，马梦得再次。都是四海为家的人，身心灵动的人，万里逍遥的人。

逍遥来自不逍遥，来自勤学苦修；四海为家，又有深沉的家乡观念。巢谷是眉山人，世代务农，为了生计他辗转南北，当过武将的幕僚，教过书，种过田，从过军，做过游方的郎中，客串过枪棒教头……苏轼做官得意时，巢元修是从来不现身的；苏轼栽了仕途跟头，他跑来了，待在黄州不走了，仿佛临皋亭原本就是他的家。开荒种地，起屋架梁，喂牛医牛，结网搬罾，试种眉山蔬菜……他把一种叫"圣散子"的民间秘方密授苏轼，再三叮嘱不可示人，要求苏轼"指江水为誓"。可是没过几天，东坡便把这秘方抄给了黄州名医庞安时。后数年，杭州疾病流行，圣散子派上大用场，救了成千上万的人。——杭州太守苏轼设"安乐坊"，是为中国第一座私立公助的慈善医院，后来从众安桥移到西湖边，和尚道士轮番坐义诊，可惜到南宋衰微了，一老人叹息：朝廷定都于杭州，沿西子湖造高楼无数，唯独没有安乐坊这一类济世救人之所。

风俗道德一坏，富而不仁常态……

苏东坡六十二岁贬海南儋州，巢元修七十三岁从眉山城出发，拼着一条老命，要去海南探望老友。走到循州见过了苏辙，歇一阵子再上路。苏辙劝阻他，不听。老人老腿走得昂扬，白胡子连月飘向碧空。不料包袱半夜被窃，巢谷跳下床拔腿猛追，追半天追不动了，倒下了，累死在新州（广东新兴）道旁。包袱中也许又有圣散子一类的秘方，要解岭南瘴毒。为了东坡，巢元修不辞万里步行，死于道路。老东坡闻讯，放声大哭。

苏辙有《巢谷传》。

再说马梦得。苏轼《东坡八首》之一，专写马梦得："马生本穷士，从我二十年。日夜望我贵，求分买山钱。我今反累君，借耕辍兹田。刮毛龟背上，何时得成毡？可怜马生痴，至今夸我贤。众笑皆不悔，施一当获千。"马梦得原是京城太学的教师，经苏轼点拨，辞职不干了，随苏轼去了陕西凤翔，身份介于清客与幕僚之间。当时苏轼"暴得大名"，宋仁宗认为他有宰辅之才。仁宗朝的进士放了十三榜，前三名共计三十九名，未至宰辅者，只有五人。这是苏轼在写给同榜状元章子平的信中讲的。

马梦得追随苏轼二十年，未分买田钱，倒是受连累，到黄州来受苦，当了农夫。他自己并不以为苦，总夸子瞻贤。众人皆笑马生痴，他不后悔，认准了苏子瞻。可见其性格，和子瞻是一类人。千年来苏东坡的亿万崇拜者，马梦得排在第一位。榜样的力量是无穷的，偶像又比榜样更进了一步。马生初衷望富贵，却在漫长的岁月中识得大贤。

中国有苏东坡，马梦得是有功的，他屡跑黄州太守徐君猷的府第，磨嘴皮，求得一块废弃多年的营地，约五十余亩。想要吃饱饭，甩开膀子干！苏轼率领全家开荒种地，男女老幼齐上阵，七十一岁高龄的乳娘任采莲也加入了这支垦荒队，清除杂草，烧成肥料。"四邻相率助举锄，人人知我囊无钱。"夫人王闰之做饭，侍妾王朝云饷田，苏轼的三个儿子迈、迨、过，跟着少游梦得叔学干农活，学钓鱼，学爬树，学捉虫子，学点麦子，学观天象……臭汗淋漓的苏轼于田间挥毫："喟然释耒叹，我廪何由高？"

春日里，麦苗儿青青，菜花儿黄，蜂唱蝶舞人欢畅。"良农惜地力，幸此十年荒。"

地力绝不是无穷无尽的。大地母亲，不可能永不停息地生孩子生孩子生孩子……

红五月（阴历四月）收麦子，马梦得、秦少游与苏东坡并肩舞银镰，割在最前头。由于担心下雨，连夜抢收。——长江边的阵雨说来就来。明月悬在半空，像一盏美丽的灯。收完麦子的男人们斜躺田坎或草堆，吃鱼蟹，嚼酥饼，喝美酒——此间一切村酿都是美酒，享受江风劲吹，倾听波翻浪打。

苏东坡随口吟："谁能伴我田间饮？醉倒唯有支头砖。"

砖是土砖。田间醉倒的大学士大文豪是何形状？苏轼原本酒量小，"饮少辄醉"，黄州的几年，酒量食量大起来，身体壮起来，

感觉丰富起来。哲思文思泉涌起来，"不择地而出。"情与思，连

接了春夏秋冬。人在官场，人在城市，哪有这么多不可预设的好东西。"解鞍欹枕绿杨桥，杜宇一声春晓。"

苏轼酒后骑马踏夜月，过绿杨桥，醉眠芳草，一觉醒来，杜宇（布谷鸟）报春晓。这分明是神仙过的日子，东京士大夫只有羡慕的份儿。元丰七年（1084），东坡受诏复起，量移汝州，一路上逃官如小儿逃学，买田于宜兴，要彻底告别官场。朝廷批准他乞居常州的请求，他狂喜，填词曰："归去来兮……船头转，长风万里，归马驻平波！"

在黄州的沙湖他就看过田，去金陵也看田，王安石想与他为邻。

依我看，黄州激发了苏轼血液中固有的野性。"常恨此身非我有，何时忘却营营？夜阑风静縠纹平，小舟从此逝，江海寄余生。"高人懂得什么叫本真性生存。苏东坡在黄州组建的周围世界，丰富得难以言说。他尝到了江湖逍遥的甜头。在思想和感觉两个层面，确认了江湖的价值，向天下士子传递了江湖价值。

官身不自由，诗人很自由。大物质（水土林气星月）永远丰富而美好，小物质（吃穿住行用）也比东晋的陶渊明强多了，并且有保障，宜兴买肥田，"岁可得谷四百石。"岁岁留余庆。宋代一石谷，约合一百二十斤。

马梦得追随苏轼，大多数时光衣食无忧。食有鱼，出有车，游历了无数的好地方，受人尊敬，广交贤才，尽管大龄未成家，却不断地闹恋爱，追歌女，迷恋汴京状元楼的老板娘。这种生活，显然强于他在太学做仰人鼻息的微官，或者说，他喜欢这样的生活，分不分买山钱无所谓了。八方夸苏轼，万里追随苏轼，马梦得三十年不变。

秦少游居黄州数十日，参加生产劳动，又于东坡田边新种了十几棵桑树。马梦得陪他住临皋亭下的"大舸"，波涛声中闲话，月色里酣睡，夜吹胡子沙沙响。梦得说，冬季的早晨江上大雾，一梦醒来，恍若置身于蓬莱仙山；秋月大如轮，轮子跳跃浮波，仿佛升起于水下龙宫……不到黄州来，哪得美景如许？

秦少游应主人的邀请移住南堂，由陈季常、马梦得陪着。三条汉子好酒量，淋漓千百杯，直如三头长鲸吸大海。某日半夜，苏轼、苏迈、苏过父子三人过来，听陈季常说禅，说岐亭一带的古怪人物。这一年，苏迈二十一岁，苏过十一岁。

陈季常自己就是个人物，只身到黄州来，偶尔单骑四十里，常常抄小路步行。苏轼回访他。二人定交于凤翔。苏洵与陈希亮有交情，两家人算是世交。陈季常是陈希亮的第四子，可能未去过老家眉州青神县。王弗、王闰之都是青神人。著名的青神中岩寺有苏轼读书台。陈季常生卒年不详，小苏轼几岁，年轻时宝马利剑，纵横于岐山渭水，"用财如粪土"，携妓浪游凤翔诸县，每日香车起艳尘。士绅争夸他的学问，好汉争拜他的马蹄。官妓私妓们乐于为他轻歌曼舞……可是他忽然搬到黄州的岐亭，做了一名隐士，自号龙丘居士。洛阳等地的万贯家产他不去享受，带着老婆孩子长年居陋室，苏轼形容："环堵萧然。"妻子奴婢无怨言，并且"皆有自得之意"。

苏轼熟悉那一家子，有诗戏季常："谁似龙丘居士贤？谈空谈有夜不眠。忽闻河东狮子吼，拄杖落手心茫然。"河东狮吼，遂成悍妇的代名词，沿用至今。家里柴米油盐艰难，如何不吼他？她吼过也就罢了，并未强逼他去住洛阳的华丽豪宅，去收河北的巨额田租。悍妇与贤妻乃是同一个人。豪士陈季常惧内，亦为一时趣谈。

苏轼《方山子传》云："方山子，光、黄间隐人也……庵居蔬食，不与世相闻。弃车马，毁冠服，徒步往来山中，人莫识也。见其所著帽，方耸而高，曰：'此岂古方山子冠之遗像乎？'因谓之方山子。"光指光州，与黄州交界。

隐士带着全家人隐居，弃车马毁冠服，奴婢不跑掉，一起吃素，睡板床，穿布衣，走远路去买东西，阴雨天总是两脚泥，寒风凛冽如刀割。奴婢也许是当初的侍女。苏轼这篇二百字的传记，未写季常的一家生计从何而来。季常七次到黄州，苏轼三次访岐亭，彼此知根知底，如果陈季常靠躬耕渔猎度日，那么，苏轼会写下来。陈家是堪比王公贵族的巨富，陈季常应该留下了一些钱财。做隐士，也要吃饱肚子。"谈空谈有不知眠"，妻子一吼却茫然，谈禅与吼穷，看来皆常态。

苏轼记云："余闻光、黄间多异人，往往阳狂垢污，不可得而见，方山子傥见之欤？"

苏轼见不到的光、黄间的异人们，陈季常多半能见到。异人佯狂污垢，季常不做这些表面文章。不搞扪虱而谈，不去聚啸山林，不与世相闻，不在乎人们的识与不识，这可真是隐到家了。谈禅，吃素，读书，漫游，生活在妇孺们和素心人中间，不是十年八年，而是几十年这么过下去，如果苏轼不为他留下文字，那么，后世就不知道曾经有个俗名陈慥的人，道号龙丘居士，人称方山子。

身前身后名，一切如浮云。

苏东坡向往这样的生存姿态，因为他做不到。他还想见到光、黄间更多的异人，听听他们的别样故事。不仅出于好奇。他正在作盘算，拖着一家十几口定居黄州，先后看了几回沙湖田。有了五十亩东坡麦田还不够，还要看田。

读《方山子传》，要读出苏东坡的生存向度。野地之逍遥是实打实的东西，先要安顿家人，尤其要安顿女眷们。乌台诗案骤起时，王闰之夫人在湖州的船上骂骂咧咧，烧丈夫的文稿与墨宝，苏轼并不深责她，只于信中偶为提及。狱中写诗曰："身后牛衣愧老妻。"对自己未能留下丰厚的财产感到惭愧。眉山苏氏家族的不聚财，大约是个传统。老爷子苏序便是散财能手，曾经积谷千石，人皆以为囤积居奇，他却用来救济灾荒年的眉山百姓。血液有遗传，苏东坡又加上了强有力的文化基因。

秦少游小陈慥七八岁，并不能完全理解季常的行为。若是换了他，是要奔洛阳河北、奔荣华富贵的。"长记误随车"，误随香车发生在洛阳，长忆误随车则不拘一地。

"饮食男女，人之大欲存焉"，单叫秦观吃素，已是大为难也。

宋人的生活在别处，证据很充足，可作专题研究。生活世界的蓬蓬勃勃，有其千百年的强劲根系。人上一百，形形色色。

秦观作《龙丘子真赞》："惟龙丘子以大块为舆（车），元气为驹，放意自娱，游行六区。世莫我疏，亦莫我亲。追配古者，葛天之民。"大块，犹言天地。秦少游朋友多，在乎人们的亲近或疏远，苏东坡同样在乎。而陈季常闲云野鹤般独往独来。

从苏轼的记载看，这位龙丘居士打猎是好手，家人馋肉时，他也会进山狩猎、临水垂钓。庄子也是这么干。哲学家庄子喜欢吃肉，隐者陈慥一般不沾荤。居陋室而不见其陋，身心乃得大自由。很有些隐士是冲着富贵去的，借隐扬名，陈慥三十来岁，主动放弃了大富大贵。他认识的那些光州、黄州异人，大抵与他是一类人。可见隐士需要一定程度的"价值抱团"。秦观提到上古时代的葛天氏，乃是追溯隐逸的价值谱系。

陈季常隐得了无痕迹，不留下只言片语。苏轼若不是从岐亭过，二人很可能相忘于江湖。苏轼来了，前缘续上了，龙丘居士与东坡居士相得甚洽。不足五年，往还十次。若干年后东坡贬惠州，季常要去看他，他赶紧写信，劝阻老朋友说："季常安心家居，勿轻出入。老劣不烦过虑，决须幅巾草履相从于林下也。亦莫遣人来。彼此须髯如戟，莫作女儿态也。"大丈夫连胡子都要硬，何况骨头。这封短信，当选入中学课本。

陈季常的友情冲动不减苏东坡。大约他长寿，活到八十多岁。青年时代的肉食者、美食家、宝马香车浪游者，中年一变而为素食，吃住行与农民无异，环墙萧然，而家人有自得之色，生存向度来个大转弯，静悄悄的大转弯。今人识否？识否？

宋代的高僧们几乎全是长寿，这是有据可查的。眼下的百岁老人基本上生活在农村，城市罕见，也许将来的城市越来越罕见。英国科学界的权威杂志《自然》，科学家有文章称：人的寿命两大因素，一是遗传，二是环境。

岐亭静悄悄的幸福者，由于抵达了无欲而欲，反而欲着全世界。陈慥打柴、陈慥种地、陈慥谈禅、陈慥抚琴吹洞箫、陈慥远足到黄州访苏轼，泥行雨宿，反而趣味横生。

马行、舟行、泥行、雪行、雾行、山行、夜行，异趣也。

秦观逗留黄州的时间不短，但年谱未详。黄州风物与人物，给他留下了相当深刻的印象。写诗填词肯定是有的，未传。巢谷、马梦得、陈季常、张怀民、汪若谷等人，既普通又不普通，读书人而兼汉子性格，而兼古道热肠，互相一见如故，不需要过多的言语沟通。仿佛凭着嗅觉，人与人就靠近了，心与心就相通了。黄州太守徐君猷，字大受，也是个人物，初，为避嫌，躲着罪臣苏子瞻，马梦得屡去官衙找他，软泡硬磨，他拨给一块旧营地。子瞻举锸开荒，一家子奋战杂草瓦砾乱石头，徐君猷悄悄跑去观望，悄悄流下感动的眼泪。苏子瞻名满天下啊，天天奔田畴下苦力，挥锄头挑担子轻描淡写。

且看苏子瞻醉倒于麦田间，侧身枕一块破土砖，睡得那么香甜，虫子爬上了大红脸。子瞻割麦子唰唰唰，吃烧饼嚓嚓嚓，饮村酿哗哗哗，讲人事鬼事哈哈哈，回头却著三部严谨大书……徐大受忍不住要写信，写笔记，画速写，把东坡先生的潇洒姿态传向四方。

秦观应邀去太守府宴饮，席前，四个高挑婀娜的歌女一字儿排开，"舞低杨柳楼心月，歌尽桃花扇底风。"少游顿时傻眼了。马梦得席间跟她们套近乎。陈季常状如坐禅。苏东坡与徐君猷闲谈。老太守一大把白胡子了，沉迷红巾翠袖，一似中唐的白香山。

鄂州(武昌)太守朱寿昌也浮江而来。他是宋代享誉全国的大孝子。

这一年夏季的晚些时候，秦少游依依不舍地上路，揖别东坡居士、龙丘居士、梦得穷士、元修豪士、怀民贤士、若谷处士……黄州之行的收获，多得难以言说，他将在日后漫长的时光中回味回思，黄州风情与黄州人物，"不思量，自难忘。"

三十多岁的秦观离黄之后，发现自己一路上蹦着走，倒骑毛驴，念念有词，醉卧花木小石桥，戏水于长澜，思接五百里大庐山，三千尺汉阳峰。

第十三章　王安石点评秦观

秦观在归途中顺道游庐山，拜谒大觉禅师旧迹。大觉的法号，系仁宗皇帝所赐。禅师年幼时，一日，泼水于地，忽然开悟，未久，剃度出家。七十多年持戒甚严，弟子甚众，广传佛法于南北。皇帝要他留在京城的净因禅院，他要走，帝不准奏。宋英宗送他龙脑钵盂，他不受，奏曰："吾法以壤色衣，以瓦铁食，此钵非法。"他当着使者的面，将御赐的龙脑钵盂弃之于地，以示坚决。再乞归山，"坚甚"，英宗皇帝终于留他不住。

北宋大臣，当面顶撞皇帝的例子颇多。和尚也敢于违拗圣意，扔掉御赐的龙脑钵盂。

秦观游庐山之时，大觉禅师云游在外。

两年后苏轼偕同参寥和尚，盘桓庐山半个月，遍游诸寺，写诗就像顺口溜，却忽然得了一首哲理诗佳作《题西林壁》："横看成岭侧成峰，远近高低各不同……"

又作《跋太虚辩才庐山题名》：

　　某与大觉禅师别十九年矣！禅师脱屣当世，云栖海上，谓不复见记，乃尔拳拳耶。会与参寥师自庐山之阳，并山而东，所至皆禅师旧迹，山中人多能言之者。乃复书与辩才题名之后，以遗参寥。太虚今年三十六，参寥四十二，某四十九，辩才七十四，禅师七十六矣。元丰七年五月十九日，慧日院大雨中书。

　　笔者想象苏东坡在大雨中挥毫的模样，神往也。古人活得投入，凡事认真，小事中透出端倪来。不独大人物，普通人亦如此。为什么？生活之意蕴层保持完整之故也。

　　古代的厌世者，抑郁者，自闭者，痴呆者，昏昏欲睡者，靠瘾头过活者，比例甚小。

　　大约夏末秋初，秦观回到故里。这一回，差不多又是一年在外面飘，榜上无名，江山有迹。某些族人的嘲讽本在预料中，他懒得去计较了。黄州的故事带回家中，弟弟、堂兄弟们和儿女们听得入神。他讲苏东坡高高举着锄头翻地，唰唰唰刈草割麦子，咕咕咕痛饮粗茶淡酒，噌噌噌健步爬赤壁，哧溜哧溜吞吃炖猪肉，咔嚓咔嚓咬黄州为甚酥……

　　一家子聚在灯下听乐了。妻子徐文美抿嘴一笑。

　　从此他认真学着农事，锄头扁担要会使，担水劈柴铡猪草。陈季常放着亿万富豪不做，偏在穷山携家长居，他秦观一秀才，有啥身架放不下的。有一阵子，秀才拿锄头担扁担上了瘾，田地菜地处女地，天不黑不收工。

　　妻子微笑着，把书卷和鸭蛋塞到他起了茧子的手里。

　　白天挥汗，夜里挥笔。此间接着写《蚕书》，写药书，抄佛经，炼丹药，试丹青……

　　人在高邮，人在远方，人在历史的波涛里，人在文化的褶皱间。

　　举家吃素挺好的，两三天打一回牙祭。——眉山人苏子瞻老是这么说。

《徐谱》："秋九月，作圆通禅师行状。"行状，意谓一生行事大略。

圆通禅师的事迹也见于《五灯会元》，秦观的记叙可能最早。圆通俗姓何，温州永嘉县人。"在襁褓中，能合掌僧坐，父母异之。"十四岁出家，"得高僧为之依归，艺行日进，同辈无与比者……及长，慨然有四方之志。"人人都有慧根，只是程度存差异，佛教之正宗兴盛的时代，慧根容易被发现。反之，劣根性倒有膨胀的空间。

"师操行卓越，而遇人有恩意，虽对宾客，未尝与众异馔。夜，辄从众僧寝于堂中，不入丈室。"大和尚的吃与住，与小沙弥同。"雅性乐施，所得金钱缯帛，率缘手尽。"

一日，船行江中，船破了，从者百余人忙着逃命，唯独圆通禅师"安坐水中不动，从者还，救之，乃免"。禅师的定力可见一斑。"又多才艺，工于诗，字画有法……当时贤士大夫闻其风，皆倾意愿与之游。"圆通禅师亦长寿。

宋代官员与和尚道士走得近，气味相投，儒释道共同教化百姓，历史上是没有的。

古代的寺庙与宫观，大抵是千百年的清净地。而眼下的和尚道士，可疑者实在太多。借清净佛门、大雄圣殿捞钱发财，早已不是新鲜事了。拿信众的虔诚骗钱，佛祖是不会宽恕的。操行卓越的高僧何处觅？希望不是寥若晨星。希望假和尚臭道士的数量逐年减少，而不是日益增多。烂和尚臭道士，要受到舆论的抨击……

秦观应邀去润州金山寺，为圆通禅师作行状。这是佛门大事，秦观视为荣耀。居古刹数日，呼吸着空门气息，写诗透着禅味儿。

此后家居两年多，偶或出游几天。发愤读经史以备考。

元丰七年（1084）夏，苏轼量移汝州，携家带口上路，抵筠州的高安，与子由一家相聚。继而偕同参寥游五百里大庐山，山中诸寺的和尚们奔走相告，高龄的东林常总禅师全程陪同。苏轼欣欣然，留下墨宝不少。观著名的、惊倒李太白的庐山瀑布，倒是不留诗。在温泉院，他连泡三天温泉，星月下泡到二更天，爽得做梦也呻唤。健步登上高高的大汉阳峰（庐山最高峰，海拔一千四百七十四米），坡仙一口气到顶，众和尚愕然。他忍不住临风抚老松，口吐诗句："如今不是梦，真个在庐山！"参寥师笑曰：原来东坡先生也打油啊。

佛印和尚忽至，三位高僧陪一个苏子瞻。佛印的法号也是皇帝所赐。

古木幽深处有一道小溪，溪中一巨石号为醉石。谁命名的？中唐白居易。东坡居士穿草鞋趟水去也，左手托墨砚，右手闲握张武笔，于醉石写下一行核桃字："眉山苏轼来游庐山，休乐天醉石之上，清泉潺潺，出林壑中，俯仰久之，行歌而去。"

和尚不乏能工巧匠，及时将东坡居士的题词刻在石头上。庐山再添一胜景。坡仙飘然过西林寺，再留一墨宝于寺壁："不识庐山真面目，只缘身在此山中。"一行人到了栖霞寺，苏轼留诗于桥墩："清寒入山骨，草木尽坚瘦。"

苏轼下庐山，携长子迈，夜游湖口的石钟山，作《石钟山记》。大师所过之处，山山水水染神奇也。

仲夏，苏轼抵江宁（南京）蒋山（钟山），拜访荆国公王安石，"留一月而去。"

王安石的"半山"庄园冷冷清清，他的弟子们和一手提拔的众多官员，很少来看他。常常一个人骑驴转悠，仰天喃喃自语，目注躬耕的农夫。安石对农民有愧否？天下三百多个州，几千万农民……他变法的出发点是好的，从结果看，他理财的种种措施充实了国库。可是神宗皇帝兴大兵，打西夏打输了，此时已病入五内。当年他重用的年轻人，吕惠卿、李定、蔡确、蔡京、章惇……竟然没一个好东西。号称"护法沙门"的吕惠卿反咬他，把他的私信透露给神宗。王安石的两个弟弟，王安国和王安礼，也反对熙宁诸法，兄弟间一度断了往来……王安石几十年雄心勃勃，闹得个众叛亲离。

安石的书房挂着一幅字："当年诸葛成何事？只合终身作卧龙。"

宋人笔记："安石，牛形人也，故敢为天下先。"

黄庭坚形容："王介甫终日目不停转。"

牛形人，眼睛又总是转来转去，这模样岂不是近于阴谋家？

王安石谋国不谋家。半山庄园像农家的寻常园子。

家散了、人病了、国富了，然而，是不是民穷了？

从熙宁到元丰的二十多年，有多少士大夫反对他？却哪里数得清。多少士大夫因抵制新法而付出了贬向蛮荒的沉重代价？苏轼《上皇帝书》断言："今日之政，小用则小败，大用则大败！"其时，苏轼三十五岁，朝廷正在考虑给他一顶可观的乌纱帽。御史中丞吕诲，历数王安石的十条罪状。知谏院范镇当着皇帝的面斥责王安石："陛下有爱民之心，大臣用残民之术！"司马光更与他书信交锋，朝堂激辩……

王安石二次罢相后，退居蒋山不出山了，情绪不佳。变法是否操之过急？富国与富民真是不两立？司马光指责他三件事：敛财，生事，与民争利。

朝廷用兵西夏，两战皆输，损兵折将六十万，占全国军力的一半，占禁军大半。

打输了，元气伤重了，还有什么可说的？宋神宗当廷大哭，百官惶恐。

金陵王安石欲哭无泪。

王安石相信，有一部分新法是行之有效的，例如助役法、保甲法、保马法、农田水利法。他变革科举制度，重经术而免去诗赋，有利于培养实干人才，为何又遭到许多大臣的反对？苏轼称，经术同样不实用，而唐宋以来的数百年间，考诗赋登科而为名臣者，数不胜数。如今，王安石对这一点也不大自信了。

宋人评价："法非不良，吏非其人。"

王安石的政治团队，新进的年轻人挤破门槛，争宠、争功、争利、争拍马、争位置，闹得乌烟瘴气，波及朝廷各部门和州县官吏。介甫也是不得已。有才德的官员大都走掉了，他们自己走人，或是被赶走，台谏一空。曾公亮等四个宰执大臣，时人形容为"老病死苦"。王介甫大权独揽，连枢密院的军事首脑也要听命于他。

介甫际会时代风云，眼下却是形单影只。

官场生态之变何其速也，恰似秋山的风雨说来就来。妖风呼啸，百草凋零。

小时候，介甫跟随宦游的父亲王益，跟跄万里之遥，吃了无数苦头。父亲入蜀，他跟在后头，翻山越岭走栈道，听猿鸣，惊虎啸，饱一顿又饿一顿，跟猴子争野果，衣衫破烂像个小叫花子。这可能使他后来的心肠变得比较硬，形成某些盲区。做了执政大臣，目的性又太强，和二十来岁的宋神宗一拍即合。神宗勤政，安石勤政，君相共同的殚精竭虑，废寝忘食，大刀阔斧，欲大动刀兵，却把赵宋王朝拖向不可测，不可控，有悖于真宗、仁宗、英宗七十多年无为而为的总方向。及至王安石罢相，吕惠卿上台，强推勒索官民财富的"手实法"，酷吏骚动天下，城乡鸡犬不宁……

苏轼自幼受母性的温柔呵护，一似杜甫、白居易、李煜、欧阳修。程夫人和乳娘任采莲把仁慈植入他的内心。爷爷苏序一辈子仗义疏财，对他的影响殊难估量。

苏轼的为政理念重两点，一、道德；二、风俗。民间追求财富乃是自然而然，类似花要开，树要长，水要流，沙要聚。朝廷倒是需要平衡民间的财富冲动，遏阻商人与官员形成勾肩搭背的利益共同体。唐宋六百年，士大夫有此共识。

苏轼看生活，看世界，遮蔽比王安石要少，理性与感性并重。王安石写文章，长于理而短于情，师尊欧阳修，曾经指出他这毛病。安石追慕遥远的三代（夏商周），善于猜想五行的变化，写哲理诗，偶尔填几首词，不饮酒，不穿华服，不近女色，不慕美食美宅。这使他对生活世界的总体领悟成问题。二程理学也犯此病。

王安石的精神脉络可以追溯到童年的时光。苏轼的童年显然更健全。此一层，笔者多次加以探究，辨幽析微。王、苏二人都企盼国运长远，也都是道德君子，都是孝子和模范丈夫。区别在于：苏轼的仁慈生根发芽，形成坚实的仁政内核，而王安石过于依赖强力意志，盯目标盯过头了，铸就盲区而不察，终于走到强国富民的初衷的反面。

仁义道德的价值体系，民间风俗的千百年稳定运行，王安石并非不知，但重视的程度远远不够。杜甫说："致君尧舜上，再使风俗淳。"杜甫不是政治家，凭借大诗人良好的直觉，意识到风俗之重。苏东坡将风俗与道德纳入为政理念，一生不变。

德政，也是孔子的核心理念。"子曰：不义而富且贵，于我如浮云。"

宋代士大夫闭口不谈善于经商的孔门高足子贡（参见李泽厚《论语今读》），各地文庙大抵不立子贡像。士大夫谈颜回的固穷乐道，大谈而特谈，其中深意存焉。

安石晚年，把精力尽付于文化传承，编唐诗，作《字说》，修订《三经新义》，精心撰写《老子注》。他迷上禅宗，写诗有了禅味儿："云从钟山起，却入钟山去。借问山中人，云今在何处？云从无心来，还向无心去。无心无处寻，莫觅无心处。"

王介甫一辈子有心多也，于是转问无心。暮年悟道，追忆老子，却是日暮西山……

苏东坡来了，介甫破例迎到长江边。东坡曰："敢以野服拜见大丞相。"

介甫笑道：礼数是为我辈而设的么？

介甫的言下之意：礼数为普通官吏和庶民百姓而设。

高人拉着高人的手，连日看山，看寺庙，看自然弯曲的水，看飘忽不定的云。苏轼凝望远山吟诵陶诗："云无心以出岫……鸟倦飞而知还。"

介甫默然。

活着要像一朵无心的云，难呐。一念生，百念生，强力意志是个助推器。牛形人奋力拉着百年帝国往前奔，结果如何？他延续了赵宋王朝的国运吗？

苏东坡说："动出于精，静守于神，动静即精神。"王安石拍手称妙。

不过，他守静的能力是否有欠缺？他真懂老子的《道德经》么？真懂《心经》么？

"玄之又玄，众妙之门。"要敲开这扇妙门，真是谈何容易。

钟山上不谈政治，只谈学术与艺术。而宋代学术与政治有太多的联系。

苏轼远道上钟山，拜访王安石，整整待了一个月。为何住那么久？谈些什么？相关的记载不多。政见相左而文化认同，而友情长在，而迟迟不舍揖别，留下了一段佳话。

庙堂针锋相对，江湖握手言欢。"渡尽劫波兄弟在，相逢一笑泯恩仇。"丞相司马光对王安石的态度也耐人寻味。——这事容后再表。

苏子瞻转悠钟山屡谈秦观，王介甫伸耳朵听得仔细。

九月，苏东坡《上荆公书》云：

> 某顿首再拜……某始欲买田金陵，庶几得陪杖履，老于钟山之下。既已不遂，今来仪真，又二十余日，日以求田为事，然成否未可知也。若幸而成，扁舟往来，见公不难也。向屡言高邮进士秦观太虚，公亦粗知其人。今得其诗文数十首拜呈，词格高下，固已无逃于左右。独其行义修饬，才敏过人，有志于忠义者，其请以身任之。此外博综史传，通晓佛书，讲集医药，明练法律，若此类，未易以一一数也。才难之叹，古今共之，如观等辈，实不易得。愿公少借齿牙，使增重于世……

娓娓而谈的东坡尺牍，读来如见其人也，如闻其声也。

范仲淹、欧阳修荐人才不遗余力，苏东坡也如是。重友情，利他人，在北宋士大夫中远非偶发事件。良好的社会风气和政治生态使然，二者共同的根基是文化。长盛不衰的儒释道都不主张利己，此系北宋一百三十年的宏大叙事。北宋后期的政治生态坏了，导引朝野的宏大叙事变成了表面文章，徽宗朝二十多年，变成欺世幌子。

官风注定要波及民风。不过，民风的变化相对官风要慢。——这一点很重要，而史家们罕有论及。官场的倾轧，往往发生在旦夕之间；民间并无激烈倾轧的元素或基础。

王安石在写给东坡的回信中说：

> 公奇秦君，口之而不置。我得其诗，手之而不释。

北宋两大奇人，一个对秦观赞不绝口，另一个舍不得放下秦观的诗文。

半山庄园谈秦观谈了多少次，我们不得而知。对苏东坡和王安石来说，这类事也寻常。古之寻常，今日不寻常。

秦观的七律《睡足轩》，王丞相爱不释手，诗云："数椽空屋枕清流，一榻萧然散百忧。终日掩关尘境谢，有时开卷古人游。鸣鸠去后沧浪晚，飞雨来初菡萏秋。此处便令君睡足，何须云梦泽南州？"半山庄园一处临水轩，王安石欣然改为"睡足轩"。

苏轼默然以对，担心老丞相睡眠不好。

王安石希望苏东坡在金陵买地，靠近钟山更好。他不厌其烦地对人说："子瞻，人中龙也！"他拉着子瞻看了几块地、半座山。两双大手，苏轼的一双手老茧未退，捉手（握手）甚有力。介甫叹曰：东坡先生优游于劳力与劳心之间，老夫不能矣。

苏轼卜居钟山，介甫或许会多活几年。苏轼守静的功夫、拿捏行动与虚静的分寸的非凡智慧，当能弥补介甫的短板，有利于介甫的健康。他写诗谢介甫，诗云："骑驴渺渺入荒陂，想见先生未病时。劝我试求三亩宅，从公已觉十年迟。"

王安石在夏风中目送苏东坡，山路上喃喃道："不知更几百年，方有此等人物。"

两年后，王安石病逝于钟山，享年六十六岁，寿同欧阳修。

第十四章

高邮的文游台

　　苏轼专程上钟山拜谒王安石，盛赞秦少游，"口之而不置"，犹如参寥、辩才等高僧，李常、孙觉、曾肇、王定国等名流，一说起秦观就来劲。口碑以不同的方式在传播。苏轼的书信并不提举荐秦观事，待在高邮的秦观也不知道。

　　苏轼复起，量移汝州，仍担任团练副使，却没有赴任的意思，一路走着玩，留常州，两上《乞居常州书》，终于获准。归隐江湖的梦想落到实处。"买田阳羡吾将老，从来只为溪山好。往来一虚舟，聊随物外游。"七月下钟山，发生了一桩悲惨事：王朝云生的爱子苏遁天亡，不到一周岁。这小孩儿长得很像苏轼："眉角总相似。"

　　苏轼《洗儿诗》云：

　　　　唯愿孩儿愚且鲁，无灾无难到公卿。

　　也许名字起得不好，老天爷叫苏遁早遁。二十二岁的王朝云悲痛欲绝。苏轼凄惨落笔：

吾年四十九，羁旅失幼子……归来怀抱空，老泪如泻水。
我泪犹可拭，日远当日忘。母哭不可闻，欲与汝俱亡！故衣尚
悬架，涨乳已流床……

王朝云撕心裂肺的哭声，今日清晰可闻。

苏轼上书乞归田，卜居于常州，买田于宜兴，当有为王朝云考虑的
意思，不复宦海漂孤舟，不复忽而南忽而北，一家子安顿下来，年轻的
朝云再生孩子。

然而，此后朝云再未生育。苏遁丧，她伤得太重。

苏东坡先生携家带口，沿长江畔的州县游玩，看山，"山从人面起，
云傍马头生。"会友，痛吃美味佳肴。将息王朝云的身子，抚慰她的心
灵。苏轼再游金山寺，湖州太守滕元发听说了，破巨浪三十里来迎他。
次日，苏轼写道："昨在金山，滕元发以扁舟巨浪来相见，出船巍然，
使人神耸。"

滕元发生得高大漂亮，连神宗皇帝都忍不住要盯着他看。苏轼量
移汝州（朝汴京方向平职调动），罪臣的帽子并未摘掉，滕元发不顾官
场的避讳，扁舟巨浪见故人。东坡感慨："风俗日恶，忠义寂寥，见公，
使人差增气也。"差，稍许。

秦少游拉着润州太守许仲涂赶来相聚。四个人在金山寺的山顶小
亭喝茶，四望波涛掀天。金山是太湖中的一个小岛，湖面数十里，山高
二百尺，孤峰如浮波上，极为壮观。可惜金山寺的住持佛印和尚云游在
外。两浙的高僧都是东坡居士的道友，也是淮海居士的道友。时在初
冬，秦观诗：

我来仍值风日好，十月未寒如晚秋。

山顶夜饮酒，弯月如镰，星光灿烂，巨浪不停地击打壁立的岩石，江风掀起秦观的大胡子。髯秦半醉也，兀然而起，拥鼻高吟《念奴娇》：

大江东去，浪淘尽、千古风流人物……遥想公瑾当年，小乔初嫁了，雄姿英发，羽扇纶巾，谈笑间、樯橹灰飞烟灭！

念到这一句，秦少游忽然哽咽。滕元发默然。许仲涂慢慢扭过头去。苏东坡巨大的叹息合着波涛的轰隆巨响。秦观自幼饱读兵法，村头舞木戟，立下建功疆场的奇志。然而，宋军与西夏大战，一败涂地，宋神宗当着文武百官的面大哭，未久，一病不起。

当初，苏轼与张方平联名上奏《谏用兵书》，称：

贼民之事非一，而好兵者必亡！

兵学也是苏轼的家学。大文豪并非不懂军事、缺乏战斗精神。后来赴定州做封疆大吏，他整顿边防军，指挥军事演习，组建骁勇的民兵队伍"弓箭社"，足见其治军的魄力。而赵宋王朝的立国智慧是以文化、经济的扩张为先，军事手段为后。北宋中后期，一百三十多万军队，禁军（类似中央军）八十万，有足够的威慑力，保境安民不成问题。唐朝中期的疯狂拓边，乃是帝国走向衰败的拐点，军力财力消耗太甚，又使边帅坐大，催生安禄山式的野心家。八年安史之乱，唐朝人口从五千万锐减至一千多万。

苏东坡对历史了如指掌，陈寅恪说："有宋一代，苏东坡最具史识。"

史识者，超越了海量的历史知识，形成了历史性智慧。

北宋神宗朝、徽宗朝的三次大打，终于打成了南宋。

守静难。无为难。识盲动难。

国事艰难，而人事泰然。冬十一月，苏东坡携家人畅游扬州的竹西寺，秦观归高邮，约年底再相见。秦观有一幅小像呈苏轼，可能是他的自画像。苏轼凭书窗玩味良久，欲提笔作真赞，又搁笔，凝望着竹西寺的千竿翠竹，如是者三。苏轼知道秦太虚这个人，已有十年。徐州相见之后，又陆续在黄州等地见过几次面，诗酒酬唱，书信往来。

东坡居士"若有思而无思"，不觉已落笔，行书题于纸上。

《秦少游真赞》：

> 以君为将仕耶？其服野，其行方。以君为将隐耶？其言文，其神昌。置而不求君不即，即而求之君不藏。以为将仕将隐者，皆不知君也。盖将挈所有而乘所遇，以游于世，而卒反于其乡者乎？

其服野，是说秦少游穿戴随意，不避野服粗服。其行方，是说秦观的为人处世不知圆滑，不懂得曲意迎合。陶渊明自言："性刚才拙，与物多忤。"苏东坡自况："性不忍事，如骨鲠在喉。"秦少游同样是这种人，盖物以类聚也。少游师事东坡，而填词别具一格，走了柳永的婉约一途，艺术道路并不追随东坡。

事实上，其行方，才能够其神昌，圆滑的、面团式的男人难免鬼头鬼脑，心口不一，老谋深算，皮里阳秋，凌下而媚上，如何能够神昌气爽？

五十岁的苏东坡已决计归田。秦观才三十几岁，自然要去拼场屋，争仕途。但生存远不止于仕与隐，"挈所有而乘所遇，以游于世。"

生命力是个多重奏，能奏出什么样的乐章，既取决于个体的努力，又有赖于生存的境遇，时代的氛围，不可预期，不可懈怠。活着意味着燃烧。秦太虚懂那么多，天资又那么好。那么多的名士乐意与之盘桓，连王安石都为他着迷，展读其诗文数十篇，"手之而不释。"苏东坡把秦少游的作品带上钟山。没有带其他人诗文的记载。

一〇八四年的冬天，秦观在高邮迎来了一群尊贵的客人：苏轼、孙觉、王巩、李公麟。连同苏轼的家眷，二十余口聚于秦家老宅，三垛村空前地热闹，乡邻围观，儿童跳跃，仰慕者远道而来，单看鼎鼎大名的苏东坡长什么样。武宁贤妇徐文美，早已备下乡间土物，麻鸭、咸蛋、肥鹅、鱼虾、乳猪、老酒、好茶……高邮的麻鸭很有名的。孙觉太守暗中助她银子，她横竖不肯要。太守不得已，拿出了长辈的身份，她才肯接受。这两年，秦家的日用时有拮据，毕竟田谷少，吃饭的嘴巴多，徐文美精打细算，实在手头紧，才回娘家向爹娘伸手。王闰之夫人与她年龄相近，帮厨，布菜，讨论女红，手拉手话家常。

稍后，苏轼的家眷移住孙觉的庄园。

秦观的弟弟秦少章拜苏轼为师。小弟秦少仪崇拜着自己的大哥。

若干名流聚高邮，是高邮的一件大事，文坛一桩盛事。史料记之未详，也许逗留多日。好山佳水流连不尽，乡村风物纷至沓来。

王巩字定国，人称琢玉郎，受乌台诗案的牵连，贬广西的宾州六年，殇一子一女，此时与东坡重聚，并无一丝一毫的怨言。这位自幼锦衣玉食、细皮嫩肉的公子哥儿，却在蛮荒之地气定神闲，写完了一部《论语注》，恭请秦少游为他作序。

高邮境内载酒游，方圆百十里，往来一虚舟。踏雪寻梅，看山走马，画船细玩阔大的高邮湖。安徽舒城人李公麟酝酿着新的画作，他要画一幅诸贤共游图。画人物，他在宋代名气甚大。秦少游趁机向他请教技法，又铺纸研墨求墨宝。

苏轼首创文人写意画、画墨竹、画怪石、画老松，题诗于图卷，醉墨淋漓酣畅。

孙觉先生叹曰：你们个个是书画好手，唯独我字不行，画不佳，写诗填词拿不出手。往日不甚惭愧，今日直欲钻地下也！

东坡说：你磨墨，你磨墨。

孙觉笑道：借用你的句子，"非人磨墨墨磨人"啊！

秦观磨佳墨，墨丸唤作张遇墨，花金子买不来的，皇家也稀罕。苏东坡、李公麟俱是墨痴，一见佳墨，便恨不得据为己有。王定国是名门之后，朝廷大臣之婿，通常随身携带两样好东西：家酿与佳墨。李公麟一见他，招呼未打，先要伸手探探他的锦囊，摸摸他的腰包。他身边的宇文柔奴艳若桃李，墨痴们往往视若无睹。

画痴、书痴、诗痴、琴棋痴、学问痴、访古痴、寻幽痴……宋代的官员中比比皆是。由此延伸到对笔墨砚的痴迷，对书籍版本的痴迷，对历史人物的痴迷。

聚于高邮的五个名流，秦观是小弟弟。王巩四十出头，孙觉比苏轼大几岁。髯孙比较严肃，似乎天生一张不苟言笑的州府官员脸，而其他几位都是性情中人，幽默风趣，笑口常开。苏东坡的书信中常见"呵呵"二字，今人统计，有四十七处之多。生活中呵呵、哈哈不断，只一点：优伶们逗他笑，他是不笑的。后来宫中的良优（类似喜剧明星）也苦于苏大学士不笑，刻意地制造笑料、笑点，很容易滑向轻薄轻浮，滑向嬉皮笑脸、尖叫浪叫。修养良好的士大夫，近乎本能地拒绝嬉皮搞笑。——文化本能近于生理本能。

髯秦连日醉美酒，滑稽表演给人看。这是他的老行当啦，装鸡叫，学狗吠，模仿蛇行，猿走，猩猩上树，忽然直直地倒地，来个鲤鱼打挺，腾空叱咤挥木剑，手倒立绕庭树"走"几圈，长腿落下来，吓坏大白鹅，惊飞一群墙头鸡……孙大胡子终于被他逗笑了，平时不惯笑的，笑起来咯咯咯地撑不住，花白胡子乱飘。

坐而论道，唇枪舌剑；纵马狩猎，猿臂张弓；访村入户，闲话桑麻。

半夜煮酒时，瑞雪落无声。瑞雪覆盖了广袤的大地，"飞起玉龙三百万，搅得周天寒彻。"次日雪霁，原野白茫茫，好一派银装素裹。阳光照在高邮湖静静的湖面上。

秦少游披星早起，劈柴生火煮鱼汤，东坡先生喜先尝。先生亦下厨，小火炖那半肥瘦的"东坡肉"，王定国李公麟头一回吃，唇齿间但闻吱溜吱溜，吃着碗里的，瞅着锅里的。孙觉大官人倒显得不慌不忙。都是吃遍了大江南北的人，馋东坡肉却无二致。"早晨起来打两碗，饱得自家君莫管。"吃多了，何物解腻？辩才送的杭州龙井茶。泡龙井茶缺了虎跑泉，专用徐文美积于古坛中的梅花雪水……

精致的生活春夏秋冬，虽拮据而不废。黄州鱼蟹不论钱，扬州高邮县的鱼蟹同样不论钱。《徐谱》引《扬州府志·舆地纪胜》："旧传苏轼、王巩、孙觉、秦观及李公麟尝同游，论文饮酒，因以文游名之。公麟画为图，刻之石。"

《乾隆高邮志》："文游台，在城东二里东岳庙后……时守以群贤毕至，匾曰'文游'，李伯时笔之丹青。"时守，即当时的扬州太守，可能指吕公著。李公麟字伯时。

文游台是高邮城东郊的一个制高点，登台极目，扬州城在望。元丰八年（1085）三月，秦观再游此地，作《行香子》，有云：

> 树绕村庄，水满陂塘，倚东风、豪兴徜徉。小园几许，收尽春光，有桃花红，李花白，菜花黄。　远远围墙，隐隐茅堂……正莺儿啼，燕儿舞，蝶儿忙。

从宋代到近代，造访文游台的名士甚多。

一九九六年，高邮市大规模重修文游台。

秦观送老师，送了一程又一程；东坡玩江淮，走了一地再走一地。东坡过境的州县，官员们纷纷款待。他决计归田了，"此去真为田舍翁"，心情端的好。宜兴买田的事情已经定下，还打算在常州城买个普通宅子。长子苏迈踏上了仕途。苏轼尚有官俸。一家子的生计无大碍。贬黄州以来五六年，苏轼尝到了野地逍遥的甜头，不想再做官了。

很想归隐了。——研究苏东坡，当察知这一点。

拿毛笔的手转而拿锄头，全家都是劳动者，生活的前景就不会黯淡。——苏轼的生命展开了一种新的可能性，活得更纯粹，更潇洒，更通透，学者、文豪、书法家、丹青妙手、种植好手、建筑的行家，每天的时光只愁不够用。如果他想用一管毛笔挣钱，那可真是举手之劳。如果他想"舌耕"（设馆讲学），门徒的数量恐怕不在孔子之下。

日后，他在杭州替负债的穷人画扇，一把扇子值二十两银子，一筐扇子须臾卖光。

宋代名士代人作贺启、谢表，为逝者写墓志之类，收入是比较可观的。《北宋文人的经济生活》一书有详细记载。秦观代作的贺启、谢表、行状甚多，挣钱可能不少。行状，类似简约的人物传记，要刻石，载入传主的族谱家谱。苏辙升中书舍人，也请秦观代作谢表。不过，苏东坡作为天下数一数二的大名士，一生写下的墓志只有九篇，其中一半为亲人所写，一半为恩师、名臣而作。王公贵族出重金，请不动的。卖字画的记载为零。其诗称："若问我贫天所赋，不因贬谪始囊空。"又说："平生不好蓄此物（钱）。"

生活止于向好，衣食无忧就行了。苏轼的生命力多点喷射，于是淡化了财富欲望，做高官那么多年，未置京师的豪宅，未建阔绰的园子，未在眉山老家兴土木。买田于宜兴，求个温饱而已。北宋士大夫当中，这显然不是个别现象。其中有值得探究的东西。

华夏族数千年的文化巅峰，不是单凭了偶然性，忽然间拔地而起。

苏轼的官船渡淮，抵达扬州附近的泗州，泗州太守刘士彦等候已久，深夜登船问候，命属下带去许多当地的好东西。接下来的几天，刘太守陪苏轼秦观转悠，在一座寺院洗搓背澡，小和尚为客人搓背并按摩，苏轼非常享受，作《如梦令》云："寄语揩背人，尽日劳君挥肘。轻手，轻手，居士本来无垢。"揩背人手重，尽日挥肘。

苏轼向来不禁痒，尝言："忍痛易，忍痒难。"他的湿热体质，敏感体质，看来可以据此推测。泗州有座长桥，半夜是不能过的，苏轼拉着秦观偏要过，刘太守不敢过，巴巴地守在桥头。苏轼挥笔："望长桥上，灯火乱，使君还。"那刘太守赶紧央求："夜过长桥者，判二年徒刑。子瞻快将这曲子词火之，传入京师我吃罪也！"

苏轼笑道："轼平生罪过，开口不在二年以下。"

泗州的张氏园子有一块奇特的醒酒石，原是晚唐丞相李德裕的爱物。秦观酩酊大醉卧于石上，少顷，果然无风自醒，一跃而下。东坡醉，亦卧石，鼾声起也，小风一吹却醒了，大觉惊异。平日醉卧其他石头，八月大风吹不醒。

东坡题石云："东坡居士醉中观此，洒然而醒。"后来他的好友蒋之奇听说了，专程跑来醉卧，题字曰："荆溪居士暑中观此，爽然而凉。"若干年后，蔡京又听说了，派人将醒酒石运到了汴京的万岁山，献给宋徽宗。徽宗观醒酒石手痒，看东坡手迹，搁笔了。

秦少游未题字，道是东坡妙墨醉倒人也。

漫天大雪中，少游归高邮，温习功课备考。

第十五章 登科

元丰八年（1085）的三月，神宗皇帝驾崩。讣告天下。

四月，苏东坡在扬州的竹西寺，闻神宗崩，似乎没反应。吟风赏月如故。他写诗《题竹西寺》云：

> 此生已觉都无事，今岁仍逢大有年。
> 山寺归来闻好语，野花啼鸟亦欣然。

十年后，这首轻快的小诗引发台谏的弹劾，史称：竹西寺诗案。台谏攻他闻帝崩而喜，固然附会牵强，但他流露的好心情是明显的，充沛的，抑制不住的。——潜意识微波荡漾。帝崩之年，他不经意地说成大有丰年；不独人高兴，花鸟也欣然。

宋神宗在位十八年，活了三十八岁。国库充实了，小民贫穷了，打仗打输了。他骤然大改祖宗法度，弃无为而为之智，伏下大祸根。现在，朝廷又面临新一轮的大转向。北宋后期，政治这台车就这么颠来拐去的。一批官员骤起，另一批官员骤降，恩怨纠缠，重现了元丰年间的光景……而所有这些事,已经和苏东坡关系不大了。

远在江湖的逍遥人,闲看庙堂风云变幻。

他想遗忘朝廷,朝廷却惦记他。他跑不掉,诗意栖居图还拿在手上。

未久,朝廷人事大变动。小皇帝宋哲宗只有九岁,太后高氏垂帘听政。司马光、吕公著为宰辅,重新起用一批嘉祐官员。改国号为元祐,恢复宋仁宗时代的政治方向。

五月,苏轼被任命为著作郎。这只是起复的第一步。他正在常州携王朝云痛吃美河豚,欣然赋诗:"粉红石首仍无骨,雪白河豚不药人。"石首指鲍鱼。又吃鲥鱼、鲚鱼,加上雪白的河豚,时称长江三绝。江南俗语云:"媳妇巧不巧,就看她的鲥鱼做得好不好。"王朝云学做鲥鱼正起劲……苏轼把任命的诰书拿给她看。

朝云说:子瞻,我就料到会这样。

苏子瞻默然。

六月,朝廷改任苏轼为登州(山东蓬莱)知州。一家子掉头向北方。有个细节颇有意思:九月官船抵楚州(江苏淮安),淮口起大风,浪高十余尺,船不能行。几个楚州朋友陪苏轼喝酒,苏轼手书一札给蔡允元,说:"仆闲居六年,复出从仕,自六月被命,今始至淮上,大风三日不得渡。故人蔡允元来船中相别,允元眷眷不忍归,而仆迟回不发,意甚愿来日复风。坐客皆云,东坡赴官之意,殆似小儿迁延避学。"

赴任途中走走停停,一千里走了几个月,阻大风于淮水三日,又希望来日复风。赴官如小儿逃学,赖着不肯走。东坡先生有诗云:"一夫进退何足道。"

宋代士人的当面写信,亦是一桩趣事。首先是留在纸上的友情表达,其次,名流让友人珍藏墨迹。许多文坛巨公,已知他们的身后名。

五十岁的苏东坡赴官老大不情愿,而秦少游正在汴京拼搏仕途。由于宋神宗晏驾,元丰八年(1085)的礼部考试推迟了两个月。这是秦观第三次拼场屋,准备充足。入京后,闭门温习,每日开夜车,太阳升起才打个盹儿。三十七岁了，时不我待了。到了考试的日子，"半夜起坐，裹饭携饼，待旦于东华门外。"礼部的试院设在东华门。

考完了，回到低级客栈，秦少游头一回显得神不守舍。当年可不是这样。当年临大考，他天天吃酒夜夜胡闹……如今汴梁的朋友来客栈找他，邀约共游汴河上下的几座名楼，把酒听歌看舞蹈。他摇头。提不起兴趣来。紧张。紧张的后面还是紧张。

开封城人真多呀，号称一百五十万。而全国十万人以上的城市多达五十余座，高居全球之首。大城、中城、小城，均是数百年缓慢生长的城。全国的城镇几千座。

人在大城市，斗志比较高。

放榜的那一天，礼部外的大广场人山人海，车水马龙小贩奔走，再宽的街道也变窄了，四十丈宽不够挤。名媛淑女盛装而来，端坐于巾车，却把帘子挂起，展示她们的服饰、发型和姿容。礼部放榜日，也是贵妇们的时装日、靓妆日。大户人家派出了若干彪形大汉，专干一件事："榜下捉婿"，不单状元榜眼探花要捉，前五十名的进士，官宦人家的进士，生得相貌堂堂的进士，均在首批"榜下捉拿"之列。接下来，在通往琼林宴的必经之路上，又有第二批。新科进士是否成家，一概不问，先捉了再说。

嘉祐二年（1057）欧阳修知贡举，二十一岁的苏轼高中进士第二名，人又生得英俊，黄金榜下被三大户的大汉争抢，差一点大卸八块。十条大汉狂喊苏榜眼，死拽苏榜眼，巾车里的小姐们悄悄呼叫苏榜眼……元丰八年（1085）的进士榜，上榜的进士五百七十多名。

榜下人海茫茫，人浪汹涌，几千双眼睛就像激光器，射向有限的几处黄金榜。礼部官员宣榜的声音，听上去像蚊子嗡嗡叫。时在乱花照眼的仲夏（考试推迟了），男女老少衣衫薄，胳膊奋战胳膊，腰腿抵挡腰腿，这边的帽子掉了，那边的金钗银簪溜了，脚踩鞋，鞋踩脚。脚去找鞋，却找了另一只脚。分不清男脚还是女脚。街头泼皮浑水摸脚……

维持秩序的禁军经验丰富。两宋三百年，未闻放榜日发生过严重的踩踏事件。

秦少游挤到阳光照耀的黄金榜下，足足挤进去二里路，大胡子挤掉一半。所幸他身强力壮，习武多年，膀大腰圆。拼场屋的余绪，便是这一天拼命往榜前挤。一人兴奋，十人沮丧。登科与落第的比例大抵如是。一人兴奋的后面是整个家族的欣喜狂欢。

秦观对自己上榜的把握不足三成。奋力挤得满头汗，不断拨开前边的脑袋瓜，目光如电抹，寻找自己的金名字。终于找到了。伸了脖子再看，再确认，那名字不假。金灿灿的名字简直呼啸而来，撞击他咚咚乱跳的心。十年寒窗啊，何止十年！

寒窗苦不苦？后来秦观语人：居高邮闲把卷而已，说甚苦耶？

水上闲把卷，看书复看天……秦少游下苦功的时光确实有限。

这位漂亮的新科进士被人捉去了，再三解释没用。到处人声鼎沸，谁肯听他呀？京师一富户的千金小姐只要瞧他，停车掀帘子打望（唐宋市井口语）多时了。四条汉子的粗胳膊架了秦少游，举起秦少游，玩转秦少游，疾步拐入里巷深处，小姐的巾车紧随而来，另有一贵妇，眼见是她母亲。贵妇人作揖打拱，问这问那，对秦观的回答只不肯信，含了微笑直摇头。巾车上的小姐欲下未下的俏模样。秦观忙中抽空瞥去一眼。汴京小姐十七八岁，端的楚楚动人。五官的娇媚似乎不减王朝云，身段的婀娜仿佛正是王朝云。

登科的进士，不乏隐瞒婚姻状况者，唐代元稹，宋代的陈世美，俱是这类受道德舆论谴责的代表。历史符号性人物，意味着符号下面伏着历代人众。

秦少游红脸膛，细皮嫩肉却有肌肉，意态轩昂，于是被京师人家榜下捉婿，捉入里巷折腾许久。凭他好说歹说，那些贵妇如何肯信，家丁们如何肯走：榜下捉婿有赏钱。秦观说自己三十七八岁了，膝下两儿两女，贵妇人乐得直笑，摇头有如拨浪鼓，耳环头饰晃眼。他急了，指天为誓。贵妇愣怔怔。巾车上的娇媚小娘顿时把眉眼儿低了……

秦观深施一礼，掉头趔出小巷。不回头。走到安全的地方，喘气道声阿弥陀佛。

后来他把这捉婿事讲给苏东坡听，坡翁大笑。

孙觉点评：弃糟糠娘子，攀富贵人家，你这小子倒是不肯干。

一纸家书报佳音，三垛族人喜相传。徐文美连日喜上眉梢。老母幼女乐陶陶。老丈人老岳母逢人便要说一通佳婿。昔日的嘲讽者变了腔调，对秦少游刮目相看……

秦氏族人几十口，秦少游是第三个进士。

他被任命为定海县主簿，类似县政府办公室主任。辞不赴任。宋代官员初仕，一般从县尉、主簿干起。苏氏兄弟亦然，也是辞不赴任，留居京师等待新的机会。由此可见宋代官制的宽松。秦少游一等半年。银子不缺，家人寄来。

登科后他例作《谢及等启》，其中说："光灵遽被，愧幸特深……风俗莫荣于为儒，材能咸耻乎不仕。"进士及第，他有资格讲这种话了。风俗莫荣于为儒，儒生方可入仕。

秦少游冬天入京埋头温习，一概谢他酒朋诗侣，如今鲜花照眼仕途在望，该放松放松了吧。此间，却不见他盘桓章台与谢桥的记载。谢桥，即名妓谢娘走过的石拱桥。

秦观上书干谒宰相，泥牛入海无消息。他并不知道，朝廷正在重组内阁。干谒未果，倒不影响他的好心情，赁一头驴子转悠京师，入大相国寺，逛马行桥夜市，观汴河早市。

进士秦观戴一顶子瞻帽，步入坊间市井，不觉哼唱柳永长调《戚氏》：

> 帝里风光好，当年少日，暮宴朝欢，况有狂朋怪侣，遇当歌对酒竞留连……

词来找他，而不是他去找词。

三十年来，秦观读柳永读不够。东坡先生这些年下笔如有神，密州徐州黄州，绝妙好词一大堆呀，却为何涌入秦观心头不及柳永？东坡先生来一首，柳永前辈来三首——这是一件没有办法的事情，词语的袭来，事先不打招呼。

宋人笔记：

凡有井水处，皆能歌柳词。

不特帝里，江南江北皆如是。

秦观敲开了枢密使（军事首脑）章惇的朱门，也许携带了苏东坡的推荐信。

章惇何许人也？这里多说几句。秦观日后的命运与此人大有牵连。

章惇字子厚，福建人，"年少美丰姿"，与苏轼同登进士榜，凤翔一带做官，又是同僚。他是文武双修的人物，骑射一流，力能扛鼎，生猛而知诗书。他手执铜锣敢去惹猛虎，居商州的百年鬼屋鼾声如雷，连鬼都不敢回。过仙游潭，走万丈深渊上的独木桥，如履平地，大书绝壁云："章惇苏轼来游。"笔者不久前随东坡文化讲师团去看了仙游潭。

苏轼不敢走独木桥，愣在桥边写诗：

犹有爱山心未至，不将双脚踏飞梯。

章惇右手书卷左手剑，号称一饮三百杯，一顿饭吃掉五斤牛羊肉。干了不少偷香猎艳的勾当，他父亲章俞，当年干坏事更凶，于是他怀疑自己是乃父与某妇私通的产物（史料如此），心理的阴影伏下多重人格的因子。京师一个高官的娘子，枕席间和他开玩笑，暗示他出处不明，"惇大怒，几扼杀官妇。"适才交欢，忽然就卡她脖子。

乌台诗案，章子厚论救苏轼甚急，大骂副宰相王珪编造罪证，王珪支支吾吾，说是李定讲的，子厚当庭大叫："李定的口水你也吃么？"

清代编印的《宋人轶事汇编》，讲章惇的篇幅不少。

苏轼贬黄州，章子厚寄去干肉等物并有书信往来。

宋代人物能将异质性的东西集于一身，有些人物亦正亦邪，章惇称典型。

士大夫饱读经史而不废野性，反而助长野性。血性冲破了卷帙浩繁的汉语经典。这是一个谜。例子不胜枚举。概言之：宋代大气候对于人性之多元的遮蔽，相对要少。唐代不能比。余英时先生《朱熹的历史世界》一书，详论士大夫政治，贬唐而扬宋。宋代政治与文化的融合度远高于唐。文化的多样性又催生人的多样性。

就秉性而言，秦观与章惇不无相通，甚或一见如故。章子厚这种人是不知架子为何物的，枢密院军事首脑，老拍新科进士的阔背厚胸。复与秦观比身高，拼酒量，掰腕子，奔入庭院切磋枪棒，呼呼生风，老槐树的叶子哗哗掉。吃鸡，他单用手撕扯，利齿咬碎鸡腿骨头。却道：司马君实老儿，我早晚收拾他，"奉陪吃剑！"

秦观愕然。暗忖：章子厚不怕我报与司马丞相么？

枢密院与宰相府闹不和，此间，矛盾尚未公开化。

徐州名士陈师道也来汴京了，秦观兴冲冲去找他，如此这般地描述枢密使章子厚，不料陈师道兴趣有限，听着要走神。师道字履常，又字无己：没有自己。他崇佛，乐与和尚游，自号后山居士。少年时代做过曾巩的学生，后来师事苏辙。徐州士林，他是名头响亮的人物，士子们争拜他的马蹄，传扬他的风度，抄诵他的诗文。他是著名的诗痴，写作的速度非常慢，苦吟颇类唐代的贾岛。他写诗数百首，但看了黄庭坚的诗作以后，便将自己的大多数诗稿付之一炬。寻章摘句从头再来，学杜甫，"语不惊人死不休。"

黄庭坚删诗，陈师道删诗，陆放翁删诗……

陈无己的拗性子不减王安石，学问好，名气大，只因不认同王介甫的《三经新义》，便拒绝科举。家贫，三个孩子尚幼，他心疼，悄悄抹眼泪，抹完了不改初衷。妻子脸上的菜色和隐忍的企盼，他同样看在心头。此番迢迢千里来汴京，正是为了稻粱谋。

陈师道几次打断秦观，说：且品茶，且谈眉山苏子瞻。谈苏子由也行啊。

秦观笑问：福建章子厚不好吗？

陈师道自品团茶，目注少游的大胡子。

秦观无奈，终于亮出了底牌，曰：章子厚向来看重你，欣赏你的才华人品，特意嘱咐我请你入仕。以他地位之高，官场交游之广，你将来不愁仕进啊！

陈师道说：当年王安石不是看重黄庭坚么？当初的黄鲁直，便是今日陈无己。

秦观语塞。陈无己两句话便将他堵死。堂堂军机首辅大臣，不能左右一介寒士的心思。陈师道拒绝枢密大人的美意。——为何拒绝呢？史料无记载。我猜想，陈师道可能对章惇的人品有看法，他又不明说。犯不着得罪朝廷大佬。

苏东坡能从魔鬼的身上汲取力量，或变废为宝，或看到邪气中的几缕良知。这能力，古今都是稀缺。宋代文化的伟岸旗手，自是超凡脱俗，具有稀世之品质。连最挑剔的学者都对他赞赏有加，例如南宋的洪迈。中国的知识分子千年仰望苏东坡，不是无缘无故的。为何仰望？因为达不到他那思想的高度、生命的饱满度、生存的广阔度、江湖的自由度。

血脉通文脉，或者说，血脉与文脉互相贯通。这是理解宋代文化的一把钥匙。"排众数，任个人。掊物质，张灵明"，二十世纪初叶，年轻的鲁迅在日本东京呐喊这个。

十一世纪的北宋，众数不须排，个性到处伸张。"和而不同"的局面，殊不易也。这与赵匡胤重文抑武的开国战略是分不开的。北宋一百三十年间的大批士子，不须坚持个性而个性在焉。沃土生长百树千花，贫瘠的土地只生长白茅草，这是苏东坡打的比方。

你喜欢不是我喜欢。我崇拜你，并不一定意味着我要追随你。我靠近你，却以不同的方式向你致敬。——这才是严格意义上的多元的生活景观、文化景象、个人风度。

陈师道是个极端性人物，因极端而可爱。应当有先天的遗传因素吧。文化的力量强化遗传，时代氛围引领个性，换言之：容纳个性。陈师道会因个性而付出代价。付出代价的"个人"太多了，岂止一个陈师道。"君子固穷"，君子浩浩荡荡，平衡了人性深处涌动不息的利益趋奔。大书家大画家纷纷不卖字画，为什么不卖字画？

秦观屡劝陈师道见章惇，劝不动。又有一个位居吏部侍郎兼侍读学士的傅尧俞，也是很想见见徐州名士陈师道，同样遭拒见。这个傅尧俞，宋仁宗时代就是高官了，如今年过六旬，希望与三十多岁的陈师道做个忘年交，请秦观去疏通，备下了一堆银子作为见面礼，济师道之穷，奈何官位和银子都不好使。《徐谱》记下了此事，佐证材料多。

苏东坡《与李方叔书》叹曰："陈履常居都下逾年，未尝一至贵人之门，章子厚欲一见，终不可得。"陈师道又要去京城，又要拒贵人。他不拒谁呢？不拒秦少游苏东坡这类人。后来他享誉士林，被称为"苏门六君子"之一。

元丰八年（1085）的夏天，秦少游卧病于京城客栈。朋友们来看望他，携茶的、抱酒的、提肉的、荐药方的，不一而足。陈师道坐在他的病榻旁吟诵新诗，他睡着了。次日仍觉乏力，"杖而后起。"平时他难得生一回病，一病却缠绵，打不起精神来。师道为此有些犯愁。一日，拉了一个友人，抱着王维的《辋川图》到秦观住处。秦观斜倚枕头看画，复从床头坐起，玩赏不休，双颊始泛红。王摩诘的这幅山水画作于中年，自云："中岁颇好道，晚家南山陲。"南山指长安远郊终南山。这幅长卷画面开阔，草木远山茅舍，弥漫了香喷喷的禅静。同题的画作，王维画了若干次。

秦观细玩《辋川图》，病好了。看画，比瞧大夫管用。京城士子传为趣谈。

苏轼点评吴道子和王维："吾观二子皆神俊，又于维也敛衽无间言。"无间言，犹言无可挑剔。秦少游的画，据说风格介于苏轼和李公麟之间，"意在笔先"，露出了写意苗头。可惜留传下来的真迹甚少。陈师道病中伏枕写诗，诗成而病愈。秦太虚卧疾观画，"几一跃而起。"他年在蔡州又有类似的故事，《徐谱》有记载。

秋，这位新科进士长风千里归高邮。路过南都商丘，赋诗于苏子瞻题名的妙峰亭。

绿衣进士（处士衣白，进士衣绿）回家了，举家欢庆，族人皆贺。

妻子徐文美流下了幸福泪。

第十六章 蔡州教授

礼部登科，并不意味着官帽到手，尚需吏部的遴选。秦观未能得官，走了幕僚一途，到蔡州（今河南汝南）做了官学教授。宋代知州以上的地方官员，有一定的人事权。

秦观走马上任，时在元祐元年（1086）。一待近六年。

日子清苦，寄宿于僧舍，常常吃素，难得打一回牙祭，痛饮一回美酒。徐文美陪他住一阵子又回去了，毕竟家里尚有老母幼女。教授的薪水由官银出，却要看长官是不是出手大方。秦少游浪迹各地，过惯了有酒有肉有官妓的日子，忽然困顿，忽然孤独，身心适应艰难。这方面，他可不如陈履常，更不如放弃大富大贵的陈季常。

君子固穷不容易，两三天缺肉馋得慌。三五日不闻肉味儿，梦里全是豪华宴席。"小人穷斯滥"，滥，意谓乱来。秦观不知乱来为何物，而问题而在于：他向往孔圣人讲的君子固穷，向往而已，屡试却做不到。愧对文庙里的颜回像。

蔡州青黄不接的时光，腌菜馒头，馒头腌菜，想肉想断肠。

秦观致信友人刘贡父，附诗云："观也本诸生，早与世参商。方枘不量凿，交亲指为狂。末路辱公知，赐书非所望。相期古人处，岂止事文章！汝南虽奥区，校官实始张。解鞍百无有，栖栖寄僧房。筑室纵有徒，皆公借余光。一壶千金直，所济在苍黄。万里犹比邻，别离无足伤。何以报公德？好修以为常。"奥区，指腹地。

刘攽字贡父，系东坡老友，其时在几千里外做官，寄好酒干肉给秦观。二人的相交当有些年月。刘贡父有《刘攽诗话》传世。平生善戏谑，曾经在开封请苏轼吃"皛"饭，也叫"三白饭"，苏轼初不知，以为是佳肴，兴冲冲地奔去，等半天等不来皛饭，肚子里灌满了茶水，刘贡父才叫下人上饭，一碟盐，一碗米饭，一盘白菜。美食家苏轼有点傻眼，刘攽大笑。没过几天，苏轼回请刘攽吃"毳饭"，又叫"三毛饭"。刘贡父很纳闷，去苏家坐到午后，坐到日脚下平地，终于忍不住问：子瞻，你的三毛饭还不摆上桌呀？

苏轼答：盐也毛，饭也毛，菜也毛，是谓"毳饭"。

开封人的读音，毛与没不分。那一天，刘贡父饿瘪肚子回去了。东京传为笑谈……

秦少游在蔡州，得了一坛子美酒几块干肉，便写诗，"万里犹比邻"。"何以报公德？好修以为常。"好修指修炼美德。屈原："吾独好修以为常。"

蔡州的日子拮据，肉少朋友更少，幕僚的活儿倒不少，起草各种官府文书，又拿不到润笔费。太守姓张，秦观懒得赞美他。一般幕僚要称颂聘用他的长官，杜甫、韩愈、岑参不能免。秦观作画，也不主动送领导、让领导拿去疏通关节往上爬。宋代官场有这个风气，送书画谓之雅赠。苏辙常拿他哥哥的书画送人，当然，苏辙未必是为了走后门。

《淮海集·次韵答张文潜病中见寄》：

三年汝水滨，孤怀谁与言？

《答曾存之》又说：

环堵萧然汝水隈，孤怀炯炯向谁开？

青春不觉书边过，白发无端镜上来。

四十岁的男人每日看书，镜里白发来。思念朋友们剧饮剧谈的美妙时光。——这样的好日子，加起来二十年。看书常在船头马背，孤怀共孤光的岁月几乎没有。

孤怀炯炯，盖指埋首于经史，发不尽思古之幽情，却找不到一个知音畅叙古今。

秦少游喜聚，与苏轼同。

吴郡人间丘孝直升官，秦观代他作谢表。司马光官拜左仆射兼门下侍郎，秦观代人作贺启……他把收到的谢礼寄回高邮去。以前也这么做，大抵寄一半留一半。眼下他是教授，官俸大半寄回家。蔡州需要他花钱的地方可不多。

教授学子之余，闭门著书，写政论文章。寂寥的蔡州逼他沉静。一个人逛寺庙，一个人荡舟于汝水月夜。孤独的兴奋复来照面也。独酌村酿的滋味不错，"举杯邀明月，对影成三人。"与外界以书信的方式保持着联系，几案上书疏山积，大抵两三天要写一封信。渐渐心如止水。书法与绘画别呈风味，韵律绕梁不绝。秦观想：苏子瞻在徐州谈诗，真是道前人之所未道，"欲令诗语妙，无厌空且静。静故了群动，空故纳万境。"

静，伏着动。动，伏着静。空空如也伏着万象纷呈。

开悟难哪，要把空与静捉到手，断非高人不可。知天命的苏东坡进入了无可无不可的境界，他把灵魂清空，是为了更好地接纳世界。已经接纳的世界却能转眼清空，生存朝着另一个方向。领悟生活世界，拢集诸门类艺术，才能够抵达此妙境。

秦观达不到老师的境界，寂寞会笼罩他，烦恼会袭击他。包括身体的烦恼，夜夜抱着枕头睡觉的烦恼。苏子瞻有个王子霞（朝云），王诜驸马有啭春莺，王定国有个宇文柔奴……秦观隔一阵子要"澜浪"一回，盖因身边缺个红颜知己。孙觉骂他"贱相发也"。

有一次他醉了，顶撞这位长辈太守：站着说话不腰疼，饱汉不知饿汉饥！

孙觉家里有歌舞女郎。官府中不乏红巾翠袖。

秦胡子长年在外，动不动就一年半载的，官妓们翩翩照眼，七尺汉子如何不澜浪？

"青春不觉书边过，白发无端镜上来。"这类句子要重复。

朝廷人事大调整，司马光、吕公著受高太后之命组内阁，苏氏兄弟等一批所谓"旧党"成员赫然在册。苏东坡除中书舍人。（除：除旧职任新职的简称。）范仲淹的儿子范纯仁同知枢密院。秦观代人作贺启。范氏父子皆是北宋名臣。几十年前，范仲淹、韩琦、欧阳修等朝廷大臣发起"庆历新政"，十条新政，前四条都是拿官僚队伍开刀，然而新政一年就收场，宋仁宗大约架不住既得利益集团的压力。范仲淹贬为地方官，为滕子京重修岳阳楼作记，发出他的呐喊："先天下之忧而忧，后天下之乐而乐。"赵宋王朝，这是最为感染人的口号，背景却是：先天下之乐而乐的官员渐渐多起来。官场流行一个词"享国"，享受国家。这也是历代王朝的一大弊端，一道大坎。强势集团结成利益联盟（集团之间也会互相倾轧），道义的军团往往落下风。

为什么落下风？小人无所不为，君子有所不为。

利益最大化与道义最大化，永远势不两立，后者谋求国家利益的最大化。

北宋立国一百三十多年后，君子的队伍依然可观，范纯仁是其中之一。高太后听政，力推"贤人政治"，前提是朝堂的贤人尚多，以司马君实为百官之首，吕公著副之。范纯仁出任军事首脑，"新党"干将章惇正在失去高太后的信任。范纯仁无论做地方官还是做京官，均有乃父之风。他又是朝廷硬汉，言语行事，像另一个朝廷硬汉范镇。

范镇是蜀人，范纯仁是苏州人。二人于熙宁年间先后知谏院，力抵王安石。神宗怒，范镇辞职，自请外放，推荐苏轼继任知谏院，王安石不许。范纯仁知谏院，奏言"王安石变祖宗法度，搯克财利，民心不宁"。这位谏官"所上章疏，语多激切。安石大怒，乞加重贬"。范纯仁被贬出京师，为官多地，皆有政声。他在西京洛阳与司马光相善，"纯仁及司马光，皆好客而家贫，相约为真率会，脱粟一饭，酒数行，洛中以为胜事。"好客，家贫。

真率会，指洛阳的十二个重量级人物定时聚于某处，饭局只四菜一汤，意在表率全国的官员，严防铺张浪费。上面的几段引文出自《宋史》。

司马光、范纯仁、文与可，做官几十年，家贫。王安石当宰相不敛财。苏辙担任副宰相多年，视富贵如浮云。北宋有这个气场，值得专题研究。严于律己、勇于担当的官员很多。士大夫的良知与远见不是个别现象。元祐初，司马光为相，半年内要"尽废新法"，另起炉灶，"纯仁谓光：'去其太甚者可也'，光不从，持之益坚。"

范纯仁的政治主张与苏轼相似：熙宁新法推行近二十年，不宜一切推倒重来。

可惜司马光走了另一极端。

刘贡父来蔡州做太守，秦少游喜出望外。终于有了一个知己，知己还是他的顶头上司。姓张的太守压制他很长时间了，麻烦事交给他，冶游宴乐省略他，论功行赏的名册上勾掉他。现在好啦，憋闷多年的教授搬出了佛寺，住进了官舍。吃酒啖肉有他，舟车游乐有他，太守行赏有他……后来，刘贡父特意叫他回高邮接来家眷，住了小半年。秦观赴京参加学士院考试，家人才回老家，刘太守派官船送到高邮。

秦观是孝子，对老母亲十分关怀。

刘贡父患有风疾（内风湿），关节已不大灵便，为了陪秦少游，跑到几十里外去访古寻幽，夜宿古村落，谈诗论词，意见不一致，争得面红耳赤。刘贡父推崇豪放旷达，秦少游偏爱婉约清丽。刘贡父笑谓：知你甚爱张子野，推崇柳三变。

秦观笑而不答。刘贡父又说：孙觉先生叫我转告你，莫学子野狂，莫效三变浪。

秦观笑道：大好青春书边过，倒是盼它浪与狂。

刘贡父皱眉头，徐徐道：此子贱相又将发也。

秦观大笑：我只听说，太守当年做长安县令，与官妓茶娇有情得很哪，临别那一天，夜饮通宵达旦，携她素手留诗：

画堂银蚀彻宵明，白玉佳人唱渭城。
唱尽一杯须起舞，关河风月不胜情。

渭城指长安。

《宋人轶事汇编》："贡父知长安，妓有茶娇者，以色慧称，贡父惑之，事传一时。"刘贡父常醉酒，欧阳修戏之曰：茶娇醉。不过，这些孟浪事早已是过眼云烟。如今，多病的刘贡父垂垂老矣，"老来花似雾中看"。

他对秦观说：少游啊，珍惜青春须拿捏分寸，免遭口舌。

白居易欧阳修晚年蓄妓成瘾，人所诟病。苏东坡无此烦恼，"笙歌丛里抽身出"，凭它弱水三千，坡仙只取一瓢饮。秦少游能不能抽身，估计他自己也不清楚。

蔡州远郊的这个难忘的春夜，刘贡父与秦少游置酒闲话到天明，谈艺术、谈风月、谈政治、谈佛道。贡父大少游近三十岁。他哥哥刘原父亦是人物，兄弟二人皆与王安石交厚，政治主张不同。《宋人轶事汇编》：

王荆公好言利，有小人谄曰："决梁山泊八百里水以为田，其利大矣！"荆公甚喜，徐曰："策固善，决水何地可容？"刘贡父在坐中，曰："自其旁别凿八百里泊，则可容矣。"荆公笑而止。

刘贡父善于冷幽默，秦少游曾经"喜从滑稽饮酒者游"。

古老的小村晨光初露时，刘太守和衣而卧，秦教授披衣出门。"孤怀炯炯"，他睡不着。湿润的晨风送来了一缕思绪：长安县的那位茶娇姑娘，白玉佳人……

一个名叫娄琬的营妓让秦教授情思绵绵。娄琬是洛阳人，字东玉，原是富家女儿，因家道中落，不得已做了官妓。唐宋官妓，向来不乏这类女子，例如念奴、薛涛、周韶，以及徐君猷纳为三侍人的"贵种"王胜之。她们共同的特点是心性高，有教养，粗识文字或颇知书史，在官妓队伍中具有竞争优势。娄琬十八岁，纤细的身材恰似弱柳扶风，而内心有一股未曾泯灭的骄傲。蔡州的前任州守迁官，想把她带走，她婉拒，她像薛校书一般善于在官员们当中巧周旋。歌喉婉转，舞姿出众，月光下横箫，飘飘然若仙子。

刘贡父戏言秦观：教授风流倜傥，奈何东玉自重芳姿。

秦观笑了笑。

到蔡州一年，秦观熟悉了这位高挑而矜持的尤丽女子，却不曾与她说过一句话。张太守似乎防着秦观。刘太守宴饮于小楼，秦观轩昂入座，娄琬姑娘歌舞侑酒。另有一位体态丰腴的陶心儿，苏州人。蔡州的官厅，此二位号称南北双艳。

长袖起舞的娄琬美目流盼，蜻蜓点水而已。艳力四射而自持，她不青睐任何人，风度翩翩的秦教授也不行。营妓要学会克制。动情容易受伤。官员之身如飘蓬，有些人到任几个月就调走了，害得她们眼泪汪汪空断愁肠。要不就学着水性杨花，情来情去收放自如。学会不受伤，古今女性一焉……

几次宴饮，教授端坐。刘贡父复来调侃：学士不敢唐突美人吧？

三月踏青时节，少游和东玉双双消失了，而官府的马厩只少了一匹马。刘贡父很有些吃惊，不知秦观施了什么勾魂法术。部下要去追回，太守不许。

宋人笔记《苕溪渔隐丛话》："少游在蔡州，与营妓娄琬字东玉者甚密。"

当年刘贡父在长安拥有"西玉",现在,秦少游赢得了东玉那颗骄傲的芳心。

秦观名词《水龙吟·赠娄琬》,专写这段情:

> 小楼连苑横空,下窥绣毂雕鞍骤。朱帘半卷,单衣初试,清明时候。破暖轻风,弄晴微雨,欲无还有。卖花声过尽,斜阳院落,红成阵,飞鸳鸯。　　玉佩丁东别后,怅佳期,参差难又。名缰利锁,天还知道,和天也瘦!花下重门,柳边深巷,不堪回首,念多情但有,当时皓月,向人依旧。

一说此词作于元祐二年(1087)春。

"玉佩丁东"含了东玉二字。娄琬有名有字,普通官妓只留艺名。这是一首忆旧的词,作于别离之后,不堪回首云云,道出二人的多情缱绻,重门里,深巷中。理学家程颐很不喜欢这首词,尤其不喜"天还知道,和天也瘦"这一句,称:"高高在上,岂可以此渎上帝?"小皇帝宋哲宗摘断花枝,程颐也批评他不敬天地。

男女双方都瘦了,或可叫作情瘦。几年前扬州的那位箜篌女郎,一夜间为秦观瘦了一半。如今重演,"向名花美酒拼沉醉"(纳兰容若)。秦观情瘦,过些日子又胖了,娄琬姑娘自是艰难些,纵有心理准备,奈何她身不由己,奈何她情不由己。坠入情网的人,通常不知道网有多大,网有多深,网绳有多么结实,脱网又是多么艰难。女性尤难自拔。

一别天遥水远。从此"动如参与商"。官妓有流动性。

秦观又有《南歌子·赠陶心儿》:

> 玉漏迢迢尽,银潢淡淡横。梦回宿酒未全醒,已被邻鸡催起怕天明。　　臂上妆犹在,襟间泪尚盈。水边灯火渐人行,

天外一钩残月带三星。

残月带三星，是个陶心儿的心字。玉臂妆犹在，暗指别处的妆已消磨去。怕天明。邻鸡一声肠已断。这女孩儿姓陶，心儿是艺名。

两首词的写作时间隔了多久，无考。据年谱，均作于蔡州，秦观在蔡州教授任上近六年，中间几度去汴京。蔡州的南北双艳，因秦少游而留下她们的芬芳名字。

宋代文人一生中有若干个兴奋点，官妓是其中之一。美政、美食、学术、艺术、漫游、怀古、骑射、茶酒、僧道、建筑、种植……秦少游的生活中缺美政，不缺美政冲动，不缺建功于沙场的军事斗志。对秦观来说，官妓这一兴奋点，并不明显大于其他几个兴奋点，他以词名传世，而宋词的兴旺发达，与官妓的空前活跃有着深广的联系。

士大夫讳言家中事，下笔写母亲和妻子的诗词寥寥无几。唐诗宋词几万首，母爱表达、夫妻之爱表达的普遍缺失是个遗憾，礼教遮蔽了人性的光芒，男尊女卑形成集体潜意识。大文豪不提母亲的，例子不少。

秦观的天性中有狂放的一面，小时候爱装怪，鬼名堂层出不穷，性格的张力由此生焉。良好的文化修养强化天性，助长个性，裁剪野性。相反的例子，是被经典文献搞得酸溜溜，手无缚鸡之力，冬烘还忙着去培养更多的冬烘。

秦少游奔四十岁野性不减，所以他成为秦少游。

笔者重复：野性是打通经典文献的一个重要渠道。

宦游在外的唐宋男人，流连歌台舞榭乃是常态。

第十七章

不减兰亭盛会的
西园雅集

元祐二年（1087），蔡州教授秦观到了汴京，由中书舍人苏轼举荐，参加学士院的考试，未能考中。黄庭坚、张耒、晁补之等人考上了。秦观滞留京师数月，有时住兴国寺，有时住朋友的家。兴国寺的南园，原是三苏父子初入汴京买下的普通宅了，可能早已转售。蔡州官学的诸多事务，由别人暂代。太守刘贡父替他安排。贡父上调京师，又委托后任，将教授的位置为秦观留着。教授一职，太守说了算。

苏轼进京后不断升官，不足一年，由七品官升为四品官，诏许他"被三品之服章"，后来屡除兵部、吏部、户部尚书，知贡举（科举主考官），担任翰林侍读学士，龙图阁学士，在迩英殿教导小皇帝宋哲宗。苏辙升为副宰相（参知政事）。兄弟二人"内翰外相"，天下瞩目。高太后于便殿单独召见苏轼。苏轼诚惶诚恐，高官们羡慕得紧。

有些大臣却生怕苏轼当宰相……

黄庭坚秦少游是苏家的常客，一月造访几次。黄山谷初次登师门，携去一款龙尾端砚，秦少游孝敬老师张武笔和张遇墨。王诜、米芾、李廌、张耒、李公麟等，各携厚礼。王诜字晋卿，乃是驸马爷，宋神宗的妹夫，也是丹青妙手，古物鉴赏的行家，出手阔绰的书画收藏家。张耒字文潜，苏门四学士之一，对老师非常忠诚，无论老师位高权重还是贬向蛮荒，张文潜执弟子礼始终如一。

苏轼和苏辙在皇城下的住处相隔不远，两家人近百口，每日欢声笑语，车来车去。

许多高官不置豪宅，不夺民田，这恐怕是北宋政坛的一大奇观，若干宰辅级的政要表率于朝堂。左仆射司马光节俭到了抠门儿的地步，谁还敢炫耀骄奢淫逸呢？他把居洛阳待客"四菜一汤"的好传统带到汴京。奢靡之辈闻而收敛。

顺便提一句，治宋史的著名学者邓广铭先生，撰文提到元丰年间洛阳十二老定期的简朴饭局，意含讥讽，很没有必要。

苏东坡是个好吃嘴，食不厌精。他可懒得去管司马光，款待佳客，要搞五菜一汤，偶尔搞到六菜二汤。司马君实派人传话，希望他减荤菜，他只当耳边风，自称"老饕"。还专门写下一篇短文《饕餮赋》，抄送司马丞相。

五菜一汤不铺张，顿顿要吃光。秦少游食量大如牛，黄庭坚喜欢餐桌上有两种肉，李公麟只要喝好酒"汴河醉"，王诜驸马倒是爱吃闰之夫人做的眉山素菜。

少游客居东京，待在师尊住过的兴国寺著书，写策论，果然下笔如有神助……

五月初，黄庭坚带一古锦囊，拉少游去苏家，两条驴子悠悠穿过半座城，看街市，赏名楼，观美妇，逗儿童……爽也爽也，妙哉妙哉。——骑驴逛街的好处说不完，逛完开封城它也不累。黄山谷的古锦囊鼓鼓囊囊，秦观很好奇，一问再问，他只不回答，卖关子卖到苏轼家。苏大学士欲探囊，山谷道人偏不让，称：先品秦太虚龙井茶。

在京师，士大夫们爱说太虚龙井茶，忘了辩才龙井。

居杭州的辩才法师常寄龙井茶给秦观。黄庭坚用双关语，在名士云集的苏轼家、苏辙家，将杭州龙井茶冠以秦太虚之名。秦观只称辩才龙井。

苏东坡酒量小茶瘾大，据说一次能饮七盏茶，醉茶晕晕乎乎，睡不着，陪人聊天，要聊一整天。他发明了混茶的妙处，新茶旧茶混泡。他发明了混酒的佳味，雪堂义樽启发了近代西方人之鸡尾酒。他发现了混墨的神奇功效，九百多年前写的字就像昨天挥就。

王诜驸马携吴道子的名画不期而至，啧啧展玩再四；章惇抱着大坛子宫廷酒爽朗而来，嚷嚷八菜三汤。苏翰林摇头曰：六菜二汤，外加三碗眉州泡菜。虎背熊腰的军事首脑仰面大笑：哈哈，眉山泡菜俺喜欢！呵呵，俺喜欢！

阔嘴猛牙章子厚，眉清目秀黄庭坚，美髯飘逸秦少游，颀身伟岸苏子瞻，闲静少言苏子由，风流俊迈王驸马……仲春的某一天，苏子瞻家里好生热闹，酒未三巡，子瞻先生醉也，"把盏为乐"，玩杯盏曰"荷叶杯"，真真可怜兮兮的模样。章惇的酒量不输李太白，秦观与他斗酒，虽然年轻了十几岁，斗不过。王诜来，米芾上，李公麟作预备队，只与章太尉战个平手。黄山谷今日滴酒不沾，斜倚懒版（躺椅）揣摩吴道子。锦囊在手边。醉东坡觊觎它久矣，弟子秦观会意，醉步摇晃至懒版旁，忽然伸手探囊取物。

醉东坡的一双眼睛顿时闪闪发光。潘谷墨！这宝贝墨丸，花金子费银子买不到呀！居然还有南唐李煜爱用的澄心堂纸（金陵特产），居然！

东坡说：鲁直今日索画得画，要字得字。尽管开口吧，本翰林听你吩咐。

黄鲁直微微一笑：乞先生一幅丈二长卷《枯木怪石图》。

秦观嚷嚷：我求画两年，先生才为我画了一幅斗方《墨竹图》。

东坡笑道：丈二长卷易画，潘谷墨丸难求。

黄鲁直为之绝倒。他爱东坡的水墨写意画，胜于爱东坡的行书楷书。

宋四家的书法虽以苏轼为首，但论者一般认为，黄庭坚和米芾的书法不在苏轼之下。

苏东坡优游于和尚道士，自然受影响，爱物而不执迷于物，只于佳墨丸有些痴心。《墨记》：

> 苏子瞻有佳墨七十九，而犹求觅不已。

秦少游戏言：东坡贪墨不贪财。

王诜说：子瞻也不贪色。

秦观表示疑惑：贪色不好么？

章惇咧嘴笑道：俺就贪金子，贪银子，贪东京西京的美娘子。

这个章惇偷香窃艳三十余年，专爱"窃官妇"，当年连吏部要员的宠姬他也敢窃，闹得京师沸沸扬扬。宋人笔记，写他的缺德事多。苏轼钦佩他的文气勇气，洞察他的邪气杀气，与之论交三十年了。此间苏轼为中书舍人，章惇知枢密院，论官职，章子厚为高。他老往苏家跑，盖因苏轼评价熙宁新法的一句话："法无新旧，以良为是。"

苏轼绝不赞同宰相司马光"尽废新法"。

司马光大权在握，章子厚倒不去趋附，强硬到底，尽管他明知高太后在考验他，给他最后一段时间改变立场。他是熙宁人物，是新党一员大将，这一点，与苏轼区别大。

章子厚的豪华马车屡屡停在并不豪华的苏家，另有缘故：这个"偷香贼"很想近距离一睹啭春莺的艳姿。啭春莺是王诜的侍妾，在众多官员的眼中艳冠东京城。章子厚暗蓄色劲已久，一闻啭春莺三个字，立刻气紧，差不多要窒息。

王诜来苏轼家，通常带着啭春莺。这一天让章惇碰个正着，眼珠子都蹦到地上了，王诜浑不在意。章子厚便得寸进尺，借了醉态，去女眷们待的庭院，磨蹭，套近乎，问问王朝云，搭讪宇文柔奴，眼风抛向俏立于牡丹花旁的啭春莺。——有她在，盛开的牡丹失尽颜色。啭春莺的歌喉惊动皇宫，逢了佳节，高太后只要听她演唱新词，王诜驸马打着拍板伴奏。宋神宗在位时，曾经召见妹夫的这位艳名远播的侍妾。这现象颇有趣。

　　啭春莺非常单纯，看谁都觉得他是好人。章惇盗官妇几十年，自有一套本领，打拍板，击小鼓，俱为大行家，踢球更是"球星"，把气球（蹴鞠）玩得像黏在身上似的。他随意露几手，啭春莺便叫好，央求他再踢几脚。章惇趁机提要求，说早有个愿望，用拍板为她伴奏一曲《蝶恋花·花褪残红青杏小》。啭春莺爽快答应了。章子厚醉态踢气球，肩上跳，臂上玩，背颈滚，头击球穿过太湖石的菱形小洞……啭春莺笑得阳光灿烂。

　　有个细节：朝云与柔奴凭窗绣花闲聊，并不朝玩球男人这边看。

　　当年的王弗夫人和现在的闰之夫人，讨厌章子厚，不赞成苏轼接待此人。

　　章子厚玩尽兴了，啭春莺看开颜了。那子厚飞起最后一脚，将彩色蹴鞠贴着啭春莺的玉容掠过，击中了她身后的一朵红牡丹，惊飞树上的黄鹂。

　　啭春莺脱口叫道：章大人好手段呀！

　　章惇的好手段却在后面。接下来，这条七尺汉子操了拍板在手，手上功夫取代了脚上功夫，轻快的节奏取代了强烈的动感。这转换只在须臾间，东京头号佳丽不觉呆了一呆。此前她收到过一幅章惇寄赠的草书，王诜点评：王介甫不及矣！

　　王安石的书法风格是"横风疾雨"，司马光的字叫作"绵中带骨"。时人戏谑：难怪他二人要针尖麦芒。

　　单纯的啭春莺哪里知道，"瞧科"老手章子厚，图谋她的颜色不是一两年了。色胆包天，讲的就是章子厚这种人。驸马爷心爱的侍妾他照样勾引。

　　啭春莺迎风俏立，月白色的长裙飘飘然，宛若广寒宫仙女。章惇装作被石头绊了一下，跟跄扑向她的裙裾，她条件反射般伸手扶他。一时肌肤相亲，章子厚的鼻子抵近了花容雪肤，"近芳泽"，鼻息猛抽。这五十岁的猛男又闪电似的退开，连称得罪，得罪。

啭春莺启齿一笑：太尉若有个闪失，小女子可担当不起。

她轻启歌喉，美目自然流盼。"花褪残红青杏小，燕子飞时，绿水人家绕……"章子厚的拍板声配合得恰到好处，时近黄昏了，拍板与清歌可称佳配。声者，情也。军事首脑展示了不同凡响的才情。王安石曾经盛赞："子厚才极高。"从某种意义上说，章惇也是一个天才级的人物，他的气场明显大于王诜。尽管他豪气邪气魔鬼气搅作一团。

拍板，似乎不经意间靠近了歌声……这时，一条官袍汉子阔步走来，石板路上重重的足音搅乱了伴奏。汉子正是秦少游，专请章子厚，说是李公麟先生刚画了一幅《五马图》，等他题跋。他不得已，硬生生按下性子，道声：太虚乱我好戏！

秦观事后语人：我不去打个岔，只怕子厚要轻薄。

东坡先生的书房里烛光明亮，醉墨淋漓的《五马图》，五匹马各呈姿态，宣纸上奔腾。子由题跋，少游题跋，米元章题跋，左上方醒目的位置留给枢密院首脑章子厚。这奇男怪男已是笑呵呵，提起鼠须笔，一挥而就。米芾凑近细看……

王诜提到，他的西园将举办一次雅集。章惇一听，眼前迅速晃过了彼时歌舞侑酒的啭春莺。"一曲清歌，渐引樱桃破。"他对王诜表示，希望能接到西园雅集的请柬。

驸马爷未及开口，苏东坡插话：枢密院军务繁忙，子厚兄就免了吧。

章惇不高兴，说：子瞻，别忘了乌台诗案。当年我施以援手，今日你不可阻拦。

秦少游笑道：一次雅集而已，太尉何必就提当年。

章惇说：不提乌台，怕是进不得驸马西园。

苏东坡摇头：提乌台也进不得。

章惇叫道：子瞻今天只要拦我，却是为了甚？

苏大学士仰面一笑：只怕一粒耗子屎，坏了一锅肥羝汤。

肥羝指羊羔。

章子厚悻悻而去，把书房的门撞得咣当一声。

米元章说：子厚负气，一去不复返也。

苏子瞻摆摆手：不消半个时辰，此人要踅回。

苏子由、米元章、李公麟俱不信。月亮升起来了，苏家夜宴初开，啭春莺、王朝云盛妆起舞，直把嫦娥居住的月亮舞进灰云后。忽听急切的足音由远而近，众人耳朵竖起。

章子厚果然踅回，仿佛直奔他朝思暮想垂涎欲滴的啭春莺。

东晋王羲之、谢安等四十余人在越州（今浙江绍兴）兰亭雅集，曲水流觞赋诗，书圣作《兰亭集序》，是为中国三大行书之首。翰墨风流数百年，唐太宗李世民爱得痴迷，作了昭陵陪葬品，做鬼也要欣赏。兰亭雅集是历史上符号性的文化事件，永传后世。唐代三百年书家如云，类似的轰动事件却没有。北宋杰出的士大夫要接上这文脉。

文化的传承需要标志性事件。历朝历代的"观众"需要这个。古往今来具备文化修养的人，谁不知道兰亭雅集呢？以苏东坡为首的汴京西园雅集，辉映山阴兰亭盛事。

苏东坡是个随心所欲不逾矩的人，这一年他五十多岁。西园雅集的主意，很可能出自驸马都尉王诜，他有这条件。十六位名士，同一时期聚于东京不容易。秦观不归蔡州，大约与此相关。陈师道在京，黄庭坚、张文潜等人在馆阁任职……

《徐谱》："六月，先生与东坡等十六人，集于王诜之西园。李伯时为图，米元章作记。"秦观是个积极分子，搞串联热情高，大胡子到处飘，不劳东坡先生吩咐。陈师道的傲骨京城尽知，秦观一说西园聚会，他立刻便问：王诜驸马邀请名士，不会漏掉我吧？

徐州陈师道担心自己的名气不够。

雅集之后，李公麟作图，米元章作记。北宋文坛的一桩盛事，渐渐愈演愈烈。宋徽宗上台，禁苏东坡、黄庭坚、秦少游文集，倒使苏黄秦的声誉如日中天。宋人笔记："士大夫不能诵坡诗，自觉气索。"这些事，都大大利于《西园雅集图》的传播。

有个细节显得蹊跷：王诜西园在汴京的具体位置，严谨的学者们考证不出来。参与雅集的名流并未留下相关文字。这说明什么呢？说明这次雅集并非刻意要轰动，要传世，很可能，它只是多次雅集当中的一次。东坡的为人很随意，蓄意搞轰动，不符合他的性格。北宋的文坛领袖，先有欧阳修，后有苏东坡，延续了六七十年，波及南宋百余年。文章巨公与书画妙手数不清，大大小小的雅集分布于两京，各地亦成风尚。西园雅集作为代表性事件留传下来。李公麟作《西园雅集图》，元代赵孟頫摹绘。

元代摹本，现藏于四川眉山之三苏祠博物馆。

赵孟頫是宋太祖赵匡胤的十一世孙，摹写北宋名画充满了感情。

王诜与苏东坡同年生，即生于宋仁宗景祐三年（1036），祖父王全斌是开国名将。王全斌杀人如麻，王诜醉心书画。作为贵族和驸马爷，他是各种形式的文化沙龙的组织者，类似后来的欧洲贵族。他是书画鉴赏家和舍得花钱的购买者，却不曾购买苏东坡的字画，不知是何缘故。文同、蔡襄、苏轼、黄庭坚，都不卖字画。李公麟的画和米元章的字，在他们活着的时候就能卖得好价钱，据记载，在徽宗朝，米芾一幅字，可抵东京一座宅子。

商品贸易空前发达的宋代，金钱的逻辑远不能一统天下。士大夫义高于利，艺术追求与物质利益的关系也不大。艺术以自身为根据，艺术严格自律而非他律，这是极其重要的环节。否则，不可能有那么多文学艺术的精品传世。

艺术的本质性根据是什么？是生命冲动谋求着自由表达。生命冲动受阻，形成更大的冲击力，谋求更多的表现形式。从《诗经》算起，这个现象贯穿了三千年。

中国优秀的传统文化是这么来的，中国顶级的艺术家是这么造就的。

艺术一味搞钱，艺术必定找死。

宋神宗的妹夫王诜，送了苏轼不少好东西，裘皮、地衣（地毯）、漆器和瓷器。苏轼笑纳，随手分赠亲友。他俸禄丰厚，"随手辄尽"。后来贬惠州，一大家子缺钱，叹曰："某平生不治生计，老来方有此苦。"弟弟苏子由分钱给他。

中国历史长河中的优秀人物，艺术天才，没有一个是名利之徒，钻营之辈。

苏轼遭遇乌台诗案，王诜头一个通风报信给苏辙，受牵连，贬到湖北去。高太后听政，仁宗时代的官员纷纷返京，这位驸马爷是头一批。司马光吕公著苏东坡随其后。

宋哲宗元祐二年（1087）的夏六月，汴京西园的雅集，参与者多是元丰、熙宁年间遭贬黜的官员，按理说各有各的牢骚，可是让人感到惊讶的，是雅集的纯文化气氛，没有政治的隐性背景，或曰隐性叙事。这说明什么呢？说明宋代的文化自主性强。

政治风云决定官员的命运，宦海沉浮牵扯官员的神经，却不足以覆盖一切。生活，艺术，照样强劲展开。唯有在这个层面上方能理解：纯艺术之纯来自何处。

艺术的自主让个体变得强大。

苏东坡是什么样的人啊？黄庭坚秦少游王定国又是什么样的人？"一夫进退何足道"，吃点苦头不唠叨。贬谪的艰辛生涯，冷官的漫长岁月，早已反弹为生活的意蕴和艺术的力量。汴京城恐怕不止一个西园雅集，其他的聚会，士大夫也不大计较刚刚过去的磨难。事实上，磨难本身要打问号的，个体弱小，心怀怨恨，吃苦受累就八方唠叨。

北宋的苏东坡不谈这个。不写贬黄州五年的所谓磨难史。以磨难概括贬谪生涯是个笑话，苏轼先后在八个城市做长官，居东京为翰林学士、龙图阁学士，而成就东坡先生仙风道骨的，却是贬谪时间最长的黄州。他会埋怨黄州的开荒种地、节俭开支么？

"谁能伴我田间饮？醉倒唯有支头砖。"繁华汴京，如何修炼成坡仙？

米芾《西园雅集图记》：

> 李伯时效唐小将军为着色泉石云雾、草木花竹，皆绝妙动
> 人。而人物秀发，各肖其形，自有林下风味，无一点尘埃气。
> 不为凡笔也。

米芾的文章同样不为凡笔，苏轼点评他，先讲他的三点学养，最
后一点才讲他的书法艺术，这饶有深意。宋代已有单纯追求书法技巧
的苗头。

米元章接着写：

> 其乌帽黄道服，捉笔而书者，为东坡先生。仙桃巾紫裘而
> 坐观者，为王晋卿。幅巾青衣，据方几而凝伫者，为丹阳蔡天
> 启。捉椅而观者，为李端叔。后有女奴云鬟翠饰侍立，自然富
> 贵风韵，乃晋卿之家姬也。

写中书舍人蔡天启、东京才俊李端叔只一短语，写家姬倒有长句，
并且用上了形容词，自然富贵风韵，非一朝一夕养成。王诜驸马的家族
三代富贵，他本人又娶了宋神宗的妹妹蜀国公主。元虞集《西园雅集图
记》：

> 又有侍女二人，云英、春莺，晋卿家妓也。

云英的舞姿，啭春莺的歌喉，汴京城无人不晓。能与天下第一名士
东坡先生相配者，自是风韵天成的超级佳丽。

兰亭雅集四十六人，皆男性，缺丽人。王羲之兰亭风流少了一大

亮点。

西园雅集十六人，另有二家姬。苏东坡即席为啭春莺填了一首词《满庭芳》，可见他当时的兴奋度。这也是东坡在王诜西园唯一的作品。词里提到："座中有狂客，恼乱愁肠。"如果不是东坡自谓的话，狂客多半就是只身留京的大胡子秦少游。

后来少游写道："忆昔西池会，鵷鹭同飞盖。"这里的鵷鹭，显现为惆怅。

少游情憨，憨于繁华东京，憨在王诜西园。丽人只应天上有，人间哪得几回见？

米芾写西园的美景与人物：

> 孤松盘郁，上有凌霄缠络，红绿相间；下有大石案，陈设古器瑶琴，芭蕉围绕。坐于石盘旁，道帽紫衣，右手倚石，左手执卷而观书者，为苏子由。团巾茧衣，手秉蕉箑而熟观者，为黄鲁直。幅巾野葛，据横卷画《渊明归去来》者，为李伯时。披巾青服，抚肩而立者，为晁无咎。跪而捉石观画者，为张文潜……二人坐于盘根古桧下。幅巾青衣，袖手侧听者，为秦少游。

巾指头巾，宋人唤作幞头。李公麟笔下的人物，衣饰，姿态各不相同。十六名士和两位家姬之外，又有童子四人，穿梭服侍或伫立捧砚。画家正在画《渊明归去来》，圆通大师坐蒲团讲《无生论》，道士陈碧虚弹琴，秦观袖手而听。"唐巾深衣，昂首而题石者，为米元章。"李公麟精心创作的画卷，重新布置了记忆中的场景，使主题更突出。

米元章作记，把人物逐一点出来，否则后世辨认不易。

这幅北宋名画的主题是什么呢？是名士们的出尘风度。

苏轼名句："我坐华堂上，不改麋鹿姿。"仕与隐，出与处，进与退，仿佛是同一件事情。王维发明"吏隐"，李白追求"酒隐"，更早的陶潜隐于日常生活，隐于田园茅舍，宋代的士人们于此为甚，发扬光大了这个好传统。居庙堂之高，知江湖之远。这使淡化官场倾轧成为可能。一个官员，如果他的身上多一点山林气，就会少一点名利心。

退也是进：进入审美之多元与自然的无限差异。

法国哲学家福柯："重要的培养对差异的敏感。"

山人乃是散淡的人。山人与官人的统一，东晋肇其先，北宋比较普遍。苏东坡一生中长达十年的谪居生活，把隐者姿态发挥得淋漓尽致。什么叫隐？隐就是靠近树，靠近水，靠近云，靠近民间的素心人。"相看两不厌，唯有敬亭山。""闻多素心人，乐与数晨夕。"敬亭山乃是所有的山。陶渊明的南村是素心人的同义语。

汴京西园雅集的名士们，有几个入仕未久，官服尚新鲜，却已摆出了地道的隐者姿态，可见时代的氛围多么强大。全球最大也最繁华的城市，这样一群人的雅聚足以引领时尚，葛巾道服一派清新。米元章写道："二人并坐于怪石之上，下有激湍流于大溪之中，水石潺湲，风竹相吞，炉烟方袅，草木自馨，人间清旷之乐，不过于此。嗟呼！汹涌于名利之域而不知退者，岂易得此耶？"其时，米元章三十来岁。

不识清旷之乐，注定要去汹涌名利。清旷与名利，呈现为价值对立。

时下的城市，汹涌者多也，清旷者自在别处。

城市人节假日浩浩荡荡奔向山林，其间隐藏着华夏族所特有的"山水基因"。

米元章收笔云："自东坡而下，凡十有六人，以文章议论、博学辨识、英辞妙墨、好古多闻、雄豪绝俗之资，高僧羽流之杰，卓然高致，名动四夷。"四夷，犹言各国。

西园雅集大约持续了一整天，"有华灯碍月，飞盖妨花。"飞盖，指飞速移动的车盖。西园辂车穿花径。盛装的啭春莺轻启歌喉，秦少游醉酒乱生愁肠，绝艳之花在眼前绽放，奈何近她不得。黄庭坚在她们当中颇随意，喜欢留诗于裙带。秦观胸口堵。不是名利场中人，却羡慕宋玉曹植。秦观一手好字，难书啭春莺的裙带。听陈碧虚的古琴，不及听她的粉颈清歌。阔园子占地二百亩，秦观借口醒酒嗅花，几番闲溜达，希望石旁树后碰见她，池塘边偶遇她，层楼上邂逅她。"但倚楼极目，时见栖鸦。"乌鸦色霸占了他的视线，红唇玉齿虽近却远，难怪章子厚要唐突美人。秦观还不敢造次，不敢情挑啭春莺。

苏轼《满庭芳》有云：

> 画堂别是风光。主人情重，开宴出红妆。腻玉圆搓素颈，藕丝嫩、新织仙裳。双声罢，虚檐转月，余韵尚悠飏。　　人间何处有？司空见惯，应谓寻常。坐中有狂客，恼乱愁肠。报道金钗坠也，十指露、春笋纤长……

啭春莺十指露，苏东坡看端详。

童子报道金钗坠也，"佳人舞点金钗溜，红锦地衣随步皱。"秦观自幼熟读李后主的词，对这两句尤多想象。佳丽们急促的舞步踏着鼓点，红锦地衣皱作一团。"酒恶时将花蕊嗅。"她们鲜花般的脸蛋凑近了花蕊，莺声燕语又嘻嘻哈哈，鼻息如兰，直叫人生痴生狂。人间之美好莫过于此也，高邮秦观如何不狂？

狂也莫奈何，只一杯杯饮宫廷酒，一次次嗅六月花。王驸马旁边的苏大学士，含笑瞥他一眼。老师知道弟子的内心，填词戏谑他，未曾因此而责备他。"人生自是有情痴"，这是苏轼的老师欧阳修讲的。不是所有的士大夫都能把握情色之分寸。远远不是。

越过了尺度，才知道尺度。

江西黄庭坚狂不狂？徐州陈师道狂不狂？福州李公麟狂不狂？淮阴米元章狂不狂？"主人情重，开宴出红妆"，啭春莺一般是不出场的，苏轼来了，她穿上专为夜宴裁制的名贵衣裳。美目拂过四座，举酒一曲清歌，腻玉圆搓的脖子缓缓转动。嫦娥下凡不过如此。勾魂摄魄的时刻，道士叹息，和尚闭眼。黄庭坚要书裙带，秦少游呆若木鸡。

一轮明月照着西园。雅集再一次抵达高潮。佳墨、佳作、佳会、佳音、佳人、佳酿。

不只是诗歌、书法、绘画和音乐，不只是佛陀慈悲与道教安详，难以缺席的，是他们中间要有她们。李太白惊艳杨玉环，苏东坡惊艳王闰之、啭春莺，陆放翁痴心唐琬六十年，辛弃疾气吞万里如虎，却道："红巾翠袖，揾英雄泪。"揾，犹拭。

李公麟画啭春莺，画了很长时间，舍不得画完，东京头号画家享受着每一笔。

西园雅集过了一个月，恰是中秋明月夜，张耒看见秦观徘徊于西园外，长胡子飘向广寒宫，诗人徘徊复徘徊，空气中隐约有脂粉香。

第十八章

东京生活点滴

秦观打马回蔡州，仍做官学教授，日子归于寻常。蔡州太守换了几个，教授的位置一直属于秦观。名气，才华，性格，都使他和身处的环境比较融洽。大多数优秀的艺术家恃才傲物，秦观相对平和。他不断地替人写下贺启、谢表一类文字，收到不少酬金，又扩大了朋友圈子。他忧心汝水的水患，几次上书朝廷，恳请兴修水利。他关注着京城的政坛与文坛，顺便打听一下西园佳丽啭春莺。

关注佳丽，没啥不好。

饮食男女，人之大欲存焉。

总有些道貌岸然的家伙，一副仁义道德面孔，暗地里摧花劫艳，疯狂掠夺民间女子。这些人往往善于攻击别人的私生活。

秦观长期孤身在外，又有条件盘桓于一流官妓，又能将细腻的感受诉诸词语，谱成新曲，传入绮陌红楼，唱响瓦子勾栏。柳永有移宫换羽的本事，秦观不缺哼唱新词的好嗓子。再者，他生得一表人才，眉宇间英气逼人，他和出色的官妓们互相吸引。

秦少游情憋啭春莺，没法子不憋啊，梦里也曾出现王朝云的花容、宇文柔奴的倩影。

蔡州有一户畅姓人家，举家崇尚道教，男人多道士，女子多道姑。有一位十八九岁的畅师，"姿色妍丽，神仙中人也"，俨然汝南版的啭春莺。秦观颠颠地去套近乎，迎头碰了色钉子。第一步攀谈，将《道德经》《南华经》讲得天花乱坠，那漂亮道姑焚香对谈而已，目光始终清澈，像一泓自由自在的山泉。秦观有杂念，可是人家总拿着精致的拂尘。第二步送东西，送沉香麝香瑞脑香，奈何人家要付钱。第三步，官府的宴乐，恭请畅道姑与宴，奈何人家礼节性地来了一次，第二次便婉拒，凭他秦教授亲自登道观，左说右说，白费口舌。啭春莺不能近，畅道姑近不得。

秦观对太守向宗回抱怨：李商隐在玉阳山，与宋道姑一拍即合，我三挑汝南（今属河南驻马店市）畅道姑，落得个灰头土脸，老大折颜面也。乞太守为我作伐则个！

向宗回太守笑道：这种男女事，有就有，没有就没有，勉强不来的。去年你得娄琬，得陶心儿，该知足了吧？刘贡父先生也羡慕你。

秦观说：汉子如何如足？太守教我。

向太守只是笑。

《桐江诗话》："少游挑畅师不得，乃作诗。"

很多好诗都是这样产生的，愿望落不到实处，转而寻章觅句，在词语的弹性空间中让念想坐实，并且，加以展开。情的释放力度常常取决于它的浓缩度。邓丽君是典型。

秦观恋畅师，情思不得畅，下笔倒是流畅。

《赠女冠畅师》：

> 瞳人剪水腰如束，一幅乌纱裹寒玉。
> 飘然自有射姑姿，回看粉黛皆尘俗。
> 雾阁云窗人莫窥，门前车马任东西。
> 礼罢晓坛春日静，落红满地乳鸦啼。

射姑指仙女。这首诗，有宋以来好评甚多。前几句写她水灵灵的眼睛和纤柔的腰肢，写达官贵人的车马枉自从她的门前过。畅道姑艳姿自持，春色自春。末二句写她在道家礼仪后的娴静。芳泽照亮了庭院深深。曹雪芹笔下的林黛玉悄吟：

半卷湘帘半掩门，碾冰为土玉为盆。
偷来梨蕊三分白，借得梅花一缕魂。

飘然牵魂，娴静撩人。一般富家子已有感觉，秦少游显然感觉更细。这位不折不扣的精神贵族，欣赏女性亦入木三分。——他是她的知音，识得她的气质，她那包括玉体在内的说不尽的美妙。二人的灵与肉有着阴阳互生的好光景，其乐融融的好前景。

秦观入仕以来是希望纳妾的，汝南畅道姑符合他的全部梦想。

然而，没戏。

宋代人的《桐江诗话》：

时有汝南女冠畅道姑，姿色妍丽，神仙中人也，少游挑之不得，乃作诗云。

市井管这叫缺啥想啥。弗洛伊德："艺术是欲望的升华。"

凭窗惆怅久，绕床叹息深，畅师她究竟想要什么样的郎君呢？少游想不通。官宦子弟不入她的青眼，豪门公子难近她的闺阁。"此情无计可消除，才下眉头，却上心头。"

情愁。春日里浮想连连。想她秋千架上春衫薄，笑声起，花如雨，乳鸦啼。

秦词《如梦令》："门外绿荫千顷，两两黄鹂相应。睡起不胜情，行到碧梧金井。人静，人静，风弄一枝花影。"花影是谁呢？不言而喻。

又有论者谓此词为曹组所作。李白："美人如花隔云端。"

新词一挥而就，惠赠云端佳人。畅师笑纳，盈盈谢过，请他上坐饮团茶。诗人知趣，半盏而退。美道姑似有留客的意思，红唇频频微颤，却终于未启齿。她夜品辞章，挑灯再挑灯，绕柱低吟再三再四，又叹赏有晋人风味的秦观书法，双颊不觉潮红也。

次日清晨，她施了淡妆出门，乌纱裹寒玉，莲步下巾车，到府街的学馆回访秦少游。

少游骑马游嵩山、伊水去了，刚走半个时辰。

学馆的门人说，有上司自京城来，邀教授同游，这一去，两三月说不准。

据《徐谱》，这位上司是京西提刑王瑜。王提刑常与苏轼酬唱。

美丽而娴静的畅道姑愣了一愣。她也不知道自己在想什么。

此后名花谁来欣赏？汝南还有秦观式的人物么？

夏天，秦少游已在汴京。彼此再无任何消息。

多年后，畅道姑犹手书秦观词，挂在卧室墙上。《淮海集·桃源忆故人》：

> 玉楼深锁薄情种，清夜悠悠谁共？羞见枕衾鸳凤，闷则和衣拥。　　无端画角严城动，惊破一番新梦。窗外月华深重，听彻《梅花弄》。

梅花弄，指古琴名曲《梅花三弄》。

谁是薄情种呢？畅道姑还是秦太虚？清夜悠长谁与共？千回百回，羞见枕衾鸳凤。

天堂上的有情人或能携素手吧，"金风玉露一相逢，便胜却人间无数。"

秦观名词《满庭芳》：

晓色云开，春随人意，骤雨才过还晴。古台芳榭，飞燕蹴红英。舞困榆钱自落，秋千外，绿水桥平。东风里，朱门映柳，低按小秦筝。　　多情，行乐处，珠钿翠盖，玉辔红缨。渐酒空金榼，花困蓬瀛。豆蔻梢头旧恨，十年梦，屈指堪惊。凭栏久，疏烟淡日，寂寞下芜城。

芜城即安徽芜湖。

白居易三十几岁还打着光棍儿，可怜兮兮追求长安的杨氏，追不到手。好友元稹又艳遇不断……于是白居易憋在陕西周至县，憋出了一首《长恨歌》，描画杨妃情态成经典，诗传长安，名声大噪，升为翰林学士，喜得杨氏为妻。李商隐几回恋爱均以失败告终，情思作了喷射状，一系列《无题》诗落珠溅玉。晏殊、欧阳修、晏几道，均类此也。

秦观"挑之不得"的事，大约不是一件两件。即使双方恋上了，到头来还是要分手。错管春残事，到处去费泪。"倦客红尘，长记楼中粉泪人。"

汉子的外表和性格，女人般的温柔心肠。理解秦观，此系紧要处。

秦词《如梦令》："莺嘴啄花红溜，燕尾点波绿皱。指冷玉笙寒，吹彻《小梅》春透，依旧，依旧，人与绿杨俱瘦。"写女子的情瘦，真真写到家了。

汴京的兴国寺为秦观之居所，但他的京城朋友太多了，这儿留几天，那儿住几日。未能做上京官，家眷都在高邮。两个弟弟，秦少章和秦少仪不时从高邮来。秦观的两个女儿也即将出嫁，大女儿许配给翰林学士范纯夫的儿子，小女儿要嫁入京师的官宦人家。老母亲六十多岁了，很健康，再活十年没问题……总之，秦观生活的方方面面都是好的，作为长子，他带动了全家，带动了家族。秦氏族人有求于他，他要尽力的。嘲笑他的族人日益减少，父老乡亲以他为荣耀，高邮乃至扬州，乃至淮南江南，士子们传他大名。

总之，一切都不错，只差一顶京城的乌纱帽。

苏门四学士，苏门六君子，此间差不多齐聚汴京。王诜、王巩、米芾、参寥、李公麟、贺铸、周邦彦……英才云集，形成辐射全国的超级文化沙龙。苏东坡自创了一款子瞻帽，流行于大街小巷，豪门少年趋之若鹜，布衣后生竞逐时尚。幞头少了，帽子多了。眉州菜黄州菜，霸占了许多官宦人家的餐桌。回锅肉盐煎肉宫保鸡丁，东坡鱼东坡肘子东坡泡菜，数不完吃不够。有些菜看进了御膳房，高太后吃得喷喷香……

苏家门庭若市，高轩大马天天来，隔三岔五要发生交通堵塞。皇宫的御赐之物一件又一件，黄衣太监们鸣锣吆喝跑苏家，街巷市民习以为常。布衣进得去，小民敲朱门，但那些攀附之徒谄媚之辈，苏大学士一概不见。谁挡驾？弟子秦观。

苏轼上朝穿道衣，只将朝服作外套。小皇帝宋哲宗不高兴，只能干瞪眼。宫中的优伶扮演苏东坡，高太后笑得前合后仰，龙椅上的小哲宗皱眉头。

秦观馋肉了，拉着黄庭坚、张文潜往苏家跑。临走时，闰之夫人送干肉，送米面，送好酒，连泡菜坛子也叫秦观带走，说是子瞻新发明了一种酸菜鱼。

黄山谷有一辆轻便的小马车，东西载多了，二人下车步行，秦观驾车，穿过半座汴京城，路过横跨汴河的大拱桥，路过潘楼下人头攒动的瓦子勾栏。

老师和师母心疼弟子，弟子悄悄抹去泪水……

李公麟但凡有画马的新作，便备了好茶美酒，请几个朋友去，赏玩终日不辍，谓之"赏马会"。秦观欣然赴会，题诗，题跋。秦诗有云："赖有龙眠戏挥笔，眼前时见千里骨。"李公麟号龙眠居士，深悟佛学。他专为秦观画了一幅《长带观音》。

苏轼点评李公麟："李侯有句不肯吐，淡墨写作无声诗。"

王诜驸马画墨竹渐入佳境，苏轼秦观黄庭坚去观赏，赏画，赏花，赏歌舞。嗐春莺盛装而来，唱秦观的名词《望海潮·洛阳怀古》，王朝云即兴伴舞。"长记误随车。正絮翻蝶舞，芳思交加，柳下桃蹊，乱分春色到人家！"二艳的盈盈美目含了动人的微笑，双双睇秦观，袅袅绕少游。她俩偏要戏他，逗他玩儿。秦大胡子猝不及防，一时好生腼腆，滴酒未沾醉颜红也，二童子拍手笑。大胡子越发不自在，把眼睛低了，忍不住又去瞅那唪春莺的绣花鞋，余光衔了她的腻玉圆颈，逼近她的绝世容颜。

苏轼大笑。黄庭坚呼来笔砚要书裙带，转问秦少游，写还是不写，少游不答。

饮酒时，唪春莺玉手奉觞，绰号秦七丈的高邮汉子连饮七杯。玉人又亲自为他磨混墨，绰号黄九的黄鲁直打趣："多情杨妃劳玉指。"秦观提笔，为王驸马精心绘就的墨竹题跋，奈何手儿抖，心儿跳，迟迟下不了羊毫笔。

唉，梦里有她，白日见她。分不清谁是汝南的畅道姑，谁是东京的唪春莺。

秦词《浣溪沙》：

> 青杏园林煮酒香，佳人初试薄罗裳。柳丝摇曳燕飞
> 忙。　　乍雨乍晴花易老，闲愁闲闷日偏长。为谁消瘦减容光？

她为他瘦，还是他为她瘦？

秦观屡游东门外的西池，写诗词不少。这西池又叫金明池、琼林苑，原是太祖皇帝训练水军用的，水域十分阔大，烟波浩渺。和平一百多年，池边错落分布着数以千计的大楼小楼，不减汴河两岸的风光。西池中的小岛数十个，歌台舞榭难数，红裙翠袖翩跹。

东京百万市民，几代人，不分季节畅游西池，外地来的人，不到西池非好汉。不到潘楼、白矾楼、状元楼、摘星楼，不过朱雀大拱桥，不溜达四十丈宽的御街，不逛大相国寺的夜市鬼市早市，不赶汴河的河市，不进书场，不听柳永词、张先词、欧阳修词、晏几道词，不观看街

头厮拼的女子足球队，不买一顶子瞻帽……亦非好汉。

元祐年间，年轻士子不戴子瞻帽，便有"野人"之嫌。

野人泛指乡野之人，宋代是个中性词。

城市与人，一切都是缓慢生长。造一楼，筑一桥，通常要花好几年。造园林至少十年，每一块石头都有讲究，更不用说林木花卉、池塘假山。有些城市的地下排水系统要管几百年。短暂者（人）生活于其间，点点滴滴构建属于自己和社群的生活方式。

举一首秦观写西池的七言诗《西城宴集》：

> 春溜泱泱初满地，晨光欲转万年枝。
> 楼台四望烟云合，帘幕千家锦绣垂。
> 风过忽闻花外笑，日长时奏水中嬉。
> 太平谁谓全无象，寓在群仙把酒时。

花外笑，水中戏。水戏的花样数不清。登台四望，锦绣千家。

当年柳永写仁宗时代的杭州：

> 参差十万人家。市列珠玑，户盈罗绮，竞豪奢。

唐朝的杜甫，对开元盛世赞不绝口。

杰出的诗人，并不总是愤怒者、忧伤者，诗人对美好生活保持着敏感。

秦观独游西池，碰上了晏几道。

二人在章惇府上见过一次面。秦观拱手为礼，晏几道一笑而过。秦观转身望他扬长而去的潇洒背影，发了一会儿呆。这个晏几道啊，写歌女胜过柳永，"舞低杨柳楼心月，歌尽桃花扇底风。"许多佳句，汴京城家喻户晓。"倦客红尘，长记楼中粉泪人。"他长得英俊，举止落拓，"侧帽风前花满路，冶叶倡条情绪。"他是已故丞相晏殊的儿子，不争遗产，拒绝京师一切豪门，包括父亲的老部下，导致仕途不畅，妻子对他没个好脸色。

黄庭坚是晏几道的至交，为《小山词》作序。苏东坡想见晏几道，托山谷去邀请，晏小山表示没兴趣，弄得山谷难堪。一些聚会的场合，苏东坡托人送上请柬，晏几道不来，也不回话。以苏东坡的名望，宰相、太尉、王公都要给面子，晏几道不给面子。

于是，秦观对这个人格外好奇。这个人不仅写诗填词谱曲子，更有大学问，"玩思百家，持论甚高"（黄庭坚语），让学识渊博的山谷道人十分佩服。玩思百家之余，他最大的爱好是倾情歌女，去外地做官，总是迅速和清清爽爽的女孩子打成一片，动情多，动欲少，像后来的纳兰容若，像曹雪芹笔下的贾宝玉，"爱博而心劳"，始终对女性"昵而敬之"。我猜想，晏几道的蔑视权贵，漠视男性，与他深入了女性世界有关。曹雪芹也是这样。"我见了女儿便觉清爽"，男人大都是须眉浊物。晏几道的平生好友，除了黄庭坚，还有一个郑侠，画《流民图》扳倒王安石的那位。在晏几道看来，三人游足够了。

秦少游想和晏几道游，交朋友，比之苏东坡，有过之而无不及。每次来京，总要打听晏叔原的踪迹。秦观的性格是不怕碰钉子的，奈何他一头碰向棉花，钉子根本没有。

晏叔原生活在别处，在歌舞女孩儿的身边。晏词《鹧鸪天》：

> 醉拍春衫惜旧香，天将离恨恼疏狂。年年陌上生秋草，日日楼中到夕阳。　云渺渺，水茫茫，征人归路许多长。相思本是无凭语，莫向花笺费泪行。

秦观抄写这首名词送人，送米元章，送张文潜，送陈师道，苏轼听说了，也讨了一幅去，挂在他的书房。

秦少游迷晏小山，一如他迷柳三变。迷就迷吧，一竿子扎进去。宋人有此气度，见贤要思齐。秦观的写作是顺着自己的性子来，他在淮南长大，他的青春岁月有太多的佳山秀水，姹紫嫣红，醇酒美妇，吴侬软语。张先、柳永、周邦彦、晏几道想要的生活，同样是秦少游黄山谷的追求。

宋词九百家，南方人占八百。南方的佳山水铸就南人的生活方式，孕育了婉约词。

中国的八大语系，八大菜系，也是以南方为主。

汴京城兼容并蓄，百余年吸纳南方元素。赵宋立国之后，大批祖籍南方的人，移居北方已超过三代。北方的雄浑粗犷迎着南方的温婉多情，有如阴阳之抱合，抱合而互生，相得而益彰。南方向北方的文化渗透始于《诗经》和老子，延伸于老子的异代弟子庄子以及《楚辞》，巨大的文化惯性力穿透了汉晋唐宋，为时一千三百年。南北地理依旧，文化版图却在几次大碰撞中持续漂移。山水不变人已变。南人北人的体征未变，文化心理却在求同存异。农耕文明和汉语不可测量的捕获力，维系着万年大局。

秦观作为优秀的个体，行进在历史的张力中。

苏东坡，一代茫茫大士，走南阅北数十年，豪放与婉约并举。他的祖居地是河北的栾城，唐朝称赵郡，所以他有时候自称赵郡苏轼。遗传的力量真是令人惊叹。苏杲、苏序、苏洵、苏轼，祖孙四代俱以豪壮著称。辛弃疾是山东济南人，十九岁就拉起千人的队伍抗击金兵，然后，带兵过江到南方，一腔英雄气，融入江南的山水气与脂粉气。

秦观四十岁以前的生涯，大抵属于淮南江南，精神的塑造早已定型。他不可能盲目追随别人，包括追随师尊苏东坡。仕途亦步亦趋，艺术各行其是。

秦观喜欢一人一驴溜达汴京，里巷中逢了细雨，喃喃吟咏小山词：

> 梦后楼台高锁，酒醒帘幕低垂。去年春恨却来时，落花人独立，微雨燕双归。

细雨中的秦少游立尽黄昏。细玩晏几道，遥思畅道姑。

第十九章 浑身都是兴奋点

元祐五年（1090），四十二岁的秦观离开蔡州，赴京担任太学博士，不久，迁秘书省校对黄本书籍。位卑职小，但总算做了京官。这是苏东坡和鲜于侁联手举荐之功。其时，苏轼出任两浙兵马钤辖兼杭州太守，说：

> 堪笑钱塘十万户，官家付与老书生。

官家指小皇帝宋哲宗，事实上，是高太后委以重任。

秦少章以幕僚的身份"从公二年"，待在苏轼身边。

秦观入京，自然是一桩喜事。不过，这一年的上半年，两位最亲近的人辞世，李常、孙觉相继寿终正寝，只隔了一天。李常生前常夸秦观，走一处夸一处。孙觉骂秦观，生怕他的澜浪习性毁了才华，断了锦绣前程。如今，两个知他疼他骂他的前辈携手去了地府，秦观连日泪纵横，泪眼模糊不辨晨昏。

人到中年，要怀念多少人。

李公择生前建的庐山书院，藏书已近三万卷，向各地士子免费开放……

在京城，他先住老地方兴国寺，后移东华门。打算过些日子把家眷接来同住，伺候老母戚氏，照顾妻子徐文美。两个女儿将嫁入京师人家。小弟秦少仪准备考进士。

全家迤逦北上。别了，世代居住的故乡高邮。如果秦少游仕途稳当，那么，一大家子将跟着他享福，三垛村老家的从兄弟们将沾他的光。然而，朝廷酝酿着派系斗争。秦观写《朋党论》，道出了深深的忧虑。这篇文章稍后再谈。

汴京的日子时见拮据，"日典春衣非为酒，家贫食粥已多时。"官小俸禄少，人多开支大。秦观的家眷何时迁到汴梁，史料无记载。

秘书省的公干并不繁琐，秦观未曾发过牢骚。大名士，小官帽，他也不在乎。整天都在忙。闭门三月，点灯熬夜，一口气写下五十篇《策论》，参加朝廷不定期的制科考试，不售。下次接着考吧。他选择的科目是"贤良方正能言极谏科"，与三十年前苏轼选择的科目一样。苏贤良（凤翔任上的绰号）、苏方正、苏能言（有能力言事）、苏极谏（有两上皇帝的洋洋万言书为证），"制科习气"改不掉，贬向黄州近五年。

现在秦少游接着来，"其行方"，要做秦贤良、秦方正、秦能言，而能否犯颜极谏，要看时机和他的身份。元祐年间，朝廷各部门尚有一批正直的官员。

没有锦衣玉食，秦观的日常生活照样赏心悦目。每一天都像过节。汴京原本节庆日多，百万市民持续兴奋。杭州四十万，苏州、扬州、徐州、益州，号称三十万……节庆与游戏有着广泛的民间基础。林语堂《吾国与吾民》，列数民间戏耍的花样数十种，真真叫人眼花缭乱，掩卷而叹。林语堂的印象来自晚清与民国，比之宋代已逊色许多。

有一条是相同的：每一种游戏，都是慢慢长出来的生活意蕴之花。

二十一世纪的诸多问题，十一世纪是不存在的。生态，风俗，道德，艺术，自发自主的游戏，缓慢推高的兴奋点，年轮般扎扎实实的生存情态。秦观是宋代人杰，四十多岁的男人，操心世界，牵挂亲朋，痴迷艺术，关注日常琐屑，浑身都是兴奋点。恨不得一天用作二十天。从早到晚忙不迭，换言之：忙不过来。静，思，闲，惆怅，追忆，也包括在内。汴京与洛阳，有意思的去处数以千计，有意思的良友数以百计，好玩的，好吃的，雅的俗的，阳世的阴间的，哪里能够同时拥有。分身一百个秦观也不行。

时下许多人，若想懂得一点生存之饱满，首先向苏东坡看齐，其次学黄山谷秦少游。

秦观讲鬼故事、写"鬼仙诗"兴趣大，酷爱鬼故事的苏轼也写不过他。少年滑稽饮酒，村头路边装鬼吓人……高邮的鬼故事，如何逊于眉山的鬼龙门阵？淮南鬼不同于西南鬼。地不分南北，一县一镇一村，一山一水一树洞，鬼的面貌因地而异。蒲松龄先生写胶东半岛上的百鬼，先把在黄州动不动就找人说鬼的苏轼抬出来。松龄先生摆茶摊听鬼二十年，四面八方的朋友"邮筒寄鬼"，历史上是没有的。秦观写鬼仙诗上瘾，与其小时候的听鬼扮鬼有关。顺便提一句，野地听鬼的感觉强度，十倍于电影院看鬼片。

"秋坟鬼唱鲍家诗，恨血千年土中碧"……中唐的李贺证明了，诗性的生长与鬼仙大有关联。《春渚纪闻》："黄鲁直、秦少游多写鬼仙诗及道语，人有求者，辄书以应之。至有一诗见百余本者。"一首鬼仙诗写百遍送人，什么样的诗呢？可惜已失传。

鬼蜮千变万化，人事生机盎然。

黄庭坚说鬼，写鬼，画鬼，秦少游只写鬼不画鬼。他画虬枝怪异的古松，看上去亦仙亦鬼。米元章不喜欢说鬼，更不写鬼仙诗，据说是因为儿时受过鬼婆婆的惊吓。

米芾拉着秦观去看王诜收藏的汉代碑帖，往往玩味终日，临摹不停手，日挥百纸尽。米芾书法曾经有"集古字"的毛病，时人多讥讽。他专程去钟山请教王介甫，又盘桓黄州一月，请教苏东坡。东坡点拨他，说中要害，"诗不求工字不奇，天真烂漫是吾师。"有一阵子，天真烂漫成了米元章的口头禅。几年琢磨下来，他终于摆脱了集古字的烦恼。王安石的硬瘦书法近狂草，不守章法，不拘笔势，对米芾也有启发。

在王诜驸马府中，秦观见到高太后的女儿蜀国公主，执礼甚恭。未睹啭春莺的玉颜，握笔发了几回呆，写下一个啭字，众人大笑。

秦观长居汴京，挥毫泼墨着迷了，受"苏黄米"影响之故也，大写鬼仙诗之故也。另有一个"蔡"，一般指蔡襄，也有人说是蔡京。据称蔡京的书法在蔡襄之上，只因他是搞垮北宋的恶棍之一，"宋四家"在传播的过程中将其除名。蔡京后来死于贬谪途中，五天无人收尸，永为孤魂野鬼，路过的百姓要朝尸体扔石块，像汉代长安的百姓拿董卓的肥胖尸身点"肚脐灯"……蔡家一窝奸臣，又是一窝子书法家，蔡卞蔡攸之类。

依愚见，书法艺术对生命冲动的诉求有限，关乎性情，关乎学养，却未必"心正则字端"，坏人写好字的例子颇不少，比如玩死北宋的宋徽宗，鱼肉乡里的大恶霸董其昌，卖国求荣的汉奸汪精卫。明代民谣："要想柴米强，先杀董其昌。"

蔡卞是个书痴，跟米元章不相上下，抱着许多汉魏墨宝不肯示人，更不肯售出。米芾磨他半年，拿珍贵的东西换他一幅蔡邕真迹，蔡卞好歹答应了，临到交换又反悔。这事发生在一条船上，交货地点由秦观设计，时在七月，浪高三尺三。秦观有妙计，米元章不知。三个东京名士官船破浪，玩赏西城大湖，蔡卞饮美酒拥歌女，兴致不高，心事重重的样子。这厮磨磨蹭蹭拿出了蔡邕真迹，小心翼翼展开，"手抖面青"，忽又反悔，耍赖皮。那米元章朝思暮想蔡邕字，焚香沐浴要接宝，不禁大叫：尔不给，吾跳水！

蔡卞笑道：跳呀，跳呀。

他以为米芾不敢跳，可是米元章二话不说纵身跳湖，挣扎于波涛。原来米芾水性不好。蔡老鬼顿时慌了，指天发毒誓。随波起伏的书法家哪里听得到，呛了几口浊浪。

但见秦少游甩官衣凌空而下，踏波而去，"弄潮儿向潮头立"，轻舒猿臂救他上船。

米元章得了宝贝，转问少游，何以这船水性了得。少游爽然一笑：太湖，高邮湖，扬州瘦西湖……九里西池小水耳，何足道哉。

米元章叹服：子瞻当年戏水岷江而已，扎猛子眉山小石堰而已，你倒扑腾茫茫太湖。

秦观莞尔：弟子虽然不敏，但总有超过老师的地方嘛。

米颠的绰号，因跳湖得来。据说是秦观叫响的。

陈季常从黄州岐亭来探望苏轼，秦与黄，陪老友七八天。苏轼治理杭州一年半，政绩卓著，此间系国家级领导人，三品大员，知制诰，知贡院，迩英殿再教小皇帝……忙得不可开交。半夜得闲与季常叙旧，四更天却歪在椅子上睡着了。五更又坐车上朝。

老师不得空，弟子服其劳。

参寥和尚来，秦观向秘书省请假，陪和尚遍游开封名寺，携歌女素素访高僧，破了山门规矩。这是学苏子瞻带歌女进寺庙："溪女方偷眼，山僧莫皱眉……"开封法门寺大和尚的眉头皱了又皱，小和尚纷纷偷眼歌女。参寥只是旁观，秦大胡子乐不可支。

参寥的法号乃是先皇所赐。开封法门寺的方丈和尚也不便多说。

秦观、参寥、张文潜、陈师道、黄庭坚，品茶于汴河畔的状元楼，各写茶诗题壁，楼主甚喜，免费提供茶与酒。秦观的诗中提到蜀中的蒙顶山茶，老板们便纷纷进货。汴京传他与西湖龙井的故事，传黄庭坚与江西修水双井茶的故事，品茶的话语权，他二人胜过苏东坡。秦观却爱苏轼的句子"从来佳茗似佳人"，抄写全诗二十余本，送朋友。

　　状元楼因秦观等人的题壁而生意兴隆，潘楼、白矾楼的老板竞相邀请，先备了可观的礼金。"少游却之"，不开这个头。陈师道对此大加赞赏，尽管他比秦观还穷。黄庭坚说："士不可俗，俗便不可医。"事实上，宋代士大夫对义利之别非常敏感，题壁之类，但凭性情，拒绝让专心于利润的商家牵着鼻子走。宋代的文化气度，可见一斑。要知道，宋代的商贸活跃度远远超过唐代。汴京城，单是酒楼便有三千多家，食客如云，白花花的银子共美酒清歌流淌。如果诗人艺术家到处题名题诗作图画弄钱，那就乱套了。

　　著名的大相国寺万人交易，隔八天才开一回市。官方不允许民间逐利过度。汴京商家联名呼吁天天开市，朝廷不予理睬。宋代商人的话语权小。

　　秦观拒绝汴京财大气粗的老板，耐人寻味。文化进入血液，庶几叫作文化本能。今之书画家逐利者众也，书画界乱象多也，屁颠屁颠追老板多也，长发乱舞妖妖如也……

　　米元章听说了这件事，摇头笑道：换了我，收他礼金也无妨。

　　由于这句话，陈师道从此不进米芾的家门。秦七黄九要去米颠家，陈师道毫无芥蒂。

　　人，是不一样的人。核心价值趋同，日常关切有异。

　　有些事情，往往收意外之功，苏、秦、黄、陈、张、晁诸名士，他们爱喝团茶，于是团茶风行于市。团茶产于汴梁的北苑，是密云龙茶的俗称。明代状元杨慎的《词品》说："密云龙，极为甘馨……时黄、秦、晁、张，号苏门四学士，东坡待之厚。每来，必令侍妾朝云取密云龙。"佳人纤手奉茶，轻歌曼舞侑酒，四学士既饱口福又饱眼福。

　　李清照："酒阑更喜团茶苦，梦断偏宜瑞脑香。"由于汴京时尚和李清照的绝妙辞章，团茶又成了南宋杭州人的一大嗜好。生活方式的传承与文化传承，关系甚大。

陈季常带来巢元修先生的讯息，参寥捎来杭州辩才法师的问候。季常归岐亭，参寥托钵云游吴越。朋友们天各一方，秦观惆怅复惆怅。未几，辩才圆寂。鲜于侁病逝。笃爱少游者，一年当中走了四个。骂他的孙觉啊，赞他的李常啊，不久前还向朝廷力荐他的鲜于侁啊。辩才法师常给他寄龙井茶，坐蒲团讲佛经，也讲淮海居士、高邮奇士……

生活就是这样。惆怅，伤心，追忆。人非木石。人要怀念。怀念者即是情绪饱满者，思绪绵绵者。怀念是一种能力，这种能力在二十世纪七八十年代不是问题。现在是个难题。自私自利乃是生存的收缩。自私者，牵挂和怀念别人的能力必定下降。拥有金山银山他也活不饱满。心思老是围着自家转，越转越小，如何饱满？单调的体细胞如何饱满？那些著名学府，"精致的自私自利"包装了一茬接一茬的算计型脑袋。

古刹名寺，那些道貌岸然的所谓方外人，身在林木云霄，盯紧山下的名利场。

秦观的汴京生活少不了绮陌红楼，《一丛花》咏李师师：

年时今夜见师师，双颊酒红滋。疏帘半卷微灯外……簪鬓乱抛，偎人不起，弹泪唱新词。　佳期谁料久参差，愁绪暗萦丝。想应妙舞清歌罢，又还对秋色嗟咨。唯有画楼，当时明月，两处照相思。

王羲之讲的"向之所欲，俯仰之间，已为陈迹"，自是大感慨也。"犹不能不以之兴怀"，除了兴怀，实在别无更佳的选择。人生无非这样，所有的希望都伏着绝望。

换言之，希望与绝望的循环永无止境。

隔一年半载，总会有某个她，叫秦少游柔肠欲断。未必都有枕席间的事。二人世界，心灵的通道妙不可言。所谓文学艺术永恒的主题，倒是典雅蕴藉才来得长远。

"簪鬓乱抛，偎人不起，弹泪唱新词"，秦少游的这类表达，已受到官员的指责。

眼下的网络写手常见浊浪滚滚，色欲狂奔，群魔乱舞。有些个写手一日万言，脏水出阴沟，哗哗哗糟蹋汉语，毒害青少年。其消耗自身的病毒能量，为时不会太久。

"生命的阴暗麋集"（海氏），为时不会太久。

秦少游浑身上下都是兴奋点，这使他的生存有如师尊般敞开。汴京三年，可抵常人的三十年。生命是要讲强度的，生存要讲密度，讲敞开度。这句话，笔者有机会就要重复。秦观写了一首自言拮据的小诗，学者教授就抓住不放，仿佛秦观老是愁眉苦脸过日子。苏轼在黄州自况："既老且穷"，莫非总结了黄州五年？认真说来，苏轼的"京国十年"，远不如他的黄州惠州儋州的十年。理由何在？只一点：看看生命力的多重喷发，生命乐章的多重奏。今之学人，犯物质病的颇不少，怀揣可疑的尺度去丈量古人。

研究苏东坡的学者，不妨比较他的京国十年与贬谪十年。

秦少游四十多岁，学养、修养一流，生活热情奇高。喜怒哀乐循环，释放着相当可观的生命潜能。在许多杰出的人物之间，他保持了生存的中空状态，避免了骄傲自满。学无止境啊，修炼无止境，赏心乐事无止境。他十七岁往孙觉的庄园跑，二十几岁开始崇拜并结识苏轼。山外有山啊，黄庭坚写诗比他强，米元章的书法在他之上，李公麟比他画得好，张耒比他朴拙，王巩比他率真，陈师道爱憎分明，有时让他感到惭愧……

灵魂的中空状态，乃是积极向上的个体之常态。孔子暮年，尚能向九岁的小孩子学习。毛泽东语录："谦虚使人进步，骄傲使人落后。"

如果一味盯权钱，生命的中空状态断不可能。

三十几岁就活得东歪西倒的人，眼下密密麻麻。抓瘾头，抓空便抓狂。

活向刺激就是活向无聊，活向麻木不仁，活向无可救药。这是铁律。

第
二
十
章

柳永的幽灵

秦观的过人之处在何处呢？

据《徐谱》，秦观在汴梁作《调笑令》十首，计有《王昭君》《乐昌公主》《无双》《灼灼》《盼盼》《莺莺》《采莲》等，叫作"转踏体"，流行于教坊。王国维《宋元戏曲史》解释：

> 北宋之转踏，恒以一曲连续歌之，每一首咏一事，共若干
> 首，则咏若干事。

秦观诗文雅致，填词雅俗并呈。他写转踏，表明他熟悉汴梁的市井生活。毕竟来东京若干次了，做京官三年，对市井习俗抱着浓厚的兴趣。他官小，屡去平康里谢娘桥，自己觉得无伤大雅。黄庭坚张文潜也去，苏东坡很少去。

《淮海集·浣溪沙》：

> 脚上鞋儿四寸罗，唇边朱粉一樱多。见人无语但回

波。　　料得有心怜宋玉，只因无奈楚襄何。今生有分共伊么？

一樱多，即谓红唇比樱桃略大。

少游的俚俗词，颇似柳永。俚俗，不低俗，止于情色向往，反而弥漫了身体的精神性。"见人无语但回波"，哪有浪叫尖叫？眼下的某些著名作家作何感想？中国文坛，并不需要《洛丽塔》一类的作品。张恨水的小说、施蛰存"新感觉派"小说，及至琼瑶小说，捕捉禁忌之魅惑而已，继承了《诗经》《楚辞》的好传统。

秦观的生存向度，意识向度，很有一些是冲着柳永的。各地都唱柳词。柳永大约七十多岁死于旅途，妓女们凑钱葬他于镇江，年年搞"吊柳会"，四面八方赶去，粉泪抛洒柳墓，持续到南宋。古代的一流作家，这现象绝无仅有。秦观是读着柳词长大的，一读三十年。在扬州、杭州、湖州、越州、汴京、洛阳等地，他喜欢穿过那些悠长的小巷，流连老码头，沉迷废弃的歌台舞榭。柳永的词自动冒出来，飘入江南烟雨。

柳永的背影似乎一直在前边晃动。

意志的层面，秦观对柳永有排斥，两个原因：一是官员们在公开的场合讥柳词俚俗，二是担心自己在仕途上和柳永一样不顺，小官微官做到老。然而，感觉的层面是另外一回事。感觉比意志更有力，因为它摸不透，测不准。柳词要来找他，邂逅他、交袭他、纠缠他，挡不住的诱惑啊。秦词透出柳词的味道，他自己都始料不及。文坛聚会，苏家唱和，他冷不丁哼起柳词来。苏轼不无醋意地对秦观说："不意别后，君学柳七填词。"苏轼忍不住又评价："'渐霜风凄紧，关河冷落，残照当楼'，不减唐人高处。"当有人形容：二八少女执红牙板，唱柳词最宜，而东坡乐府则须关西大汉来唱时，"东坡为之绝倒。"红牙板，即红牙拍板，歌女唱曲常用。

显然，苏东坡在乎柳三变，未必在秦观之下。在山东写下《江城子·密州出猎》之后，东坡致信友人曰："虽无柳七风味，亦自成一家，呵呵。"此前通判杭州三年，苏东坡下词笔，都是柳七风味，写了几十首，篇篇婉约，佳作有限，且无唐人高处。

艺术这种东西，你不想它而它要来的时候，多半就是好东西。如果三十年前哼一首歌，哼得蛮起劲，却连自己都不知道在哼啥，三十年后复如是，那么，这首歌十之八九是经典。多少魂牵梦萦的好歌好曲呀，单是笔者痴迷的，不下二百首。可叹这些年来，渗入灵魂的好歌凤毛麟角，拨动心弦的佳曲寥若晨星。歌的产量堪比千头牛毛，闹哄哄你方唱罢我登场。肆意篡改经典，怪叫，咿呀作浪语……病毒的发作花样百端。

听那些忸怩作态的所谓歌曲，倒不如听鸡叫鹅叫麻雀叫。

关于柳永，多写几句。秦观的词，更多地继承这位早他五十年的词坛巨匠。

柳永字耆卿，中岁做过余杭县令、屯田员外郎，人称柳屯田；又因家族的排行，称柳七。诨名柳三变。他一生都在路上，水路陆路何止十万里，最后死于道路。他是福建武夷山人，父亲柳宜，在南唐李后主手下做过文职高官。

南唐士大夫家族，赋予柳永精神贵族之潜能。

柳永是表现"羁旅情愁"最出色的作家之一。在我的阅读印象中，柳永一直在转身，从一个城市到另一个城市，从小舟到画船，从瘦马破车到雕鞍高轩。人清瘦，寡言词。清瘦的男人长期混迹于烟花巷，倒是没有多少油嘴滑舌。看来是精英文化垫了底，家族意识垫了底。柳永的早年生活大约有过好光景，他却不想提起。

"永日无言，却下层楼。"

情绪饱满的人通常话少，古今中外皆然。德语大诗人里尔克常常几天不说话，举止安详，周围的人受到他的感染。哲学家福柯在巴黎与朋友们一起喝咖啡，从午后沉默到黄昏……沉默中的表达能力，古代近代常见，生存碎片化、生活瘾头化的大量人众遥不可及，甚或背道而驰。好莱坞电影，美国人总是叽叽喳喳，美式英语早已趋于油腔滑调（国家固化之表征），废话追废话滚动喉头。当初的西部牛仔片可不是这样。

早期的好莱坞懂得沉默的艺术。英国人讲英语，喉头大抵清爽……

柳永沉默久，转身快，走得远，离愁别绪多。

"念去去千里烟波，暮霭沉沉楚天阔。"

何以如此？我们来看个究竟。

柳永寒窗奋斗，礼部放榜无名，"黄金榜上，偶失龙头望。明代暂遗贤，如何向？"汴京盛传的这首《鹤冲天》，使柳永载了大跟头。词中还宣称："才子词人，自是白衣卿相……风流事，平生畅！青春都一晌，忍把浮名，换了浅斟低唱。"白衣，犹言布衣，官员衣绿、青、紫，处士衣白。三年一次的礼部考试，柳永两度落榜，于是发牢骚。牢骚发得太好，表达了落第士子普遍的心声，于是盛传京师。

宋仁宗龙颜震怒，大笔一挥勾掉柳永："且去浅斟低唱，何要浮名！"

柳永第三次进京考进士，把自己考闭门。他是万千考生中的头号倒霉蛋，浪迹青楼的坏名声又闹得朝野皆知，传到江南，传到他的家乡武夷山。

柳永的生活道路被宋仁宗的一句话改变了。"奉旨填词"却是一张好名片。章台妓馆欢迎他，红巾翠袖追捧他。柳永怀揣无形的超级名刺（名字刺于竹片或木片），走到哪儿吃到哪儿。汴京有名的楼台亭阁，不乏他潇洒的转身，落拓的做派，含蓄的表情。妓女们巴不得与他合作，师师、贝贝、安安、笑笑、忧忧、巧巧……她们没有自己的名字，她们有名字也要忘掉。父母是谁，家在何方，她们从不提起。伤心的东西不去碰，她们整日价笑呀舞呀乐呀，受了狎客酒鬼泼皮的欺凌，角落里悄悄把眼泪抹掉。

章台姐妹死了，草席一裹，荒郊野外挖个坑，悄无声息埋掉。

官妓、营妓、私妓、浪妓、骑妓，宋代的妓女是个庞大的群体。妓通伎，官妓一般不卖身，但具体情形复杂多变。妓女和良家女子各走各的道，后者占了绝大多数。妓女或准妓女远远不能引领时尚。宋代女性的服饰多达九十多款，没有一款出自烟花巷。

柳永之为柳永，一生两个关键处：一、皇帝叫他填词；二、收拾行囊走人。五十年的足迹，涉及今之福建、河南、浙江、江苏、湖北、山东、陕西、四川。柳永在一个地方待不长，红颜知己拴不住他，"执手相看泪眼，竟无语凝噎。"他非要走，为什么？我估计主要还是生计问题。靠着一些曲子词，久居某个城市不大可能，青楼狎客们的胃口说变就变。换个地方，旧词变新词，新鲜的城市又能催生新词，形成生计的良性循环。

另外，柳永连年长足于道路，心思总是冲着远方，敏感异地的风物，路途中的生活五味俱全，他喜欢这样，活得海阔天空。漫游者才知道漫游的妙处。

妓女们小范围流动，柳耆卿大面积迁徙。中原和江南交通发达。官员在全国调动，小官不免。士子们远游是常态。和尚、道士、游医、行商、侠客、绵绵不断。唐宋诗人为何出色？漫游、宦游是极重要的因素。风俗、风物、风情，构成严格意义上的他乡情调。意想不到的东西纷至沓来，维系着生命的新鲜感。——非常重要的新鲜感。

小时候我去眉山河东的永寿镇，走二十余里细沙路，过三道清亮河，喝大榕树下的竹缸子老鹰茶，听粗绳子勒篙竿的奇怪的嘎嘎声，闻桑树，嗅麦苗，嚼油菜花，吃红红的雷果果儿，看飞鸟，捉游鱼，骑黄牛，追猫狗，弹弓射斑鸠，斜躺青草坡看连环画，架了二郎腿，艳阳天做起了白日梦……感觉饱满撑欲破。

感觉的丰富使生活成为生活。

北宋的柳永永远在路上，行囊总是简单，舟行车行马行步行，体细胞充盈，苦亦乐，乐更乐。内心的点点滴滴不足为外人道矣。杭州小半年，苏州七个月，润州、越州、扬州、常州、徐州、郴州……柳永填词，俗多雅少，他毕竟要吃饭。雅词非同小可，自成婉约派大宗师，秦观、晏几道、吴文英、姜白石等宋词大手笔要学他。皇后公主要传阅。

汴京城一年半载的灯红酒绿，柳永挣钱少了，待腻了，迟钝了，下船或是上马，让灵魂去飘荡。精气随之上扬，词语不复尘下。旷代杰作

《雨霖铃》：

> 寒蝉凄切，对长亭晚，骤雨初歇、都门帐饮无绪，留恋处
> 兰舟催发。执手相看泪眼……

柳永一生，四次入京拼搏场屋，四十七岁终于登第。除此之外，可能还去过几次。盘桓开封多久，没人知道。东京的官妓们竞争才艺激烈，属意于柳永者当有之，面如花，娇如柳，泪如雨，伊们一声声唤他七哥、三变哥哥、屯田大官人，奈何留他不住。

"多情自古伤离别，更那堪冷落清秋节。今宵酒醒何处？杨柳岸晓风残月……"

为情绪赋形，柳永真是写到家了。再微妙的情绪亦能捉到手，怅饮通宵，执手相看。千里烟波尽在方寸间，肌肤哗哗起波澜。走了，走了，"纵有千种风情，更与何人说？"

那就不说吧。不说。兰舟催发。

柳永佳作的背后，有着显而易见的"红颜贡献"，此一层，文学史避而不谈。从《诗经》《楚辞》到唐诗宋词，到《红楼梦》，青春红颜贡献多矣，多矣。"诗三百，一言以蔽之，曰思无邪。"文学史处理成盲点，不好，盲点要发酵。

欲望的紧缩与放纵都不是好事情，后者更糟糕。

仕途上的柳永做了小官又做小官，乌纱帽颠沛流离，远至陕西偏僻的华州。他想改官（改为京官），进京找宰相晏殊，拿共同的爱好套一回近乎。

晏问："贤俊作曲子词否？"

柳答："只如相公，亦作曲子词。"

晏冷笑："本人虽作曲子，却不曾道'彩线慵拈伴伊坐'。"

"柳遂退。"从此，他再也不敲权贵门。

志趣不改："衣带渐宽终不悔，为伊消得人憔悴。"

柳永做县官有政声："抚民清静，安于无事，百姓爱之。"他不扰民。

地方豪强凌辱妇女，践踏官妓，柳县令主持公道迅速，呵护纤细柔弱的群落很周到。

柳永改京官受阻，拜访晏殊讨个没趣，长居京师钱粮无算，没办法，道路为家吧。微官更是如飘蓬。往往一官几千里。人过五十岁了，人过六十岁了，时断时续的仕宦生涯，永无休止的驿站客栈。活到老，漫游到老，飘零到老。

孤独的兴奋不足为外人道。

春夏秋冬呼啸，原野，原野，原野。喜怒哀乐交袭，词笔，词笔，词笔。最长调《戚氏》，前二片摘录："晚秋天，一霎微雨洒庭轩。槛菊萧疏，井梧零乱，惹残烟。凄然，望江关，飞云黯淡夕阳间。当时宋玉悲感，向此临水与登山……未名未禄，绮陌红楼，往往经岁迁延。"柳永的名篇多写暮秋，热闹之后的无边沉寂，春天之后的肃杀秋天。情绪的反差形成词语的强对流。——古典诗词之杰作，奥妙在此。

《戚氏》第三片：

帝里风光好，当年少日，暮宴朝欢。况有狂朋怪侣，遇当歌对酒竞留连。别来迅景如梭，旧游似梦，烟水程何限。念利名，憔悴长萦绊。追往事，空惨愁颜；漏箭移，稍觉轻寒。渐鸣咽，画角数声残。对闲窗畔，停灯向晓，抱影无眠。

何谓汉语艺术对中国人的生存情态的经典捕捉？这便是了。再三吟诵的感觉，自由自在的联想，乃是阅读的不二法门。知识性的赏析当靠后，简洁为佳。经典诗词有如空谷佳人，自足，矜持，拒绝那些纠缠她的唠唠叨叨婆婆妈妈。

宋词大家唐圭璋先生赏析这首《戚氏》，"味道"一般。遑论其他。

柳永一把老骨头还在路上。诗人原本是流浪的同义语。浪萍难驻，浪迹天涯，春花秋月尝个饱，自己的感受自己知道。他致仕当有退休金，虽然微薄却能糊口，长住一地并非难事。可是，直觉说不。不！那么走吧，出发吧，柳三变收拾行囊的动作五十年不变，肩头一搭，完了。道路的魅惑、野地的召唤没完没了。伤春春在，悲秋秋好。地平线的无限延伸勾魂摄魄。孤馆孤灯孤眠，孤独的兴奋永远永远。老迈的病躯也要拖着走。渐渐地，我们的流浪诗人走不动了，忽然，死神来了，辗转南北东西的两条铁腿日益冰凉，浮肿，一蹬腿去矣，终于僵硬……长居眉山乡下的老丈人曰：沟死沟埋，路死插牌！

柳永是秦观三十年挥之不去的一块心病。越挥越有，越赶越近，真麻烦！柳七要霸占秦七，如同杜子美要覆盖黄山谷，陶渊明要引领苏东坡。没办法，"影响的焦虑"无处不在。城市与乡村弥漫着柳永式的情调，歌姬舞女更靠近柳永的吟咏。秦观能写过他吗？没把握。"对潇潇暮雨洒江天，一番洗清秋……"谁能写得更好呢？难呐。

秦观想要超越的，乃是朝野公认的婉约词宗师。自五代"花间"词派起，艳词是正宗，南唐李后主以血泪书写加以改造。北宋柳永，注入极丰富的情绪，将婉约推向极致。苏东坡的豪放旷达耸起另一座巅峰。秦观的生存向度与柳永相似。精神脉络的延伸不由自主，因为它来自遥远的潜意识。苏门学士秦少游，倒像是柳永的隔代弟子。

有一阵子，秦七沉默寡言颇似柳七，持酒听歌，把扇观舞，几个时辰难说一句话。李公麟问他是否有郁闷心事，他一笑置之。米元章笑道：少游想起崅春莺了吧？

少游不答。岂止一个崅春莺呢？"多少蓬莱旧事，空回首、烟霭纷纷。"青春红颜屈指难数，箜篌女、陶心儿、娄琬、李师师、畅道姑……还有不时一睹玉颜的王朝云、宇文柔奴。她们的红唇玉齿闪闪烁烁，香肩蜂腰娇无娜。她们的故事萦系心头。

情切切，最是娄姑娘与箜篌女。恨绵绵，要数汝南畅道姑、汴梁李师师。

"销魂、当此际，香囊暗解，罗带轻分……"

行文至此，不妨重温秦观名词《江城子》：

> 西城杨柳弄春柔，动离忧，泪难收。犹记多情曾为系归舟。碧野朱桥当日事，人不见，水空流。　韶华不为少年留，恨悠悠，几时休？飞絮落花时候一登楼。便做春江都是泪，流不尽，许多愁！

秦观的这首词写于汴京，追忆某个京城女郎。美丽的邂逅，凄然的分手。

爱一回伤一回，哪怕他受伤严重，还是要爱，要动真情。恋爱是秦少游的宿命，是他的宗教信仰。"天若多情，和天也瘦。"理学家程颐非常反感这一句，天是至高无上的，岂能混同于凡夫俗子红男绿女？程颐的反感代表了一批人。

至情至爱解构礼教。宋代的恋爱与二程理学分庭抗礼。

李贺名句："天若有情天亦老。"李贺又说："天上几回葬神仙，漏声相将无断绝。"

李贺的时间意识、死亡意识，对礼教构成了千年冲击。柳永秦观晏几道从另一个方向开辟战场。恋爱使人性站立。恋爱与艺术均以自身为根据，拒绝权力的掌控。

笔者当年写道："一部《小山词》，立言立德。"

秦观显然没有抗衡礼教的念头，他只是要恋爱，要追忆，要惆怅，要书写，要哼唱。

秦观名词《鹊桥仙》：

> 纤云弄巧，飞星传恨，银汉迢迢暗度。金风玉露一相逢，

便胜却人间无数。　　　柔情似水，佳期如梦，忍顾鹊桥归路。两情若是久长时，又岂在朝朝暮暮。

绝望的深处绽开了词语之花，花期一万年。

秦观不滥情，否则他写不了这么好，感动不了古往今来亿万人，可是我们不禁要问：这个北宋男人为何不滥情呢？滥情又是什么意思？滥情的生存论基础是什么？

滥情是说：情是欲的伪装，情是欲的花言巧语的包装。赤裸裸去猎艳，毕竟成功率小，于是需要包装。滥情者，乃是自私自利者，他不会考虑对方的感受，更不会在命运的高度为对方着想。爱意入了骨髓，是要替对方着想的。爱的忘我，不自私，于此显现。

氤氲调畅，负阴抱阳，符合自然规律。大观园中的贾宝玉，每日心疼着姐妹们。

中国传统文化有强大的利他基因，孔子："君子喻于义，小人喻于利。"欧阳修《朋党论》：

君子与君子同道为朋，小人与小人同利为朋。

秦观自幼在汉语经典中成长，良师益友多，义，在他的生活中呈弥漫状，影响着他的情感模式和行为方式。

婉约词派的宗师们，几乎都是正人君子，有着利他冲动的大男人。李煜失掉大周后娥皇，痛不欲生，要投井，苏轼悼亡妻王弗，写下《江城子·十年生死两茫茫》，晏几道一辈子牵挂几位歌女，"到处登临曾费泪"，柳永做县官，冲天一怒为红颜……

秦少游动情即是深情，这显而易见。浓情痴情不了情，他比一般男人要多。

"此去何时见也？襟袖上、空惹啼痕。"

恋爱，分手，再恋爱，再分手。分不完的纤手，忆不休的芳容，梦不尽的缠绵。

秦少游何以如此情浓？依我看有三条，一是生理基础，二是异于他人的情色启蒙，三是纯正的文化基因。缺了后者，他便是民间常见的好色之徒，轻薄之辈。

且看他的小词杰作《浣溪沙》：

漠漠轻寒上小楼，晓阴无赖是穷秋，淡烟流水画屏幽。　　自在飞花轻似梦，无边丝雨细如愁。宝帘闲挂小银钩。

似乎无一句写人，却字字都在写她。她在环境、季节和情绪中呼之欲出。秦观能够深入恋爱对象的意绪，无限靠近她的一颦一笑。恋爱深处无自己，恨不得化为对方的每一次呼吸，每一个步态。贾宝玉"爱博而心劳"（鲁迅语）。单纯的好色之徒哪里能够做到？"昵而敬之"（鲁迅语），大学校园的学子要懂得尊重才好。

想想田园诗圣陶渊明的《闲情赋》吧。诗人宁愿做意中人脚上的鞋带子。

秦观恋爱的精神性占据压倒优势。身体的钥匙，少年时代已交给灵魂收藏。

"伤情处，高楼望断，灯火已黄昏。"《踏莎行》的最后这一句，使他的笔下境界，不减唐人高处。苏轼戏称他"山抹微云君"，东京士大夫俱传。

北宋婉约词坛，柳永之后有秦观。

再看秦词《如梦令》：

门外鸦啼杨柳，春色着人如酒。睡起熨沈香，玉腕不胜金斗。消瘦，消瘦，还是褪花时候。

李清照陆放翁喜爱秦观，使秦词在南宋更上一层楼。

第二十一章 北宋党争

秦观在汴京的生活不叫富足，叫赏心悦目，叫文思泉涌。弟弟考中了进士，女儿已嫁入翰林学士范祖禹家，儿子念书用功，老母亲硬朗，乐观……秦观本人由秘书省校对黄本书籍迁正字，又参与《神宗实录》的撰写工作。

一切都向好。俸禄在增加。

苏轼知杭州一年半，造福一方，政声斐然。还京后继续担任朝廷要职，依然受到高太后的器重。苏门四学士，苏门外围的诸学士，聚于苏家纵论古今，士大夫称羡不已。

大街小巷流行子瞻帽，家家户户传唱少游词。宫中的优伶扮演苏学士，太后开颜……

山谷与少游外出，常被士子们认出来。生前便享受着社会声誉，是宋代文人学士的一个特点。这真是令人感到愉快。士大夫的价值观和情趣爱好传导社会，形成主流，已超过一百三十年。中国古代，这是有据可查的罕见的好时期。魏晋时代之所谓人的自觉、人的多元，大抵在贵族圈中，士庶的分流很严重。唐代的庶民进入官员阶层，比例甚小。宋代不同，朝堂多方面对接了民间，高官出自寒门冷族者比比皆是。宋代的取士十倍于唐朝，人口则是盛唐的一倍，财政收入远在唐朝之上。各门类艺术良性竞争，艺术成为生存之镜。百姓的生活持续向好，娱乐的花样层出不穷，充满了创造性、自主性、随意性。笔者不断重复的一句话：生活方式，娱乐方式，都是在民间缓慢形成的，经过漫长时光的自然淘汰。千百年的风俗塑造人，雕琢城市与乡村，维系生活之意蕴层。建筑与器物的制作往往费时多年。服饰简约，舟车时尚，园林乃是山水林泉的缩影。品茶饮酒多讲究，酒鬼可不多。艺术家们重学养是普遍现象。文学艺术的传播方式恰到好处，歪瓜裂枣传不开。文化泡沫的规模很小很小。

几百年的城，恰似几百年的树，枝干峥嵘，每一片叶子的闪烁都维系着生活记忆。

秦观馋肉时便往苏轼家跑，几番与张文潜陈师道不期而遇。一些求字画的人，老送苏轼羊肉牛肉，老师分赠弟子。闰之夫人的烹调手艺得了程夫人的真传，史夫人（苏辙妻）的拿手菜是姜葱辣子鸡。王朝云做鱼有一套，王诜驸马宁愿不吃御菜也要赶来品尝。王定国的家酿好酒十余种，索性把酒坛子搬到苏轼家。

秦观《南歌子》是写给朝云的，

> 霭霭凝春态，溶溶媚晓光。容易下巫阳，只恐前世是襄王。　暂为清歌驻，还因暮雨忙。蓦然归去断人肠。空使兰台公子赋高唐。

楚襄王与巫山神女的爱情故事，是古人常用的典故。秦观自比写《高唐赋》的宋玉，而宋玉好色，人所尽知。他说王朝云这样的女子好比巫山神女，不会轻易下山，只因苏翰林前世是襄王。秦观自己的艳羡之情溢于言表。

不单秦观，黄庭坚张文潜也填词赞美朝云。当初在黄州，苏东坡为徐君猷的侍妾王胜之填了四首词，惊艳不已。吟咏朋友的侍妾当是寻常事。没人会去赞美别人的妻子，礼教不允许。妻子生得再美，一般情况下也进不了诗篇。不知闰之夫人对王朝云接受许多赞美作何感想，她一度吃朝云的醋，后来不吃醋了，丈夫写诗表扬她。

苏门学士接触朝云多，近距离目睹这位来自钱塘的佳丽。她十二岁便已"琵琶绝艺"，十六岁在徐州逍遥堂成为苏轼的侍妾，一直对苏轼"忠敬若一"。从各类记载看，她的特点是体态修长婀娜，皮肤特别好，白里透红，"素面翻嫌粉浣，洗妆不褪唇红"，脂粉只会打脏她的天然颜色。另外，她的歌喉出色。她点茶、布茶、斟酒、弹琴、念佛、抄书、炼丹、做女红，节庆日轻歌曼舞。苏门诸学士大约都希望身边有朝云般的侍妾，也许秦观的希望最强烈。科场得意迟，情场失意多。

眼下的秦少游四十几岁了，有妻贤而无妾美。对他来说，实在是个不小的遗憾。所以他写朝云的"凝春态""媚晓光"，晨光因朝云而妩媚。

苏家常常激辩到深夜。政治、艺术和学术是三大主题。政治主张总体是一致的，而艺术各唱各的调。黄庭坚对苏东坡的一些诗篇不敢恭维，戏称苏体字如"石压蛤蟆"，东坡大笑，反讽黄的字"树梢挂蛇"。苏轼、王巩都有关于《论语》的阐释专著，苏辙有《易》学著述和《庄子注》。秦少游的佛学造诣士林皆知。米元章的"禅悟"指引了书法。陈师道的"解乐"功夫几称独步……这群人的官位区别大，而志趣一焉。朝廷大臣与馆阁小官经常在一起，显然不是什么利益集团。论者一般认为北宋后期党争激烈，苏轼为蜀党之首，缠斗程颐的洛党，此外还有个朔党。三党混战多年。

我以为，称蜀党理由不充足。古代君子"群而不党"，常去苏家的那些人，大多数官小文名高。如果苏轼兄弟真有结党的念头，自会去笼络一批高官。

几年间，苏轼屡请外放，做地方大员，避开朝廷无休止的内斗，原因在此。有一次还朝才三个月，便"谤书盈箧"，实在忍无可忍了。后来的事实证明，猛攻蜀党的贾易、赵君锡、赵挺之等，俱是官场小人。赵挺之是蔡京一手提拔的，他得势，反攻蔡京。

欧阳修："小人与小人同利为朋，利尽交绝。"

苏东坡先后三次还朝，待了数年光景，苏家常常门庭若市。宫中赐物多，太监上门敲锣打鼓。高太后赐苏轼"金莲烛"，这是要他做宰相的信号，一夜间传遍百官。苏辙已是副相。苏轼再拜相，兄弟二人岂不是权倾天下？贾易那帮人紧张关注着苏家门庭。谁谁去过多少次，可能都有记录。间谍的目光看什么都可疑。名噪一时的西园雅集，是否打着文化沙龙的幌子搞政治串联呢？王诜贵为驸马爷嘛，他的夫人是高太后的女儿！

德国政治哲学家阿伦特说："世界上有两个人，就会产生政治。"

艺术、学术，在政客眼中都成了政治手段。连歌儿舞女的倩影背后，都暗藏玄机。

关于北宋党争，这里多写几句。

赵宋立国后的一大战略是重文抑武，防止五代十国武人称雄的乱局重开。宋太祖赵匡胤杯酒释兵权，让打天下的将军们解甲归田享清福。大规模的、涉及长远战略的人事安排，几杯酒便解决了问题。治国理政，武人靠边站。这个方向是如此明确，宋代以前是不曾有过的。没有继续开拓疆域的国家意志。汉唐拓边，弊端甚大。赵匡胤不想这么干，他也希望皇子皇孙们延续这个大方向。他立下家法，不杀士大夫。设立严格的台谏制度，鼓励各级官员大胆言事。同时，广开科举大门，大量吸收民间的知识精英。

宋代士大夫政治前所未有，人文精英纷纷跻身权力中心，以天下为己任（参见余英时《朱熹的历史世界》）。外戚不干政，太监声音小，退休和在位的将军们不能坐大一方。到宋仁宗时代，国家"初至太平"，百姓几代人安居乐业，农工商的兴旺有士大夫作强势引领。商人的社会地位较之唐朝大大提高了，但商风不能主导民风，不能诱导官风。

百年大国，问题也多，主要是三冗问题：冗官、官兵、冗费。范仲淹、欧阳修等人发起声势浩大的"庆历新政"，首先拿冗官开刀，却斗不过已经形成的利益集团，不到一年便收场。新政的核心人物被贬出京师。

在位四十多年的宋仁宗对国家的毛病采取保守疗法，大政方针不变。接下来的英宗四年，保持了连续性。英宗身体不好，皇后高氏替他谋划。英宗崩，二十岁的宋神宗上台，看地图常常流泪，念念不忘被契丹辽国拿去的燕云十六州。年轻的皇帝想打仗。打大仗要花大钱，钱从哪儿来呢？五十岁的王安石挟风裹雨，走上历史舞台的中心。这位高人是理财的高手，他发现了"泉府"（泉通钱）在尧舜盛世的重要性，不大赞成重义轻利的历史潮流。他长得像一头牛，由于面黑，看上去像一条黑牛。

宋人笔记："安石，牛形人也，故敢为天下先。"

由于生产力提升的空间有限，理财的那只大手必然会伸向民间。司马光断言：天下财货，不在民就在官，王安石搞的那一套，无非是变着法子与民争利。另外，变法的速度是另一个大问题。苏东坡是渐变派，王安石是骤变派，二者针尖对麦芒。文学家苏轼打比方说：要让白昼不知不觉变成黑夜，切不可从酷暑一下子进入严冬。

王安石强推新政，一大批拒绝合作的官员走掉了。这事儿耐人寻味。官员拒绝合作，付出的代价不仅是个人前程，更涉及家庭乃至整个家族的命运。明知如此，为什么还要拒绝？像郑侠那种汴京的看门小吏，王安石的高足，家里又穷，他也不肯趋附大宰相，熙宁年间费尽心思画《流民图》，冒着坐牢的危险驰送深宫，把王大丞相拉下马，把自己送进了监狱，吃尽苦头。大官小官并不珍惜来之不易的乌纱帽，他们珍惜什么？

珍惜国运长远。

"君子喻于义"，北宋政坛有迹可循。文之化人，化的面积大，时间长，化了几代人，形成朝野的大气候。国家的命运直接是个人和宗族的命运。这一宝贵的共识，古代当以北宋为最。在这个意义上讲，文化本身的确是政治。仁义礼智信，修身齐家治国，形成有效的核心价值体系。当官要乱来，得先行拆掉这个价值体系。

"道不同，不相为谋"，数不清的官员以不同的方式走掉了，包括王安石的两个亲弟弟。新进之辈涌入朝廷和地方，各部门争利打破头。苏轼形容朝廷"利孔百出"。王安石再牛，个人生活再俭朴，也掌控不了大局。他培养的亲信吕惠卿，背后对他下狠手。

孟子："上下交征（争）利，而国危矣。"

人被放进了错综复杂的利益链条，哪能不争利？争利本身是目的，手段不重要了。手段多得连上帝都会摇头。君子争原则，小人争利益，但君子抽身走了，新进的年轻人短时间内占据了要津，难免急于进身，竞相生事。而形形色色的利益链条一旦形成，人就把持不住，好人朝夕变坏人，孙子都想当老爷。满腹诗书与心怀鬼胎，在同一个人的身上相安无事。王珪、李定、章惇、舒亶、贾易、蔡京、杨畏、赵挺之等人俱为显例，个个学富五车。扭曲的时代产生扭曲的人物。

极端者，早晨道德君子，下午男盗女娼。

熙宁变法，使政治这台车骤然提速并且大转弯，执政理念的相左与人事大变动，又催生了新党旧党。宋神宗去世，高太后"母改子政"，力推贤人政治，回归宋仁宗的执政方向。司马光复起，大权在握，半年内要"尽废新法"，再次切断政治的连续性。书斋人物治国，忠诚可嘉而智慧有限。司马光离开朝廷，长居洛阳书斋，已经十五年了。

不足二十年的时间，朝廷和地方两次大换血，几代官员的恩恩怨怨又叠加进来，党争不起，倒是令人觉得不可理解。历史有偶然性。把执政的司马光换成苏东坡，北宋的国运很可能会长一些。苏东坡综合了理想主义与经验主义，既有以身许国的情怀，又有实干精神。苏东坡有良好的政治直觉，洞察了有为，抵达了无为。作为承先启后的一代文豪，作为顶级的艺术家，却并不意气用事。相比之下，倒是不苟言笑的司马君实负气太甚，凡事不通商量。苏东坡反对他尽废新法，他和王安石一样想把苏东坡赶出京师。

苏轼上朝说:"法无新旧,以良为是。"司马光听了不高兴,"始有废(苏)公意。"

高太后倚重司马光,过分看重司马光的忠心和名望。也许她不得已,没有一个更能镇住朝堂的人选。君实去世,官员之间的矛盾暴露了,加剧了。一批失意的熙丰官员忙着煽风点火,朝廷越乱,他们的心里越舒坦。

失意官员的能量大,心劲足,花样多。这些人断断不肯闲着。串门子,搞地下活动,表面上又看不出来。元祐的八九年间,这是一股持续汹涌的暗流。

失意官员等待着时机。高太后的身体状况是最大的变数。

秦观由御史中丞赵君锡推荐,担任秘书省正字,位卑职小,却屡受侍御史贾易的弹劾。赵君锡因投靠贾易,马上翻脸,说迫于苏轼的压力才举荐秦观。此二人攻秦观甚紧,主要攻两点:一、秦观薄于行;二、秦观增损《神宗实录》,对先帝不敬。

弹劾奏章一封接一封递送高太后,其中贾易有这样一段话:

> 苏轼兄弟,阴结权佞,分布腹心,伺察中外,苟有与之少异者,必能中伤摧辱。故贪利小人,竞相趋附,而秦观狡猾尤甚,当其鹰犬之寄,同恶相济,谋害正直,不顾国家利害、朝廷得失,以间谍赵君锡,使与臣自相攻击……唯在圣明,深念小人乱邦之戒,特赐辨正,天下幸甚。

矛头直指苏轼兄弟。史料称,贾、赵二人欲巴结刘安世的朔党。刘安世攻倒宰相范纯仁,取而代之,势力渐大。苏轼与范纯仁一向交厚,贾易就咬住苏轼不放。

苏轼叹曰:"二年之中,四遭口语。以至臣所荐士,例加诬蔑。"口语指舆论。

　　赵君锡原是苏轼的追随者，苏轼以龙图阁学士知杭州，治西湖，赵君锡大加称颂。苏轼还朝，赵奔走于苏门，自称苏轼的弟子，与秦观称兄道弟。苏轼对人是不设防的，在凤翔对章惇好，王弗夫人深不以为然。在杭州做通判，他和沈括推心置腹，结果沈括携带他的诗稿《钱塘集》去汴京告密。现在，赵君锡翻手云覆手雨，替刘安世做鹰犬。

　　赵的弹劾奏章这样写：

　　　　轼负恩怀逆，无礼先帝，愿亟正其罪。

　　六年前宋神宗驾崩，苏轼在扬州竹西寺题诗：

　　　　此生已觉都无事，今岁仍逢大有年。
　　　　山寺归来闻好语，野花啼鸟亦欣然。

　　皇帝死了，苏轼居然声称闻好语，还说野花啼鸟亦欣然，岂不是宣称：天下人因帝崩而欢欣鼓舞？

　　事情闹大了。另一些人跳出来鼓唱是非，赵挺之、黄庆基之流，交章弹劾苏轼兄弟。黄庆基弹章曰："轼自进用以来，援引党羽，分布权要，附丽者力与荐扬，违忤者公行排斥……至如秦观，亦轼之门人也，素号狷薄……是以奔竞之士，趋走其门者如市，唯知有轼，而不知有朝廷也！"

　　明箭暗箭齐射，苏门学士纷纷受伤。黄庭坚、张文潜、晁补之等，均在弹劾之列。苏东坡仰天长叹："人之难知也，江海不足以喻其深，山谷不足以配其险，浮云不足以比其变。"历代磊落坦荡者，对各式官场变色龙的体验尤深。

　　苏轼上《陈情乞郡札》呈高太后，"坚乞一郡"，出京做地方官。太后不许。

　　苏轼赌气，请病假一个月，不去玉堂（翰林院）上班。苏轼的赌气，一生就这一次。

　　高太后三天两头遣使问疾，又送贡茶，送宫廷酒，送玉腰带，送犀带，送沉香、麝香、瑞脑香……苏轼只好销假视事。

　　高太后降旨："写诗也是小事。"给沸沸扬扬的竹西寺诗案定了调。宋神宗搞乌台诗案，高太后不会再搞竹西寺诗案。秦观罢免秘书省正字，依旧校对黄本书籍。

　　赵君锡贬出京师，苏门学士和爱戴苏轼的官员额手称庆。

　　高太后罩着苏东坡，苏东坡罩着秦少游。但日夜操劳的太后能活多久呢？再者，性格阴僻的宋哲宗迟早要亲政，这个少年更令人捉摸不透。他才十二三岁，失宠于太后的章惇就开始密献民间美女与他。苏轼在迩英殿侍读多年，为这学生伤透了脑筋。

　　章惇老谋深算，为几年后的政治风云作准备，撩拨长期受到压制的太监们，讨好未来的刘皇后。章惇的势力是朔、洛二党之外的另一股力量，他日必定兴风作浪。

　　朝廷百官之间，向来百事复杂。如果缺少强有力的政府首脑镇住朝堂，如果首脑与首脑互相拆台，使绊子，下烂药，那么，乱局就不可避免。

　　言官们攻苏轼的势头未减，他们各有后台。去了赵君锡，来了赵挺之。还有绰号"杨三变"的杨畏，这个杨畏靠谁卖谁，滑如池塘泥鳅，不断地出卖主子，并且有本事让自己显得很无辜。苏轼称他杨三变，他堆了一脸笑，背过身就咬牙切齿。

　　苏轼的言词往往直指对方的要害，冷嘲热讽，入木三分。这也是他得罪朝臣的原因之一，例如，元祐初，他在司马光的葬礼上公开讽刺程颐一副酸腐相。

　　赵挺之阴结蔡京，攻苏轼苏辙不遗余力。后来又攻他的亲家、李清照的父亲李格非，又攻蔡京、蔡卞、蔡攸。……政治生态坏了，牛鬼蛇神纷纷出笼。各式病毒活跃得很。名臣曾巩的弟弟曾布，此间也是弄权高手。北宋后期的朝廷小人成堆。小人成气候。

苏轼叹曰："许国心犹在，康时术已虚。"康同匡。宋代避太祖赵匡胤名讳。

这位四朝老臣，头一次出此伤心语。有良知有能力的士大夫们是无能为力了。苏轼屡请外放，为庶民细民做一些实事。上奏札子称："朝廷若再留臣，是非永远不解。"

高太后恩放苏轼知颍州（今安徽阜阳），诏令中有四个字："不为朕留"，苏轼一见，顿时泪流满面。是夜，辗转不得眠，感圣恩也，忧国运也。

这个短语，道出高太后对苏轼的超常恩宠，道出她在权力顶端的浑身无奈。

第二十二章

姗姗来迟的
边朝华

这一时期，秦观的个人生活是不错的，交游广阔，文名日高。罢了秘书省正字，又恢复正字。具体的工作是国史编修。常与王巩、张耒、李公麟游，有时接到王诜驸马的邀请，拿舟西池上，醉听哔春莺。苏东坡送王胜之双井佳茗，秦少游赠哔春莺龙井茶，发乎情止乎礼也。哔春莺玉手洗茶，优雅布龙井，秦观非常享受。当时李公麟在侧，几乎等于不存在。驸马爷王诜似乎天生不吃醋，一些个游冶事，他把哔春莺托付给秦观，走马洛下，看残牡丹花，往返二十多天，单骑护名花迢迢千里。陈师道赞曰：秦观如关羽护嫂，朝朝暮暮恭敬有加啊。李公麟开玩笑：

两情若是久长时，又岂在朝朝暮暮？

秦观说：我与王驸马的侍姬哔春莺，不叫朝朝暮暮。

陈师道云：如此甚好！

奔艳趋美的秦少游。托妻寄女的秦少游。不过，梦中来了哔春莺，他也管不着。

希望有个侍妾。这念头不止十年了。秦少游究竟做过多少绮梦，哪里数得清。不敢奢望身边有个王朝云或啭春莺式的佳丽，有她们的七八分容貌举止才艺，平生足也。妻子是支持他的，尽管不似王安石、司马光的夫人，主动张罗这事。徐文美不反对，不像晏几道家里那位有名的醋坛子。晏几道对老婆一直冷淡，秦少游敬徐文美三十年。

徐家原是高邮首富，藏书又极丰。徐文美嫁入秦家，从来不摆阔小姐的派头，不以娘家的财力为炫耀，倒是奔忙于厨房，静悄悄行走于书房，雪肤玉手勤于蚕桑，孝敬婆婆，照顾小叔子，悉心养育四个子女。丈夫才高，未能做高官，他们的女儿却许配给范祖禹（纯夫）的公子。这位范纯夫是范镇的亲戚，撰词头（草拟诏书、写奏疏上札子之类），在翰林院名气甚大，司马光誉为本朝第一，南宋的大儒朱熹对他佩服得很……

秦家与范家联姻，写了婚书，择了时辰，置了嫁妆，徐文美的心里美滋滋。她是有自豪感的女人，她是娘家人的骄傲与楷模。

王诜王巩派人来邀请秦观，徐文美一向好颜色。虽然二王风流满城皆知……

啭春莺心细，察觉了少游的遗憾，于是暗里替他物色，大半年，觅得一位小家碧玉，姓边，虚岁十九，开封人氏，五官身材自是不用说，识文字，善吹洞箫。啭春莺约了柔奴，请边小姐品茶，略叙了叙，二艳不禁相视一笑，仿佛说：这回少游先生该是称意了。

在状元楼的一间精致茶肆，举行了见面仪式，王定国也来了，事后笑语东坡：秦少游遇边朝华，如水遇乳，如柴遇火，如帆得风，如旱地逢透雨也。

好事发生在元祐八年（1093），秦观四十六岁。男女年龄相差二十七岁，跟苏轼与朝云略同。朝华是秦观起的芳名，多半拿朝华比朝云。这庶几可证：边朝华的方方面面，比王朝云差不到哪里去。华通花。一枝带晨露的鲜花，比拟一朵霞光四射的朝云。秦观为侍妾起名，不会随随便便，否则，会落下笑柄。

不须雕梁与画栋，柴门陋室依然是天堂。秦观入京之初，居兴国寺，后来搬到西御街离大相国寺比较近的一处宅子，十几口人住着，自家有水井、古木和菜园子。这是汴京普通人家的居住格局，官宅中略显寒微。边朝华过来，对这些浑不在意，寻常宅院像她自己朴素的家，倒是感到亲切。秦观举行了纳妾仪式，黄庭坚、张文潜、米元章应邀参加，驸马爷王诜不请自到，王定国送来了一份厚礼。恰好参寥大师在京，携来一双玉如意，赠送二位新人。边朝华俏脸生辉，美目频频投向她的美髯公。

徐文美精心布置了新房，备下了东京风味儿的酒菜，"终日无愠色"。妻贤而妾美，秦少游终于活得像老师苏东坡了。只可惜，老师他远在扬州。秦观写信报告了这件事。

花团锦簇的阳春时节，秦观请了长假，携手边朝华，舟车度假去了，类似蜜月旅行。东京，西京，南京（今河南商丘），转了一个大圈子。超假了，王诜替他说项，史馆打点了银子。宋代也兴这个，可见金钱无孔不入的力量。不同者，宋代的精英阶层对此颇警觉。纸币如交子、会子，流通受限制。

眼下一些国家大搞量化宽松，纸币的发行量是天文数字，且加速度流通，每一张纸得有物质去配它。大地万物被它买空之日，便是人类家园毁灭之时。

秦少游携手边朝华，蜜月连着蜜月，不写诗，不填词。手与笔暂且分离。每日里忙着呢，细腻感受对方的身心，磨合对方的性子。恩怨相尔汝，斗嘴，生闷气，刚刚和好又生气。背对背地吹灯睡觉，睡不着，屏了呼吸装睡，等对方先开口。总是郎君先开口的，汴梁风俗：新娘子五天要撒二十回娇。

边姑娘在家里受宠久矣……洛阳白马寺驿站的那一夜，各自装到半夜，美髯郎君鼾声悠长，标致娘子噘嘴想：真睡啦？哼，吾挠尔痒痒则个!

她一挠，挠他个鲤鱼打挺，挠他个鸳鸯帐里鹞子翻身鱼鹰扑水……

边朝华的性格媚中带刚。秦少游的特点是柔里见骨。

双双漫步于牡丹花海，"东风又作无情计"，一夜花满地，落红还在大风中飘，杨妃喜欢的牡丹花呀，百花园子数她最艳。艳与飘。风似刀。

边朝华、啭春莺，俱是最爱洛阳的牡丹花。

秦观穿过花丛，忽然想得远了，"花自飘零水自流"，默默在心头。诗人有先知。"春江水暖鸭先知"，诗人便是春江里的鸭子。乐极生惆怅，连城易碎呀，绝艳易凋呀，李后主悲悼大周后的诔文，落红般卷来。

边朝华问：官人花下，怎个无雅兴?

秦观叹口气。

边朝华再问：奴家是不是生得不够整齐?

秦观说：早晨的花，十分整齐。

他揽了她盈盈的细腰，步入落红深处。大风鼓荡她的裙裾，把娇艳的牡丹花片片吹落，乱红刮向半空。他想：五年前有她就好了。五年前甚好，不是一般的好。五年，一千七百个日日夜夜啊，"彩线慵拈伴伊坐。和我! 免使年少光阴虚度。"

诗人秦观有一种预感，与边朝华的好日子不得长久。

跟他有缘的女子，一个个像走马灯似的。互相都留不住。"伤情处，高楼望断。"一回回都是这样。飞蓬与浪萍。"当时明月，两处照相思。"

边朝华纳为侍妾了，恐怕还是长不了。京城有一种压迫人的东西。为此，秦观询问过黄山谷，山谷应之以沉默。默认了。秦观避免和边朝华生孩子，她不理解，问他时，他支吾，把话题岔开。徐文美也不理解，因为他们只生了一个儿子秦湛。

蜜月中无端袭来的一股惆怅，卷地风来吹不散。测不准的未来偷袭了眼下。诗人的时间意识强于普通人。一闪念，把未来闪到眼皮子底下……

这一年，少游加倍疼着边朝华。抚摸她的青春肌肤，犹如抚摸着难言的忧伤。朝朝暮暮珍惜。朝华修长的身材颇似朝云。背影如一人。容貌各呈韵致。也许王朝云略略胜些。清代学者王士禛说："秦观有姬曰边朝华，极慧丽。"贤惠而端丽。

秦词《浣溪沙》：

> 香靥凝羞一笑开，柳腰如醉暖相挨。日长春困下楼台。　　照水有情聊整鬓，倚栏无绪更兜鞋。眼边牵系懒归来。

词写二人世界的腻态，女子盼郎归的迷春模样。

苏轼从扬州回京任职，少游携爱妾拜见师尊。朝云与朝华手拉手，话头一开收不住。朝云将满三十岁了，仍是肤如凝脂，目如点漆。朝华十九岁青春灿烂，浑身都是俊俏。

那一天苏家宾客如云，重新担任宰辅大臣的范纯仁，"面团宰相"吕大防，门下侍郎苏辙，翰林学士知制诰、秦观的亲家范纯夫……高官名士济济一堂，美姬如云，丽人穿梭，红妆成轮。边朝华在她们中间毫不逊色。安静如春水，伏着火一般的激情。

夏日早晨带露的鲜花，迎着旭日东升。

黄庭坚戏言秦观：平生拥美若边朝华，足也！

米元章打趣："天生你要憔悴我！"

这是戏引黄庭坚流传市井的句子。山谷道人写了不少艳词，比如《定风波》："粉面不须歌扇掩，闲静，一声一字总关心！"他钟情于一个叫"天津云儿"的歌女，书赠她《两同心》："巧笑眉颦，行步精神，隐隐似朝云行雨，弓弓样罗袜生尘。"中唐李商隐："全家罗袜起秋尘。"秋尘，意即艳尘。恋物癖到这境地，古今罕见。黄山谷引用李商隐。

秦少游半醉也，心里全醉。席间，宇文柔奴演唱他献给边朝华的情诗："织女明星来枕上，乃知身不在人间。"朝华羞怯，一时把脸飞红，以团扇掩面。

秦观的高峰体验已经持续了大半年。是日也，臻于极致。面子思想人皆有之，只是程度不同而已。边朝华堪比王朝云，甚至艳追啭春莺，"高邮秦少游大得颜面"，持酒走路一颠一颠的，忽然倒地，侧身托腮而饮。滑稽饮酒者，仿佛回到了三十年前。

子夜归家，卸衣解带，这汉子坐床头发了一回呆。边朝华退妆时扭头一瞥，再次为他的情状心生疑惑：官人这是怎么啦？白日里可好好的……

一夜无言。肌肤波澜。

早晨，边朝华临窗梳妆，看见她心爱的少游檀郎，独自徘徊庭树。

第二十三章

高太后与
赵宋国运

秦观几年前写《朋党论》，对政坛的诡谲早有洞见，始料不及的，是党争直接落到他的头上。台谏对他发起的攻击多于苏黄。他官小，每次都成了靶子。东坡先生不倒，一切都好说。高太后一息尚存，朝廷小人跳得再高，也奈何不了东坡先生。

天有不测风云。元祐官员们最不希望发生的事发生了：原本超负荷劳累的太后，强拖着病躯上朝视事，忽报她的女儿蜀国公主去世，当即晕倒。

太后病转沉重，朝廷百官大多数陷入惶恐。少数人等待机会。

章惇、蔡京出现在京师的一些场合。一个颐指气使，一个趾高气扬。安惇、贾易、赵挺之等一帮人前呼后拥。京师民谣："大惇小惇，入地无门。"刘皇后率领十个太监昂然过庙堂，释放她的政治信号。自赵宋立国以来，太监头一次成为一股政治势力，此系章惇多年谋划的结果。总后台是宋哲宗。

十七岁的宋哲宗，看他祖母早不顺眼了。他亲政在即，朝夕按捺不住。皇权的好处是把家天下看得重，皇权的坏处是难保子孙不出昏君。

宋哲宗糊弄他的祖母有一套，装仁厚，装勤学，装孝顺。他还故意表现出一些毛病，让太监当着太后的面提醒他，然后迅速改正，并唆使宫女将改正缺点的细节透露给祖母。

宋哲宗少年心计，连章惇这样的政坛老鬼都感到诧异。

高太后老了，念头的情绪含量高了，影响了她原本不错的洞察力。放大孙子的优点，看轻孙子的毛病。哲宗是神宗的儿子，神宗早逝，高太后年年伤心，削弱了优秀政治家必备的钢铁意志。她又拒绝相信自己感情用事。她驳回一些大臣的奏章，决不让哲宗提前亲政，却也没有另立一位新皇帝的打算。她谨遵宋太祖家法。

宋神宗在位十八年，她未曾干预过熙丰政事，尽管持明确的反对态度。

高太后病重了，元祐八年（1093）夏，缠绵于病榻。少年皇帝每日问安，伺汤药他总要先尝。皇帝长吁短叹，紧紧握住太皇太后冰凉的手，背过身去抹眼泪，抽泣，颤抖。可是帷幕间闪过了他的一丝笑意，高太后恰好瞥见，心头一凉，眼前一黑，脑子炸了雷。

包括苏东坡在内的多少大臣提醒过她呀，她不是没有疑虑，却一次次把亲眼所见的东西处理成盲点。强力意志削弱良好的直觉，此为一例。国为先，家为后，然而，家乃日常生活之所系，情感直接来自身体，来自生育的母体，来自几十年点点滴滴的细节记忆。不知不觉间，家的情怀占据上风了，社稷退居次要，虽然意识的层面并非如此。

高太后病越重，宋哲宗的言语神态越放肆。他对左右二相范纯仁、吕大防的语气变了。当初他在朝堂上问政于司马光，司马光当着百官的面，根本不理睬他。十来岁的小孩儿懂什么呢？哲宗的自幼任性，是司马丞相最担心的。小皇帝认为自己当众受辱，对元祐大臣们越发怀着怨恨。及长，章惇等人又加以撩拨。章惇阴结太监，密献民间美女，进一步导引小皇帝的任性刁钻。小皇帝的阴暗性格对章惇的潜在势力有好处。

一个小人发力，抵消十个君子的十年教诲。迩英殿的侍读学士不止十个，其中，年复一年苦口婆心者，最数苏轼、程颐、范纯仁。

围绕着将要亲政的宋哲宗，看不见的斗争异常激烈。

卧病的高太后疑窦丛生，恍惚间，看黄袍孙子晃来晃去的身影如同魔鬼飘荡。英俊少年，狰狞面孔。笑容里伏了恶相凶相。这无疑加重了这位宣仁太后（谥号）的病情。女儿魂魄飘已远。孙子又要乱来。赵宋国运，莫非天不祚宋啊？

太后的病情愈保密，百官愈是惶恐不安。洛党朔党相斗，复去斗所谓的蜀党，斗来斗去有什么结果呢？章惇每日醉酒妇人，蔡京赵挺之在杭州，画船携妓于西湖烟波。

史称高太后为"女中尧舜"，九年来她呕心沥血，要让国家走上正轨。她有尧舜之心，没有尧舜之力。由于政治这台车在二十多年中几次大拐弯，党争趋于激烈，她活着能控制局面，死后咋办？哲宗乱来的可能性极大，九年受压制的熙丰官员将要卷土重来，高太后倚重的元祐大臣们将朝不保夕。勉强修复的"政车轨道"又要大转向了。

这个历史瞬间，高太后未能做决断，废除宋哲宗，剪除其尚未丰满的羽翼。皇室成员中不乏才德兼备者，例如高太后的另一个儿子、岐王赵颢。她下不了这个决心。废帝而另立，历来是皇家大忌。她不能违背太祖皇帝定下的家法。另外，哲宗是她的孙子，神宗的爱子，她也不忍心。可是……国运高于一切，宋祚高于祖宗法度。

高太后稍愈，绕柱徘徊复徘徊，国之存亡似乎只在她的一念间。说似乎，是因为她抱着侥幸心理：也许哲宗会变好，也许她还能活几年。她老了，女性的本能会影响她的判断力，催生她的生存遮蔽。并且，重要的是，她自己意识不到。哲宗讨好她，端几回汤药，捧一卷苏轼推荐的《贞观政要》，她的心就软了。

元祐八年（1093），宋代的历史原本可能有另一种走向……

老庄提倡无情，"天地无情，以万物为刍狗。圣人无情，以百姓为刍狗。"高太后听政之初，像男性政治家一样刚强，毫不犹豫地"母改子政",现在,她却面临着"孙改祖母政"的危险。她不废宋哲宗,她不能正视对早逝的宋神宗的无限思念,这个"不",显现了这位六十多岁的老太后抑制不住的妇人之仁。

高太后自知难起,召见左相吕大防、右相范纯仁等,嘱咐后事。哭着说:"官家(皇帝)要另起一番人也!"宋哲宗脸色铁青。

太后高氏历数她的悲惨:一儿一女夭亡。而作为权力顶端的女人,她毫无私心,未曾安排过一个姓高的人进入高层,她说:"公等试言:九年间曾施恩于高氏否?"她吸取了汉唐后宫搅乱朝政的教训,她在历史的进程中坚决地"不"着。

太皇太后高氏情绪失控,再次哭曰:"官家要另起一番人也!"

宋哲宗扭头,严词呵斥病榻旁的军政大臣:"大防等出!"

五个接受太后遗诏的大臣惊惶出宫,吕公著仰天悲叹:"吾等无死所也。"

此前,高太后安排后事,让苏轼择日出知定州,做军政两摄的封疆大吏,远离朝廷的凶险。然而……

秦少游从秘书省归家,眉宇间浮着一层淡淡的忧郁。家里他不谈官事。女儿的婚期近了,他和亲家范纯夫你来我去,相处甚洽,却关起门来一谈半天。烛光窗帏头碰头。

开门时,二人面色凝重。举家老幼不敢问半句。

边朝华夜里问秦观,他岔到一边去。七月,再次告假,携爱侣冶游去了。男欢女爱要抓紧时间。亲爱者要多留下一些记忆。秦少游似乎有某种紧迫感。

边朝华才十九岁,她的好日子长着呢。

苏轼来秦观家,气氛倒是轻松。朝云朝华,情不自禁的"着人情态",素手携素手不肯松开,连走路都哼着歌儿,连入厨都跳着舞,锅碗瓢盆间,絜然旋转婀娜身。

王朝云是从不化妆的,边朝华的粉盒也渐渐弃置了,蒙尘了。

可是边朝华发现，她深爱的檀郎，一人独处时向天长叹。

"对闲窗畔，停灯向晓，抱影无眠。"

亲爱的亲爱的，你究竟在想什么呢？

清晨带着露水的花朵在轻雾中喃喃。

秦词《丑奴儿》：

夜来酒醒清无梦，愁倚栏杆。露滴轻寒，雨打芙蓉泪不干……

第二十四章　政治中断了爱情

一〇九三年的八月，秦观记云：

> 元祐八年八月十二日，臣观始供史职，是日，诏遣中使赐……潘谷、郭玉墨，淄石砚，盘龙麦光纸，点龙染黄越管笔。后三日，乃赐器币。近世史臣，唯遇开院有墨、砚、纸、笔之赐。续除者，但赐器币而已。续除备赐，自臣观始云。国史编修官、左宣德郎、秘书省正字臣秦观谨记。

秘书省正字为八品京官。

潘谷墨丸，宋代是很珍贵的，潘谷本人常苦于无佳墨可磨，因他制作太少。精益求精的工匠精神，古代不稀罕……皇家同时赐文房四宝以及器币，史馆之中，唯有秦观获此殊荣。不用说，秦观十分欣喜。类似日记的文字，写得毕恭毕敬，一笔一画郑重。他会想到高太后的恩典，不大可能在心里第一个感谢宋哲宗。

也许太后的病情已有好转，不久便能垂帘听政。官员们总是要抱着希望，哪怕是一线希望。深知深宫的大臣，毕竟少之又少。国家处于非常时期，朝臣们神色紧张。

秦观得赏赐，举家欢欣鼓舞。徐文美把窖藏三十年的两坛子剑南烧春取出来，恭请婆婆也尝一尝。她连饮七八杯，随口背出夫君早期的诗文，又手握一卷注入了她的心血的《蚕书》，说起家乡高邮的往事。一桩桩一件件哪，她的双颊持续泛红，布局寻常的五官闪烁着生动与妩媚，她是有教养识大体的女人呐！如今她住在汴京，儿子考上了进士，女儿许配德高望重的士大夫之子，她的亲家，乃是堂堂翰林学士知制诰范纯夫！

八月中旬这一天，属于秦少游也属于徐文美，有文且有美，是父亲寄予她的厚望。内在之美外化到她的言谈举止，注入她日常的所思所虑，她撑起了半个家，某种意义上撑起了一个家。她和苏轼的夫人王闰之情同姐妹……美丽向徐文美靠拢，平日里娴静优雅，兴奋起来妙语如珠，饮烧酒就像喝井水。对边朝华，她显示了她的大度，她的关切，学着闰之夫人对王朝云青眼有加。和谐的家、美好的家、朴素的家、书香四溢的家、高朋满座的家。皇家的恩赐喻示了秦观的仕途顺畅，升迁很有希望。欣赏他的大臣毕竟多于诋毁他的官员。"学也，禄在其中也。"秦少游不图荣华富贵，但求生活年年向好。

边朝华"极慧丽"，一个极字，令人去思量，贤惠秀丽到什么程度呢？王士祯是大学问者，不会轻易用此词。王朝云进苏家，及为侍妾，多年后方与王闰之相处融洽。中间磨合的细节未见于史料，苏轼的诗句透露了一点消息。而乌台诗案发，闰之夫人烧书稿字画，且跳骂丈夫，可见其性情。边朝华入秦家大半年，以其贤惠打动了徐文美。——这是可以猜想的。贤惠者，原本天性中带着，环境里养成，更重要的是她深爱秦观。情力决定了心力，她一门心思要融入这个家。有夫人在，她从不与情郎亲昵，连个秋波也忍着。端庄秀丽，谨守属于她的家庭位置，孝敬婆婆拿捏了分寸，以免夫人生出戒心来。

女性在这些细节上做功夫，向来足智多谋。读《红楼梦》最能体会……侍妾挤对正室夫人的事多有发生，所以宋代法律规定了侍妾的权限。

边朝华白日端庄，夜里是另一回事了。蜜月加蜜月，旅途连旅途，更是另外一回事，端庄依然在，却不碍放肆些、娇嗔些、泼辣些、调皮些、刁顽些。——将天性中好的和不大好的东西都释放出来，包括不讲理，包括使出小姑娘的小性子，此系爱侣之间应有的格局。换言之，恋爱的双方要回到本真状态，"烂嚼红茸，笑向檀郎唾。"

"醉拍栏杆情未切……待踏马蹄清夜月。"

爱情注入了某些挥之不去的忧虑，别呈一番光景。这是秦观需要对付的隐忧。尽量不让她瞧见他忧思的面影。"暝色入高楼，有人楼上愁。"

一〇九三年的八月中下旬，中秋节连着重阳节，半城桂子依然飘香，汴京市民忙着酿桂花酒，做桂子糕。边朝华将衣束带，忙进忙出的。她做的桂子糕甜而不腻，酥而不散，全家人吃得喷喷香，又分赠范家、苏家、苏门诸学士家。桂子谐音贵子。徐文美拿一块桂子糕跟她耳语时，她把头低了，抬眼又脸红了，美丽的目光弯曲，投向那熟悉的书房，含羞捕捉她的可心檀郎。她不是柔弱型的，她有一种健硕的美，小家碧玉未曾娇生惯养。飞针走线的红酥手……秦观抛书游目时，总会碰上她的眼神。刹那间，双双会心一笑。

据说恋人的意念浓时，能够形成微粒子高速对撞。

史馆有人说，高太后的病情已见好，九月将主持秋祭大典。

秦观乐于相信，个人的前程和国家的命运都会向好。眉宇间的忧虑，一日淡似一日。亲家范仁夫发出了久违的爽朗大笑。也许这位内翰知道更多的消息，只不透露罢了。

桂子糕，红杏唇，下厨房上厅堂的爽快劲儿，迎风横笛竖吹箫的俏模样……秦少游真真爱得不行，爱得他自己受不了。她学唱曲子词，先唱东坡先生的"花褪残红青杏小"。她向啭春莺、王朝云请教，歌喉宛转清亮，烧槽琵琶渐渐上手。王朝云将随东坡先生去定州，送她一把南唐风格的烧槽琵琶。朝华拜朝云为师，裣衽笑吟吟，给朝云师盈盈道个万福……这一类场景留在了秦观的记忆中。美好在层层叠加。

边朝华，她是多么年轻啊！如果秦观前程似锦，边朝华一定为他锦上添花。即使他仕途坎坷，遭贬谪，她也会不离不弃，跟随他远走天涯海角。

爱到深处，转为对方着想。此前，秦观忧虑两情不长久，金风玉露不相逢，现在好多了，心病正在去掉。国事大如天啊，高太后的健康可是头等大事！多少大臣和百姓日夜为她祈祷。"家有画像，饮食必祝。"

檀郎脸上放晴，边朝华不禁暗暗欢喜。夜里，她挑一块桂子糕分成两块，她一半，他一半。徐文美夫人早早熄灯睡下了。整个院落静悄悄。"一点明月窥人，人未寝，欹枕钗横鬓乱。起来携素手，庭户无声，时见疏星渡河汉……"

夜色中的秦少游轻舒了一口气。这一回，两情可以朝朝暮暮了。真不容易啊。

东京正是秋光好，弯月如水照嫩寒。

一〇九三年的九月三日，高太后殂于深宫。这位"女中尧舜"撒下了她放心不下的大宋王朝。憋坏了的宋哲宗亲政，亢奋得整天哇啦哇啦，把章惇密献的民间美女堂而皇之召进宫。高太后去世的第二天，这个猴急的皇帝一屁股坐上龙椅，扯开嗓子高调宣布：改国号为"绍圣"，绍，意即遵循。圣，指宋神宗。他重用十个太监。他迅速起用一批政治打手，把元祐大臣一个个打翻在地。章惇、蔡京、赵挺之等辈将呼啸朝堂。封疆大吏苏东坡赴定州（河北定县），临行之日，哲宗居然不按朝廷制度召见边帅，百官哗然。

一年多以后，五十九岁的苏轼贬向岭南，全家三十余口，"陆走炎荒四千里"。章惇独相达七年，朝廷的政治生态日坏。宋哲宗沉迷女色身子也坏掉了，二十四岁一命呜呼。更坏的宋徽宗登基，极尽轻佻与嬉皮，把北宋王朝拖向万劫不复的深渊。

一一二六年，金兵灭北宋。北宋王朝，一百六十八年。

宋哲宗上台之初，斗争尚激烈。范纯仁、吕公著、苏子由等宰辅大臣，试图固守宣仁太后（高太后）的执政方向，奈何势单力薄。章惇、蔡京羽翼已丰，皇后、太监和熙丰旧臣都是他们的政治同谋。宋哲宗完全支持。形势一边倒。政治这台车又要大转弯了。忠心耿耿的大臣们泣血上书，小皇帝看得打瞌睡，转入香艳后宫就来了精神。——章子厚从肉体上设计他，看来设计得很到位。

北宋政治步入黑暗期。一大批人的命运即将被改写。

范纯夫"怒目欲裂"，冬十月，他去找正准备启程离京的苏轼，决定联名上疏皇帝。熙宁年间，苏轼曾经两上神宗皇帝书，洋洋二万言，充满了政治勇气和洞见，可谓浑身是胆。范纯夫撰词头，数十年间朝廷第一，何以称第一？文采是次要的，智慧、勇气是首要的。胆识贯穿了精当的词语。范仲淹、范镇、范纯仁、范纯夫，俱是朝堂的血性汉子。姓张的、姓曾的、姓苏的、姓孙的、姓司马的、姓欧阳的、姓俦于的……朝堂汉子们挺立如古柏，骄雪如苍松，仗义执言形成了百年气候。举侍读学士孙固为例，神宗起用王安石前连问他三次：安石为执政如何？皇帝的倾向性已经非常明显，但孙固三次重复同一句话："安石狷介不容人。"神宗再问时，孙固闭目不答。孙固，《宋史》有传。

宣仁太后高氏，生前用九年的时间力推"贤人政治"，得以近贤臣，远佞人。她一走，奸臣联手卷土而来，而且，一个个憋着很大的劲。

长期受压抑的坏人，一旦跳起来便是张牙舞爪，这几乎是个物理定律。

秦观去找范纯夫，希望亲家不要太激烈，或者换成今天的语言，不要情绪用事，然而，非情绪不足以用事也。人间智慧，很大程度上是血气冲出来的。冷静乃是另一种激烈，或者说：激烈的变式。情绪的极端状态往往有哲思之迸发。而情绪极端又容易酿成大祸。所谓历史巨型搅拌机，盖指此也。

《徐谱》：

> 十一月丙子，哲宗始亲政。政局始孕将变之机，范祖禹极谏，先生（秦观）恳劝不听。

《苏诗总案》：

> 哲宗亲政，人怀顾望，中外汹汹，宰相不敢言，（苏）公与范祖禹虑小人乘间害政，上谏劄，屡奏不报。其后，有旨召还前贬熙丰内臣。范祖禹恐王中正、宋用臣再入，则章惇、蔡京、吕惠卿、曾布、李清臣必复用，因请对殿上，力谏以为不可。皆不听。

中外指中央和地方。王、宋二人是太监。请对，即请求皇上召见对话。

人怀顾望，中外汹汹，政局的大震荡已不可避免。

《续资治通鉴》：

> 翰林学士范祖禹，虑小人乘间为害，上疏曰："陛下方总揽庶政，延见群臣，此乃国家兴替之本，社稷安危之基，天下治乱之端，生民休戚之始，君子小人进退消长之际，天命人心去就离合之时也。……唯陛下辨析是非，斥远佞人，有以奸言惑听者，明正其罪，付之典刑，痛惩一人以警群慝，则帖然无事也。"

话说到这个份儿上了，可见形势的严峻。犯颜极谏。生命冲动付诸词语，要挽狂澜于既倒，要救社稷于水火。当时哲宗初行皇权，正直的大臣还抱着一点希望。

秦太虚"其行方",范纯夫性子烈。结为亲家,不是无缘无故的。

神宗二十岁登基,哲宗十八岁亲政,两个年轻人对北宋政局的影响殊难估量。

明朝学者陈全之《蓬窗日录》:

> 元祐末,纯夫数上疏论时事,其言尤激烈,无所顾避。文潜、少游恳劝,以谓不可。公意竟不回。其子冲因问言之,公曰:"吾出剑门关称范秀才,今复为一布衣,何为不可!"

何谓铁肩担道义?这便是了。

苏东坡《定州谢表》,对宋哲宗强调六件事:"一曰慈,二曰俭,三曰勤,四曰慎,五曰诚,六曰明。"这位老臣苦口婆心劝君王:"谈王而不谈霸,言义而不言利。"

宋哲宗是个危险的君王,所以范纯夫、苏东坡才把话说得这么重。

明知不可为而为之。两位老臣,"许国心犹在",其他付与天命。

秦观忧心忡忡,眉头再次皱紧了。范亲家豁出去了,他和张耒劝不住。事态的严重性趋于明朗,天子的内心昭然若揭。秦观忧家忧国,忧着爱妾边朝华。贤惠而美丽的早晨之花,往后她如何是好?爱之深也,痛之切也,痛,只能悄悄痛,难以发散的那种痛。怕失掉她。失去红颜,若干年来成了秦观的一块心病。刚刚如胶似漆,忽又生生分离。歌女们忍不住要动情,于是要受伤。她们受了伤,舔好了伤口复去动情,循环受伤许多回。秦少游落入相同的循环模式。要爱,要伤,要惆怅。情感的模式追溯到他的童年时光,追溯到遗传基因。纵是每日十省吾身,他也看不清那些盘根错节的潜意识。

谁能看清呢?古往今来没人看得清。严格意义上的反观自身难于上青天。

人类两点看不清：一是遗传基因，二是童年期对一生的方方面面的影响。依愚见，人类对自身的认识，盲区还太多，迷宫交识，岔道纵横，盲区的探索永无止境……

冬日里，秦观又开始发呆了。唉，做个薄情郎就好了，哪管她伤不伤，只问自己是不是需要她。苏轼贬黄州五年，王朝云不是跟去了么？王定国贬广西宾州六年，宇文柔奴不是跟去了么？秦观遭贬是迟早的事，边朝华能否愿意随他颠沛蛮荒？

答案是肯定的。秦观凭借直觉，毫不怀疑这一点。

爽快的边朝华曾经当着苏轼王诜等人的面，道出她的情义。

随郎万里，"此心安处是吾乡。"市井俚语则曰：嫁鸡随鸡，嫁狗随狗。

单纯的边朝华不矛盾，于是她开心。秦少游矛盾，于是他惆怅，分离的滋味预先品尝。越是朝着决断，越是黯然神伤。诗人乃是敏感的人，最不想说的一句话，却要说出口。推迟吧，从九月推迟到十一月，又推迟到次年春。

"冒犯"天颜的范纯夫被贬出京师，勇敢者一变而为愤怒者，高昂着不屈的头。其他的元祐官员朝不保夕。惶恐者有之，悲凉者有之。朝廷那帮家伙点灯熬夜，谋划搞苏轼……苏子由罢门下侍郎，范纯仁罢右仆射（右相），吕大防罢左仆射。章惇独相自此始，蔡京及其党羽，纷纷占据要津。洛党的程颐，朔党的刘安世，从此走了下坡路。刘安世后来贬岭南，死于贬所。元祐党争伤了大臣们的元气，让另一股势力坐大。太后一去，熙丰官员在宋哲宗的支持下卷土重来。曾经亦正亦邪的章子厚，一变而为政治魔头。

冬去春来，秦少游加倍疼着边朝华。缠绵日复一日，"春宵苦短日高起"，但是避免生孩子。朝华颇不解，问他，他只说京师的日子尚不稳定，以后再说吧。背人处，少游伫望。"无边丝雨细如愁。宝帘闲挂小银钩。"少游沉默时，朝华便不安。

"天与多情，不与长相守。"柳永、秦观、晏几道、纳兰容若，都是这样。

秦观受命去杭州做通判，官六品，眼见是升了，却很可能是贬谪的信号。言官们忙着整他的黑材料。王诜驸马半夜派人传消息。如今，王诜也靠边站了。

秦观遭"道贬"，未至杭州而贬向处州（浙江丽水市），监处州酒税。直觉告诉他，这仅仅是开个头。下决心的时刻到了，他让边朝华离开他，回京嫁人。

秦少游一短语，边朝华泪长流。

她不走，他不留。一夜无眠说这事，再多的眼泪也无济于事。汉子秦观是铁了心了。茫茫贬谪路风波险恶，他不想连累她。决心难下，但总得下。抱头痛哭四更天，相拥而泣五更天，泪尽了，他还是那句话。凌晨的花朵浑身发抖……相处一年半，几百个日日夜夜啊。她骂他铁石心肠，他木着一张脸。骂完了，她又搂紧他的脖子，狂吻他的胡须，拧他的手，捶他的脚。——檀郎啊，为什么要生一双只身远走的无情脚？

她走了，她远了。"奴去也，莫牵连。"（曹雪芹语）

秦少游名词《八六子》：

倚危亭，恨如芳草，萋萋刬尽还生。念柳外青骢别后，水边红袂分时，怆然暗惊。无端天与娉婷，夜月一帘幽梦，春风十里柔情。　怎奈向、欢娱渐随流水，素弦惊断，翠销香减；那堪片片飞花弄晚，蒙蒙残雨笼晴。正销凝，黄鹂又啼数声。

销凝，意即释怀。黄鹂的啼声又唤起离情。

婉约词写得铿锵。伤心人别有怀抱。

玉人一去，诗人魂不守舍。初夏渡淮水，他的号恸之声压过了波涛声。然而一叶扁舟横水而来，船头一顾身女子俏立，茜罗裙漫卷东风。

少游定睛看时，不禁大喜过望。标致婀娜的红裙女郎，不是边朝华是谁？宋人张邦基《墨庄漫录》：

> 朝华既去二十余日……云："不愿嫁，乞归。"少游怜而复娶归。

那么，接着爱吧，接着柔情似水朝朝暮暮。香囊不须解，罗带不用分。

这一次重拾爱情，可能有大半年光景。

朝廷弹劾又起，御史刘拯奏曰："秦观浮薄小人，影附苏轼，请正轼之罪，褫观职任，以示天下后世。"哲宗当日批复，先拿秦观开刀。苏轼毕竟做过他多年的老师。

秦观罢左宣德郎，仍监处州酒税。处州的官员一夜间变了脸，太守、通判，对秦观相当冷淡。一小吏对秦观说：秦七，你的靠山要倒了，你这监酒税的差事恐怕也干不长吧？你的侍妾边朝华如花似玉，往后恐怕要吃些苦头哩。

再贬，贬向何处呢？贬向荒凉的化外之地岭南？

秦观心事复沉重，半夜徘徊处水畔。睡梦中的边朝华像个未谙世事的小姑娘。

秦观回陋室，目注她良久。

秦少游决定再遣边朝华，赶她走，回汴京去嫁个好人家。不能拖累她。处州的官员脸，一天比一天难看，扬言要把他居住的官舍收回，用作杂物仓库。一代名士，连杂物都不如。他真不愿意美妾跟着他受苦受辱。受辱的细节无穷无尽，官吏们干这些事颇具想象力，乐此不疲。秦观能承受，二十岁的边朝华如何承受？

秦少游《再遣朝华》：

玉人前去却重来，此度分携更不回。

肠断龟山离别处，夕阳孤塔自崔嵬。

玉人绝望了，男儿自是挺着，状如夕阳中的崔嵬孤塔。一尊孤塔，强作雄壮罢了，其实他心里苦不堪言。他另一个分手的理由是："汝不走，妨吾修真也。"他要修成真身，戒除男女之大欲。这显然是托词，难道边朝华还不了解他？

她百般不愿走，他一味找借口。说这说那，不说的才是真正的理由：不想连累她。

玉人心都碎了。诗人无言以对。"今宵酒醒何处？杨柳岸、晓风残月。"

走了，永别了，一步一回头。秦观看上去不动声色，只向她挥挥手，五内翻腾的男人呆若木鸡。近两年哪，终于不再朝朝暮暮，七夕也没有鹊桥。一条银河永相隔。"断肠人在天涯。"玉人从此无消息。秦观不会以任何方式跟她联系。

"安排肠断到黄昏。"

边朝华离开处州的第三天，秦观在官吏们鄙夷的目光中搬出了官舍。当众受辱，复被捉弄：搬到哪儿去也没人告诉他。一个好心的老兵指给他一处破庙，勉强住下了，举目蛛丝网，破庙门咿呀关不上，寒夜风吹如鬼叫……这些日子，秦观自云："迁客有暴露之忧，亦郡豪杰之深耻也。"如果连破庙都住不成，那就可能露宿街头了。

半夜醒来，阴风打门，庆幸边朝华不在身边。秦观不怕鬼。只恨朝廷魔鬼。

从此后，疼痛忆芳尘，念念不忘昔日的好时光。昔日填满了眼下。秦少游命当如此。他总是要深情牵挂，这毫无办法。天高水远忆佳丽，亦是男儿大情绪。不只边朝华，这位吹箫的玉人带出扬州箜篌女，带出汝南畅道姑。

次年春，杰作问世了，秦词《千秋岁》：

水边沙外，城郭春寒退。花影乱，莺声碎。飘零疏酒盏，离别宽衣带。人不见，碧云暮合空相对。　　忆昔西池会，鹓鹭同飞盖。携手处，今谁在？日边清梦断，镜里朱颜改。春去也！落红万点愁如海。

这首《千秋岁》一问世，唱和者蜂起，苏轼、黄庭坚、李之仪、惠洪和尚等许多人。有人连和数首。手抄的新词数不清。据说宰相章子厚也欣赏，却对礼部尚书蔡京笑道：秦淮海，愁如海，倒是妥当。蔡京附和：淮海者，怀海也，且让他去渡海。

后来，章惇、蔡京在宋哲宗的御座前搞拆字游戏：苏子瞻近儋字，贬儋州。苏子由带个田字，贬雷州。变态皇帝乐得在龙椅上打转……

第二十五章

宋词为什么吸引我们？

　　仕途黯淡了，爱侣没有了。处州又过了一年，秦观削秩，贬向湖南的郴州。同一时期，苏东坡携家带口贬在惠州。黄庭坚贬黔州，陈师道失掉汝州教授的职务……秦观的二十口家人留在浙西，他只带着秦湛上路。别老母、别贤妻、别孙子，其状十分凄凉。七尺男儿强作轻松的笑容，说不会在郴州贬所待得太久，至多两年。章丞相毕竟和他有些交情。当初皇宫赐墨砚，是哲宗皇帝亲自下诏。妇孺们信以为真，减少了离别的忧伤。

　　而秦观心里清楚，此一别，多半是永别，再见老母难也。章惇与苏轼有三十多年的交情，打苏轼毫不留情，何况他秦少游？一批人得意了，得势了，另一批人就难逃厄运。

　　告别家人上路，渐渐远了，秦少游倔强的头，终于垂进无边的西风。

　　"枯藤老树昏鸦……古道西风瘦马。"

　　西风深处是吾家呀。当年的高邮秦观，"其服野，其神昌"，如今官服破旧神也不昌，大胡子乱蓬蓬。吃饭没胃口，当着儿子的面还得撑着，念叨老东坡。东坡贬黄州，长子苏迈陪着；贬惠州，幼子苏过在身边。朝廷不许罪臣的身边多一个亲人。苏轼贬黄州的那一天恰逢除夕，京城鞭炮响，罪臣几吞声，说："平生文字为吾累，此去声名不厌低。"他宣布封笔，不再写作了。可是没过几天，坡翁的头便昂起来，"却对酒杯浑似梦，试拈诗笔已如神。"秦观的内心不如老师强大，学老师的宠辱不惊，物我两忘。慢慢学吧。

一年多未见边朝华了，真想她，那就想吧，用漫长的时光去想她，但是，绝不提笔给她写信。绝不。除非命运在短时间内出现大的转机。迁客、逐客、罪臣、流浪者，所有的艰辛与屈辱自己扛着。这才是七尺男儿秦少游，须髯如戟的秦少游。

沿途他纵马访古，拿舟下洞庭湖，听渔歌，居寺庙，抄佛经。——他一口气抄了七万字，日后又受人攻击，说罪臣没有抄佛经的资格。

早晨人未起，他躺在床上凝望窗外带露的鲜花，想象汴京城里的边朝华。赶走她又想她，所幸他们未生孩子，生了孩子就赶不走她了。政治嗅觉让他早早产生了这个念头。说起来也不复杂，台谏们一直在攻他。隔山打牛，攻苏轼苏辙，攻范纯仁范纯夫……

祸从天降之时，佳人不在身旁，这是秦少游的选择。留住她也行，三十二岁的王朝云不是随苏东坡去惠州了么？秦观不遣边朝华，没人会责怪他。世界上唯有一个人会责怪他，那个人是他自己。服从内心的呼唤，坚决送走年轻的、小姑娘般单纯的边朝华。

两次赶她走，两次铁石心肠呀。心肠的硬度却来自柔软度。她深知这一点。苦苦央求不管用，失声痛哭不管用。她走了，他惆怅，"举杯消愁愁更愁"，"落红万点愁如海"。

贤妻与美妾，今生能再见一面否？徐文美一向身体好，长寿可期。希望十年后重返京师，他再见一次已嫁人生子的边朝华，带给她由衷的祝福。彼时他将满六十岁了，也许尚能日食斗米。少年秦观闻鸡习武，打下身子骨的基础。

彼时，再见京师的老朋友，王诜驸马、王定国、李公麟……一睹美人垂暮的哢春莺。

这些事儿可能吗？不知也，但是，想想也令人愉快。总不能老是愁眉不展。

秦观多日徘徊于洞庭湖，举目问烟波，昂首问苍穹，问升起于湖上的一轮明月。

"海上生明月，共涯共此时。"亲人们朋友们天各一方。重逢于哪年哪月？"访旧半为鬼，惊呼热衷肠。"秦少游扑通一声向苍天皓月跪下了，合掌祈祷，泪如雨下。

秦少游名篇《踏莎行》，大约写于赴郴州贬所的途中，王国维先生的《人间词话》赞不绝口，词云：

> 雾失楼台，月迷津渡，桃源望断无行处。可堪孤馆闭春寒，杜鹃声里斜阳暮。　驿寄梅花，鱼传尺素，砌成此恨无重数。郴江幸自绕郴山，为谁流下潇湘去？

沉痛而又节制，乃是宋词佳作的一大特征。《踏莎行》用字精当，画面感很强，意象跳跃，苍凉美感横呈于纸上，充满了言外之意。驿寄梅花寄给谁呢？鱼儿也难传书信。思悠悠，恨绵绵，情切切。五十八个汉字表达了太多。王国维说："少游词境最为凄婉，至'可堪孤馆闭春寒，杜鹃声里斜阳暮'，则变而为凄厉也。"

情绪与思绪的双重饱满，是所有经典诗词共同的特征，所以它们会叫人玩味。这种双重饱满，普通人也有，尽管生发的概率有限。汉语艺术提纯了普通人的感受。自二十世纪初白话文流行以来，意绪的稀释见于各类文本，于是，古典诗词文赋越发显现其含蓄节制。这是中国式的审美体系，并且，数千年之美感容易相通。

秦观削秩贬郴州，称"编管"，类似在编的管制分子。情绪的激烈又较处州为甚。他写《祭洞庭文》，提到年迈的老母戚氏，悲戚之情掩不住。未来说不准，贬向更遥远的地方也未可知。在长沙，他把儿子秦湛打发走了。这又是一次决断：不让亲人跟着他受苦。秦湛已经考中进士，前程要紧。高邮三垛村的秦氏家族，不能因他的遭遇而偏离仕宦人家的传统。无论秦观还是苏轼，都不可能选择抗拒朝廷、做出任何拒绝贬谪生涯的举动。一纸贬书，跟跄万里……宋代遭贬的官员以千百计，似乎没有一个人抗命回乡。

士大夫的身上背负着国家前途，背负着整个家族的命运。

秦观遣侍妾边朝华，再遣儿子秦湛，孤身单骑于茫茫贬谪路。这需要勇气。有个一直跟着他的老仆滕贵也走了，原因不详。笔者说秦观为他人着想，理由是比较充足的。风霜雨雪，野草千里，道路泥泞，黑夜沉沉，荒野深处的小店一灯如豆……年近半百的男人对付着这一切。从未抱怨过恩师苏东坡。途中他写下名词《如梦令》：

> 遥夜沉沉如水，风紧驿亭深闭。梦破鼠窥灯，霜送晓寒侵被。无寐，无寐，门外马嘶人起。

又有七绝《题郴阳道中一古寺壁二首》，其一云：

> 门掩荒寒僧未归，萧萧庭菊两三枝。
> 行人到此无肠断，问尔黄花知不知？

其二云：

> 哀歌巫女隔祠丛，饥鼠相追坏壁中。
> 北客念家浑不睡，荒山一夜雨吹风。

湖南作为宋代的贬谪地之一，如同岭南、西南，风土人情大异中原。中原的人到南方，常常自称北客。中国八大语系，南方占了七大，如果加以细分，当不下数千种。北客听不懂湖南人的话，吃不惯湖南菜，不适应潮湿多变的气候。而秦观作为罪臣，心情又不好。投宿荒山下的古寺，一夜雨吹风。巫女唱哀歌，一声声入耳。

睡不着啊！

孤独，沉重。前景想不得，思念亲朋却见不着。如何应对往后一连串的灰色日子？此间的苏东坡在惠州写诗：

> 日啖荔枝三百颗，不辞长作岭南人。

坡翁的身边有孝子苏过，有"敏而好义"的王朝云，有惠州官员的问候和照顾。秦少游形单影只。"携杖为二，举酒对月成三"，找个人说说话都很难。孤独像穿透破墙的秋风，一股股地袭来。

北客透心凉。

秦观滞留长沙，着手访问风俗。一个人的日子还得过下去。走街串巷，逛市场，拜庙宇，与和尚们交流，跟士兵、游医和行商聊天。长沙是湖南大郡，物产丰饶，外地人并不少。"普天之下，莫非王土"，长沙人也把皇上皇后挂在嘴边，虽然发音与汴京人颇异。他们还提到司马光苏子瞻，提到本朝宰相章子厚。那么苏门四学士呢？秦观想从长沙人口中听到自己的名字，旋觉好笑。官员和书生应该知道他。

令他感到十分意外的，是一个长沙的官妓。《徐谱》："先生过长沙……识义倡。"南宋洪迈《夷坚志》：

> 义倡者，长沙人也，不知其姓氏。家世倡籍，善讴，尤喜秦少游乐府，得一篇，辄手笔口咏不置。少游初以潭（潭州，指长沙）去京数千里，其俗山獠夷陋……及见，观其姿容既美，而所居复潇洒可人意，虽京洛间亦不易得。

不置，意即放不下。

知音难寻觅，千里之外的长沙却有消息。义倡姑娘的几案上放着一卷《秦学士词》，"少游曰：'能歌乎？'曰：'素所习也。'少游愈益怪曰：'乐府名家，毋虑数百，若何独爱此乎？不惟爱之，而又习之歌之。若素爱秦学士者，彼秦学士亦尝遇若乎？'曰：'妾僻陋在此，彼秦学士，京师贵人也，焉得至此！藉令至此，岂顾妾哉？'"

秦少游莞尔一笑，自报姓名，并略略解释了为何来到长沙。"倡大惊……稍稍引退，入谓母媪，有顷，媪出，设位，坐少游于堂。"设位，即设上座。

母女二人对秦少游毕恭毕敬。入席，"母子左右侍觞"。就寝，义倡姑娘亲手布置他的卧室，"衾枕席褥，必躬设"。秦少游"感其意，为留数日"。

在母亲的主持下，义倡姑娘许秦观学士以终身。几天的时间里她谨侍茶酒，夜里不敢侍枕席。怕临别时她说："今学士以王命不可久留，妾又不敢从行。恐重以为累，惟誓洁身以报。他日北归，幸一过妾，妾愿毕矣。"

义倡姑娘信誓旦旦，为她魂牵梦萦的秦学士守身如玉。据洪迈讲，这件事在湖南流传甚广，义倡是后人的尊称，不是她的本名。秦观的民间故事多，包括并不存在的苏小妹三难新郎的故事，苏东坡只有一个姐姐苏八娘，十八岁就去世了。

洪迈讲的义倡事，严谨的《徐谱》加以引用。

民间故事即使有附会的成分，却也表明：民间乐于传播，千百年传下来。

惠州有一位温都监的女儿温超超，十分痴迷苏东坡，热切地希望嫁给东坡。王朝云的身份是侍妾，按宋律，侍妾不可升格为夫人，否则要判刑。温超超也不管年龄差距，盯着苏轼不肯放，炽热的恋情毫不掩饰，在惠州传为趣谈。苏轼再贬海南的儋州，温超超竟然投海殉情。《宋人轶事汇编》有相关记载。

秦观在长沙，与义倡姑娘难分难舍。大胡子男人孤身孤枕久也，面

245

对漂亮而多情的长沙妹子，既感动又惆怅。她每日叠被铺床添香，"彩袖殷勤捧玉钟"，为君拼得醉颜红。如果他透露一点想法，或是表露某种肢体语言，情切切的长沙妹子哪会视而不见。事实上他什么也不透露。搁置了情爱躯，捂紧了绮念头。他尊重她的关于他未来北归时的愿景，虽然他清楚，这愿景十分渺茫。

"多情自古伤离别，更那堪、冷落清秋节。"

秦少游仿佛专为离别而生，很难统计他的红粉缘中断了多少次。柳永、晏几道、秦少游，三个婉约词圣手的生存情态惊人地相似。

"天与多情，不与长相守"，晏小山用九个字概括了自己。

"念去去千里烟波，暮霭沉沉楚天阔。"这是柳永的句子还是秦观的句子？

山太高，水太阔，路太长，男女惜别，家人分离，朋友分手，往往永远成追忆。于是情绪无限饱满，思绪无限多。——这是古典之离愁别绪的基础性的东西，兼之古人近人的生存比现代人来得扎实，来得单纯，来得朴拙，来得浑厚，来得较真，情感的塑造直如古树的年轮，一圈圈坚硬如钢铁，抗拒着时间，所以，情与思的表达才会成为经典。

古代之经典表达意味着：它不再产生了，今人只能虔诚回望。

一切经典作品都有矜持的特征，"空谷有佳人，遗世而独立"，她拒绝所有快餐式的轻佻靠近。靠近哈代、契诃夫、狄更斯、卡夫卡、海明威、福克纳容易么？二十年前的中国读者还试图靠近普鲁斯特和尤利西斯，像海德格尔《存在与时间》这样的汉译哲学经典，开印就是五六万册……眼下回首，恍如隔世。悦读这类糟糕的词汇应时而生。

缓慢生成的东西拒绝任何快餐式的靠近。根深叶茂的古木不与速成的林子为伍。

物质与精神的双重快餐化意味着什么？

《道德经》：

五音乱耳，五味浊口，五色盲目。

物品和所谓作品铺天盖地、泥沙俱下。一个儿童拥有上千个玩具，只能类似猴子掰苞谷。儿童占有而已。儿童应接不暇。儿童无由深爱。物的物性远远不能渗透心灵，不能组建亲切的周围世界，不能诉诸百年难消的深层记忆。这不是爱物，这是废物——迅速消费物、废掉物。

苏东坡、秦少游、黄庭坚、米元章、李公麟……文化巨人们是否将要退出我们的视野？国家意志不允许。决不允许。这多么值得庆幸。学者作家，要搞清楚传统文化对当下和未来的价值所在。古典诗词为什么吸引我们？概言之：大处着眼的价值引领（天人合一，仁义道德），细致入微的审美布局。欣赏一朵花一幅画，赞美一条弯弯曲曲的河流，凝视一山茫茫烟雨……人在唐诗宋词中，人就在自然的万千形态中，在事物的无穷意蕴中。

审美观照不伤物，几乎不消耗能源。

我们重温尼采："艺术是生命的兴奋剂。"

我们重温康德："美是无利害的欣悦。"

我们重温海德格尔："艺术把真理设入自身。"

对自然取审美姿态，对生活取质朴态度，此二者，维系了中国人几千年的生活世界。骄奢淫逸只是极少数人的追求。有限的生产力并不支持大面积的铺张浪费。今日一些发达国家也不浪费，进餐馆吃东西要光盘，否则要罚款。像德国，自行车非常多。买空调要申请，走程序颇不易，几个月才批下来。大街上的电线杆子简单，绝无搞光彩工程。著名的莱茵河上，夜晚唯见星月之光。德国人送礼品首选书籍，二百年不变。法国人的周末生活三大版块：各式沙龙、家庭聚会、户外运动，一百多年不变……

仁义道德的宏大叙事由士大夫发，而民间的接受度高于官场。士大夫的价值观、生活方式引领社会，北宋称典型。例如苏东坡的一生，交游极广阔，却没有一个商人朋友。这不是个别现象。高官与富商联姻，或几代人结为世交，史料难寻。官商勾结形不成大气候。而官与商的互相靠拢，勾肩搭背，各取所需，谋求利益最大化，必使民坐贫穷。

回头再说审美，什么是审美？审美就是进入一朵花一湾水的无穷无尽的冲动。练就一双审美之眼，以备天地万物的袭来。苏轼懂这个。怎么练？阅读经典是首要途径。古代是不管三七二十一，先让小孩儿背了再说。汉语艺术植入了稚嫩的体细胞，总有些好东西会生根发芽。汉语艺术的精髓在于：人在万物之中，而不是凌驾于万物之上。这点极为重要。汉晋唐宋的文化精英们，受庄子影响大。庄子齐物，几乎具备同时享受万物的大能耐，吃穿住简单而自在逍遥。物欲不能拖着肉身下沉，日子拮据反而精神飞升。

熟读诗词百余首，审美之眼初养成。

笔者十七岁开始读《花间集》，读李清照《漱玉词》，读《东坡乐府》《南唐二主词》《二晏词》……"梧桐树，三更雨，一声声、空阶滴到明。"于是听雨更像雨了，或者说，下雨天的味道更悠长了。唐诗宋词描绘了各种各样的雨，我因之迷上了春雨、秋雨、夜雨、晨雨、屋檐雨、梧桐雨，鬼使神差爱上了暴雨如注，享受密集扑面的雨点中的那种窒息感。有一回，在岷江游泳后回家，忽然大雨倾盆，炸雷贴着头皮滚过，我和二三少年嘻嘻哈哈，漫步十几里路回家，淋得像落汤鸡，个个脸上笑嘻嘻。后来在城南屋顶，我淋暴雨上了瘾；在城东的小河边面对烟雨茫茫，心里如歌复如酒。渐渐养成了一个人散步古城墙、几个同学远足野地的习惯。风呀，雨呀，花呀，树呀，鸟呀，虫子呀，哦，伟大的太阳、壮丽的霞光、神秘的星星、盈亏的月亮……

"清风朗月不用一钱买。"这是实打实地爱自然，爱生命。

许许多多古典诗词，几十年来常读常新。

庄子以一己之身拢集天地万物，古典诗人们强化人对事物的感觉，为千差万别的情绪赋形。强化了感觉，延伸了思绪，人就活得更饱满，生存朝着更高。几卷书在手，一生"气自华"，这难道不是很划算么？

又不依赖于物质消耗。又是严格意义上的呵护大地。海德格尔断言："西方思想从来没有让一朵鲜花绽放。"

中国的审美传统让鲜花几千年绽放，避免了主客观对立，远离了对象化思维。

人在无边的野地里，野地在无限的感觉中。感觉丰富了，人才丰富。时下的"瘾头人"难以摆脱的无聊，盖由于感觉层面的持续贫乏。物质与讯息蜂拥而来，人无立锥之地。这句子，笔者不避重复。一味地追求刺激，短时间推高兴奋点，三十来岁就活得东歪西倒，除非花代价寻来更强的刺激。然而更强的刺激往往来也短暂，刺激完了怎么办？

他或她，一头栽进空虚。

无聊的蔓延有两个原因：一、活向瘾头，迅速推高兴奋点；二、活得吹糠见米，活得蜻蜓点水，背离了人世间的深度关切。

一切讲实用的人，终于实用到自己的眼皮子底下，还有一些人跑到名山古刹，跑到敦煌，跑到酒泉，跑到埃及金字塔，跑到非洲大峡谷，还是摸牌出牌，赢钱输钱……

秦少游为什么可爱？因为他拓宽了生存的境域，国事、家事、文事、佛事、农事、茶事、酒事、情事、琴事、丹青事、冶游事……每一件事都植入了皮下，入住了心灵，催生了念头，坚定了意志。这叫兴奋点通身分布，这叫兴奋点缓慢推高。

修身修到老，养气养到死。

漫长的古代，类似秦观这样的饱满的生命体绝不少见。士大夫的情趣多样性引领千百年的潮流。不识字的农夫，也会在纷繁的劳动对象及其关联体系中获得其丰富性。何谓关联体系？农时近乎无限的微妙变化，乡村温情脉脉的交往空间。老农不识字，并不妨碍其生存的敞开。

第
二
十
六
章

道贬

　　秦观贬处州（今浙江丽水）三年，继而贬郴州，贬横州，贬岭南雷州半岛。数千里贬谪路，叶落惊秋，花开溅泪，野店荒寺无限愁。愁自己也就罢了，还愁着患病的老母，愁儿子和两个弟弟的前程。此间他的诗文再三提到思家。不思量自难忘啊，想孙儿想得心如刀绞。哦，还有他忍痛赶走的边朝华。

　　赴郴州贬所的途中，谪命又改，编管横州，削去官职官俸，这是最要命的事情。苏轼贬惠州的路上谪命改了五次，一次比一次揪心。不过，沿途的一些官员对苏轼不错，翻越大庾五岭时，张耒派两个经验丰富的老兵刀剑护送。

　　谁送秦少游呢？落花流水送他，黑云千里追他，山风山雨欺他，复杂而苍凉的思绪纠缠他。湖南俗语："马到郴州死。"崇山峻岭累死骏马。从记载看，沿途所过州县，款待秦观的官员几乎没有。"亲朋无一字，老病有孤舟。"有时难免路宿荒野，前不着村后不挨店的，裹衣纳头睡枯草，半夜惊起，鬼火飘移，狼嗥狐走野猪叫。

　　秦观拔剑在手，四顾却茫然，"独怆然而涕下。"

　　道贬，道贬，说不尽的凄凉与凶险。化外之地，蛮夷之邦，语言难通，水土不服，病无医，冻无炭，夜无烛，书写无纸墨，欲诉无亲朋，破行囊中的几卷书让雨水湿了几回。剃须刀也弄丢了，络腮胡子比头发还长。押送他的小吏没个好言语，倒拿冷脸子给他瞧，支派他干这干那，俨然上司派头。这小吏催命似的，催他早赴贬所，好回去交差。

　　昔日宣德郎，皇家赐墨砚，一家子住在繁华汴京城……如今沦为颠沛流离的罪臣。秦观凄然落笔："那堪此地日黄昏，长途万里伤行客。"容州（今广西容县）的北流县有座鬼门关，出关后，举目荒无人烟，野物如鬼魅。秦观作《鬼门关》：

　　　　身在鬼门关外天，命轻人鲊瓮头船。
　　　　北人恸哭南人笑，日落荒村闻杜鹃。

　　鲊，指咸鱼。瓮，形容水路凶险。

　　杜鹃泣血，啼声悲切。诗人单听这个。欢乐的鸟儿他听不见。

　　自离处州以来，除了长沙、郴州的短暂停留，其余的时间都在路上，饱尝了南国的春夏秋冬。"独在异乡为异客，每逢佳节倍思亲。"秦观沿途写诗不少，表明抗压力在，精神未垮掉。然而生存的落差太大了，"编管郴州，移编管横州"，这些谪命文书中的字眼触目惊心。细想不得，偏偏又要去细想。弹指五十年，哪里有过如此辛酸？处州的三年时光还算过得去，而一遭"编管"，苍凉的日子就没个尽头。

　　怕道贬，却来了道贬的官文。朱红官印牵扯他敏感的神经。"一腔心事和泪说"，喃喃自语而已，或是向风去诉说，风把心事带到长沙，带到浙西家人的临时住处，带给汴京城里的边朝华。

　　诗人独守黄昏，刮着瑟瑟秋风。漫长的夜晚，"罗衾不耐五更寒。梦里不知身是客，一晌贪欢。"在郴州，他接到黄庭坚写来的信，山谷道人在黔州的小山村灌园度日，劳力并劳心，办学堂教化当地青年。东坡先生也在儋州办学堂，名曰"载酒堂"，收了不少黎、汉弟子。缺墨丸，先生动手制作。缺纸张，字词句写在芭蕉叶上。缺书籍，先生就动用自己的脑海。后来，海南第一个进士姜唐佐出自苏轼门下，而苏轼已登天堂。

秦少游默念远方的师友们，慢慢蓄积心劲……

东坡先生在儋州写道：

> 九死南荒吾不恨，兹游奇绝冠平生。

多么豪迈啊，先生多么从容！

秦观从友人的来信中陆续得知苏轼的一些消息，受到实实在在的鼓舞。他几番写信到儋州，奈何石沉大海。看来琼州海峡的风浪对邮递多有阻遏。他听说陈季常致信苏轼，要从黄州的岐亭出发，去儋州探望老友，苏轼复信曰："季常慎勿轻出……彼此须髯如戟，莫作女儿态也。"胡须坚硬如戟，方显男儿本色。陈季常听劝未动身，七十三岁的巢谷却从眉州动身了，两条老腿不辞万里，只要寻找老东坡。巢谷走到雷州见过了苏辙，留一月，再奔儋州，不料包袱被窃，他又气又急追赶窃贼，半夜追到天明，累死在新州（今广东新兴）道旁。子瞻、子由闻讯，隔着琼州海峡同声大哭。海也哭……

秦观想：这个巢谷啊，这个巢谷啊。

当年在黄州，一群汉子多么欢快。巢元修是将满六十岁的人了，浑身肌肉如铁，野地弯弓射狐兔；雪堂练武，把一杆镶金长枪舞得风雨不透。复写小字如《黄庭》，复于灯下飞针走线缝补衣裳，复替闰之夫人抓药熬药。巢谷走南闯北几十年，一个人对付世界。巢谷老啦，回眉山颐养天年，在纱縠行苏氏老宅附近逛逛蚕市，在东门外古渡口喝喝闲茶，在岷江边著名的远景楼上听听秋风……忽闻东坡贬儋州，巢谷的心就慌了，不思享清福了，抛下了一堆儿孙，直奔天涯海角去。七十三岁动身，七十四岁总会抵达目的地吧？可是，可是……秦少游的双眼潮湿了。

李常、孙觉今何在？

亲家范纯夫死在了化州贬所。朝堂硬汉尸骨冰凉……

陈季常近来好吗？王定国又写什么书？驸马爷王诜贬出了京师，杳无音讯，啭春莺随他远走异乡么？惠州丰湖的朝云墓是否有人祭扫？马梦得跟随苏子瞻三十年，子瞻登玉堂（翰林院），梦得却离开了，据说恋一钱塘妇人，到杭州追梦去了。参寥和尚云游何方？陈师道在徐州，米元章在东京，晁无咎在山东，张耒在黄州。黄庭坚今在何处？

这些朋友"无一字见及"。也许长沙驿站有寄给他的信件。捎个口信也暖心哪。

秦词《如梦令》：

> 楼外残阳红满，春入柳条将半。桃李不禁风，回首落英无限。肠断，肠断，人共楚天俱远。

又：

> 池上春归何处？满目落花飞絮。孤馆悄无人，梦断月堤归路。无绪，无绪，帘外五更风雨。

孤字触目。一夜无眠。

秦词《阮郎归》：

> 乡梦断，旅魂孤，峥嵘岁又除。衡阳犹有雁传书，郴阳和雁无。

孤独的长旅，黯淡的前景。振作起来不容易。昨天振作了，今日又颓唐。范纯夫的死讯传来，他正在前往桂州（今广西桂林）的路上，不禁悲从中来，十数日不可断绝，痛定思痛，捶胸顿足，病倒在荒村小店。当初他苦劝范亲家莫与皇上对着干，可是……

范纯夫钢铁汉子，为国运，把自己豁出去了，也把全家人的命运豁出去了。范镇、范纯仁，何尝不如此？苏东坡何尝不如此？苏子由何尝不如此？黄庭坚何尝不如此？陈师道何尝不如此？郑侠何尝不如此？张耒何尝不如此？

浓墨写满小店的四壁，写不完朝廷硬汉、官场君子的名字。

赴汤蹈火在所不辞，为什么？国运高于个人的命运。

这种"高于……"可不是唱高调，北宋的优秀官员目力长远，文脉通血脉，就比例而言，堪称古代之最。凛然大义、高风亮节可不是说故事，有足够的史料支撑。

在桂州的秦城铺，一个举子乡试不第，听说了秦观南迁事，题诗于壁上：

我为无名抵死求，有名为累子还忧。
南来处处佳山水，随分归休得自由。

秦观细玩此诗，潸然泪下。奋斗功名鬓有霜，到头来，万里贬向南荒。

然而，人是一根会思考的芦苇。逆境中的人尤其要思考，要表达。

佳山水中得自由！

秦少游走一路写一路，包括写寓言，写故事，状南土之奇风异俗。写书论（书法论文），探究王羲之、怀素等书法大家的艺术风格。写七言诗和六言诗，古朴简淡，格外靠近了田园诗的鼻祖陶渊明。浊酒一杯家万里，绕树三匝自沉吟。押送他的小吏先是鄙夷，继而疑惑，终于暗暗有些钦佩了。秦观凭窗命笔时，小吏默默送上了一盏热茶。秦观闲步绿野时，滚滚乌云忽蔽日，下雨了，"八表同昏"，小吏拿着雨伞向他跑来……

罪臣秦观过桂州，朝着横州（今属广东）。

第二十七章

孤独的、漂泊的灵魂如何自强

宋哲宗元符元年（1098），五十岁的秦观贬在横州。《反初》诗云：

> 一落世间网，五十换嘉平。
>
> 夜参半不寝，披衣涕纵横。

嘉平指腊月。

苏东坡初到儋州叹曰：

> 十余日杜门不出……学道未至，静极生愁。

秦观的处境比苏轼更艰难，孤旅苍凉，朋友几乎一个没有。贬一地，过一阵子又迁徙，刚认识的和尚或书生又要分别。地方官员要么冷落他，要么当面讥讽他。

官场人情薄如纸，漫漫长夜冷彻骨。

秦观的性格是喜聚不喜散，善于在热闹深处寻他的虚静。如今虚静难得，冷寂每日降临。虚静与寂寥只隔了一层纸。苏轼自言静极生愁，愁闷中昏昏欲睡。此翁修炼成一代高士，还是要犯愁。牵挂多呀。尘网缚人动弹不得，焉能不犯愁？抗压力本是自然生发，勉强不得。黄庭坚贬黔南，屡叹心如枯木，苏东坡称自己"心似已灰之木，身如不系之舟"。要修炼到庄子的那般境地，做到严格意义上的不以物喜，不以己悲，真是难于上青天。生存向度的刹那间转换，唯有佛祖和全能的上帝能做到。

佛学对秦观的慰藉也是有限。四大皆空，怎么空？五蕴非有，如何非有？

血肉之躯情难禁，习惯运思的大脑要去想这个思那个。情与思，双双绕方寸，纠缠着秦观漂泊的孤魂。情到深处不自由。

庄子提倡无情，活得不执不滞。冷却成一块石头，又要保持生命的欣悦，这确实太难了。看破一切又在乎一切，几十年深度生存，又能随时改变生存的朝向，谁能做到呢？

庄子能做九分，陶渊明能做八分，苏东坡能做七分。

黄山谷秦少游，五六分而已。

牵挂家人否？自怜处境否？忧虑国运否？答案是摆在明处的。

生存卸不掉多方牵挂的重压，却要在重压下昂首，于漆黑的长夜摸索光明。生命中难以承受之重，又必须承受。从秦观的诗文看，他要流泪的，杭州遣朝华，浙西别家人，郴州邂逅义倡姑娘，横州秦城铺看见举子题的诗……夏流泪，秋流泪，冬流泪。闻范纯夫死，他号啕于鸡毛小店，惹得店主挥泪不休。苏东坡哭得少。五十岁以后哭得更少。惠州哭王朝云，儋州哭巢元修，似乎泪尽了，椰林深处倒是一派仙风道骨，时常趿了厚厚的木屐，吧嗒吧嗒串门子。坡翁不哭，有伤心事，默坐黄昏而已，夜里能睡着。茫茫大士面对着夜茫茫……而秦观需要抵御的东西来自四面八方。"满纸自怜题素怨，片言谁解诉秋心？"生存正在强劲展开，忽然面临无休止的生存收缩。

一个人的若干年哪，流离复流离，编管再编管。长途漫漫，亲朋无一字，有字也在某个驿站蒙尘。亲友的面容永远出现在漂泊者的梦中。老母尚在人间么？不知道。徐文美身体好吗？不知道。儿子秦湛受了连累，近况如何？不知道。边朝华嫁入市井人家如意否？不知道。两个女儿和她们的夫婿、两个弟弟以及他们的家庭，俱是杳无消息。

可爱的家孙外孙们，经年无消息。秦少游如何不伤心？

爷爷、外公……稚嫩的呼叫，绝望的幻听。"秋雨晴时泪不晴。"

地平线的尽头铺着无尽的绝望，愈往南，绝望愈发显现为绝望。容州他掉头北望，"五十三驿是皇州。"一驿三十里。秦少游几乎是伤心无助的同义词。当年苏轼在黄州悲叹："君门深九重，坟墓在万里。"坟墓指眉山的祖坟。

高邮县三垛村的祖坟，秦观今生能否回去祭扫？

苏轼一直委托乡人杨济甫照看祖坟，秦观却是有心无力。浑身无可奈何。

秦少游漫游、宦游三十余年，赏心悦目习惯了，如今天涯孤旅，迁客似飘蓬，七尺男儿轻得像一片叶子。朝廷大佬遥控这片叶子。章惇、蔡京，仿佛手拿遥控器，手指头轻轻一摁，千里之外的罪臣们便如同提线木偶。章惇独相，连年释放超级病毒的能量，要掘司马光的墓、鞭尸，毁其神道碑，甚至要追废宣仁太后高氏的谥号。蔡京派人去销毁《资治通鉴》的印版，一个官员提醒他，《资治通鉴》有宋神宗作的序，蔡京才作罢。

卷土重来的熙丰官员痛打元祐大臣，足以写成一部厚书。

章惇派御史台的董必赴岭南，暗杀罪臣，因为不敢明杀，宋太祖赵匡胤"不杀士大夫"的家法摆在万岁殿。一二年间，章蔡联手，打翻元祐官员八百多人，动用割鼻挖眼剥人皮等酷刑，变态皇帝宋哲宗听之任之……董必带了刽子手气势汹汹，过广东，安排梅州土豪暗算刘安世；扑向海南擒拿苏东坡，搞了一个周密而凶残的计划；到徐闻渡海时，听当地人呼东坡为伟人，董必更是铁心要杀。同行的潭州（今湖南长沙）

人彭子民力劝董必:"海康(雷州)、海南,传东坡盛德!"董必咬牙问:"那又怎地?"彭子民盯着对方的豺狼眼睛,讲了一句载入史册的话:"人人皆有子孙!"

董必终于让步了,另派一小使臣,带几个悍卒渡海,拿掉了与苏轼交往甚密的昌化军使(地方长官)张中的官帽,将苏轼父子逐出了伦江驿官舍。时在一〇九八年。东坡先生在一群黎人的帮助下搭建了"桄榔庵",倒是睡得香甜,"风雨睡不知,黄叶满枕前。"

秦观寓居横州的浮槎馆,坐等新的谪命。他听说参寥和尚也遭贬了,被剥夺了御赐的袈裟锡杖,沦为打柴烧饭的僧人。秦观的空门之交,最数参寥。"禅心已作沾泥絮,不逐东风上下狂",和尚名句天下皆知。秦观想:和尚梦里念叨杭州美娘、汴京妖姬,醒来却念"如是我闻",念南无阿弥陀佛。这一年年的,健硕和尚斗禅心斗得苦,一朝将禅心斗成了沾泥絮,便要写诗给人看。沾泥絮碾作尘土,不是复卷东风上下狂么?

秦观笑了笑。他接着想:参寥大和尚,禅心也大,禅心是愈压愈小还是相反呢?和尚写诗无数,诗僧名头响亮,禅心转化为滚烫的诗心。和尚托钵云游四海,终于看南北佳丽无颜色,"见色即空",一脸的正大庄严。然而,庄严下面,是否伏着某些无奈呢?禅堂里打坐,那青灯黄卷之间,是否会闪出几张吴姬越女的俏脸来?参寥方丈的麻烦在于:交游一半是太守,难免盘桓于歌舞女郎,闭上眼睛也是她们,掉头甩不开丽影晃动。

杭州的辩才法师则无此麻烦,长年高居山寺,送客不过虎溪。夜夜听松风,不闻裙裾响。禅思入骨,春心无踪。

秦观忽然想:很久没喝过龙井茶了。

此生能否再游杭州、湖州、越州?"越艳风流,占天上人间第一,须信道、绝尘标致……"鉴湖边的蓬莱阁,那些风荷般的人儿哪,"佳人舞点金钗溜,红锦地衣随步皱。"

山阴古道上的秋风沉醉，弹指已过二十年。

湖州的金山寺，秦观去过八次，不知以后能不能再叩山门？西湖的烟雨，南屏的晚钟，望湖楼上极目，"白雨跳珠乱入船……望湖楼下水如天。"

七尺男儿不觉泪流满面。记忆太稠，牵挂太深，忧思太广。绝望总是如影随形。从此灰心丧气否？"潦倒新停浊酒杯"，秦观自编管郴州以来，由于"叙复"的希望渺茫，借酒浇愁的时日越来越多。宋哲宗二十出头，章子厚体健如牛。秦观活不过昏君奸相。

在横州一位祝姓人家的梅花院落，秦观大醉，醒来赋诗云："醉乡广大人间小。"

夏天，秦观挥汗读书。《徐谱》：

有《宁浦书事》六首，风格严重高古。

其一：

> 挥汗读书不已，人皆怪我何求。
> 我岂更求荣达，日长聊以消忧。

其二：

> 鱼稻有如淮右，溪山宛类江南。
> 自是迁臣多病，非干此地烟岚。

其三：

> 南土四时尽热，愁人日夜俱长。
> 安得此身作石？一齐忘了家乡。

其五：

身与杖藜为二，对月和影成三。

骨肉未知消息，人生到此何堪！

六言诗铿锵有力。王安石晚年也爱作六言诗。

岭南同样是鱼米之乡，山水之胜，并不亚于锦绣江南。秦观的衣食不成问题，有酒有鱼。当地人不理解他挥汗读书，他也没法去解释。六首诗，两首写家乡，痛骨肉，但调子是硬朗的。烟岚指雾瘴。诗人自言本来多病，与中原人畏惧的岭南瘴气没有关系。

西方谚语：痛苦使人们变成石头。中国老话：心如古井，心如死灰。

人在极端痛苦的时候恨不得变成石头。石头不生情，古井不复起涟漪。可是，人办不到，无论如何办不到，于是"恨不得"显现为常态。这是面朝木头石头的生存向度，永远不可抵达的生存目标或心理诉求。萨特在获诺贝尔文学奖的《词语》一书中，引用他母亲的话说：人是不可能百分之百痛苦的。

换成海德格尔的说法：一切情绪都有它的时间形态。

人类不可能找到情之永恒。这意味着：痛苦也不能永恒。

秦少游"身与杖藜为二"，五十岁形影相吊，想家人想断肠。断肠人飘零在天涯。孤单渐渐习惯了，记忆冲开了孤单，记忆中真热闹啊，亲友们济济一堂欢声笑语，然而，记忆却是荡开浮萍的一块石头，用不了多久，浮萍复合拢，看上去了无痕迹。记忆再次袭来。通常不是人去找记忆，而是记忆来找人。任何记忆中的场景，它袭来一次，能量就衰减一次。这毫无办法。沉默寡言的男人比之唠唠叨叨的村妇，只是能量衰减来得慢一些罢了。这个现象，庶几可称情绪定律。顺便提一句，一九三七年问世的海氏《存在与时间》，对人类情绪的研究登峰造极，欧美学界迄今已仰望了八十年。

公元一〇九八年的秋九月，谪命又至，"追官勒停横州编管秦观，特除名永不收叙，移送雷州编管，以附会司马光等同恶相济也。"叙即叙复，罪臣重新起用的意思。罪臣远谪千万里，忍辱受折磨，心里唯一的念想就是起复，先量移某地，然后回到正常的仕途，有机会回家乡与家人团聚。"永不收叙"，秦观北归的希望破灭了。罪名是他附会司马光。他一介八品小官（秘书省正字），如何跟司马丞相挂上钩呢？因为他是苏东坡的弟子，官阶虽低而文名甚高。蔡京一直把他的案子看得仔细。章子厚要亲自过问。

一纸谪命摧心肝。

从横州到雷州数百里之遥，迁客卷入肃杀的秋风。官衣破烂，兀自不肯扔掉。包袱里的一双半旧布鞋是义倡姑娘熬夜织就，秦观泥行雨走舍不得穿，宁愿光脚板。

光脚汉子，怒冲冲奔入无边的西风。"不羁的西风哟，你吹，你吹。"

雷州也称海康，与琼州隔海相望。去年苏辙贬雷州，后迁循州，苏轼叹曰："莫嫌雷琼隔云海，圣恩尚许遥相望。"五十一岁的秦观步苏辙的陈迹，谪居于此。弟子离老师近了，庶几是个安慰。雷州太守张逢曾经善待苏子由，与苏东坡有交情，他待秦观不薄，派人接济柴米油盐。苏轼曾致信张逢："海南风气与治下略相似，至于食物人烟萧条之甚，去海康远矣。"可见雷州的物质与人烟强于海南。

苏轼暮年贬岭海，惠州、广州、儋州、雷州等地的地方长官未曾因他的罪臣身份而躲避他。中年贬黄州，黄州太守徐大受常常宴请他。这类例子颇不少，可见宋代官员之间的宽松局面。某个官员倒了霉，其他的官员倒屡去看望他，朝廷也不大责怪。

秦观读史，写诗，作画，每日临池挥毫，退笔如小山。酒量越发大了，"持蟹下酒喜先尝。"雷州的食物颇丰，各类粮食酒供应充足，价格便宜。儋州的稻米多靠海运，浪高船不出海，断米可达数月，苏轼父子顿顿吃芋头，馋肉时，盯着生黎、熟黎吃鼠胎，吃蜈蚣，吃蝙蝠，吃怪虫子，不敢下箸。

秦观作《饮酒》诗四首，其一云：

> 左手持蟹螯，举筋瞩云汉。
> 天生此神物，为我洗忧患。
> 山川同恍惚，鱼鸟共萧散。
> 客至壶自倾，欲去不得间。

有点优哉游哉的意思了。陶渊明的《饮酒》诗，系百代杰作，"有酒斟酌之……登高赋新诗。""微雨从东来，好风与之俱。"苏东坡、秦少游达不到这个境界，努力向伟大的五柳先生看齐。

少游在雷州灌园。晋人爱用灌园一词，唐宋士大夫纷纷仿效。放下毛笔拿起锄头，"晨兴理荒秽，带月荷锄归。"陶渊明的举止一派天然。苏轼的"和陶诗"多达一百零九首，佳作有限，与陶诗浑然天成的境界不可同日而语。苏轼向往田园诗圣，向往而已，"欲以晚节师范其万一。"又称：

> 我不如陶生，世事缠绵之。

且看秦观如何灌园：

> 白发坐钩党，南迁海濒州。
> 灌园以糊口，身自杂苍头。
> 篱落秋暑中，碧花蔓牵牛。
> 谁知把锄人，旧日东陵侯。

钩党，被党争勾连，北宋后期成了一个使用广泛的专用词。八百多个元祐党人对钩党二字印象深刻。后来宋徽宗大搞"元祐奸党碑"，秦观的名字刻在显眼的位置，至南宋孝宗朝，才追封秦观为龙图阁学士。

拿锄头扛扁担不仅是力气活，也是个技术活。做个"老圃"（菜农）并不容易，种瓜要得瓜，种豆要得豆，锄草，浇水，施肥，许多事要向农民请教，请教之前要勾通言语和情感。陶潜初务农的时候也不行，"种豆南山下，草盛豆苗稀"，干久了，对庄稼有感情了，于是担心收成："常恐霜霰至，零落成草莽。"岭南温热的气候宜于种植，秦观躬耕的收获当不输给陶潜。他写了许多五言诗，内心的节奏契合于五柳先生。所谓"少游过岭后诗风，严重高古"，当指他的五言诗和六言诗。律诗少。填词偶尔为之。婉约词缺了婉约的大环境，不复置身于唇红齿白轻歌曼舞。追忆往昔的她们又难免伤情，不利于度过艰难的岁月。苏东坡贬岭海最关心活着北归，秦观亦然。生存向度决定他的意识向度，活向陶渊明，活向古朴与高奇，活出隐逸姿态。唐宋诗人们大都类此，奔向仕途又背向官场，生存轨迹画出心理的特征，所以，他们集体仰望陶渊明。

苏轼说："吾于诗人无所甚好，独好渊明之诗。"又指出陶诗的风格："似枯实腴。"

至人得至味。陶渊明的举手投足像花开水流般自然，吃个半饱也逍遥。这里显现了肉身与精神的契合。其实不用吃得十分饱。肠肥者脑满。饱食终日与无所用心具有同构关系。心不用，心不灵也。物欲拖着肉身下沉，几乎是个物理定律。陶渊明吃酒，并非"借酒浇愁愁更愁"，否则他对自然与人事不会那么敏感，写出一系列的彪炳千秋之作。

酒神与艺术之神联手造访五柳先生。官帽一扔，艺术井喷。

"长啸掩柴门，聊为陇亩民。"

如果陶渊明五个儿子当中的某一个也走仕途，那么，扔官帽会踌躇。而宋代的官制，把官员和家庭捆绑得更紧。作为官员的秦观毫无选择的余地，状如提线木偶，朝廷提他到哪儿他便到哪儿。命运不得自主。自主的空间是种菜，写诗，画画，揣摩书法。纷繁的农事足以吸引他的注意力，把大量思绪交给农事。辛勤的劳作之余喝几杯，希望能变作陶渊明。自从贬谪南来，数百个日日夜夜，秦观一个人去对付。弹琴长啸，朱墨试丹青，凭窗临古帖，孤独者兴奋了，知音却难觅。

陶潜：

> 邻曲时时来，抗言谈在昔。
> 奇文共欣赏，疑义相与析。

抗言，犹直言。秦观没有这个文学艺术的朴素环境，也缺少乡村的素心人圈子，"漉我新熟酒，只鸡招近局。"

秦观考察雷州半岛，写下《海康书事》十首，记录北宋时代的海康风俗，抄寄儋州的苏轼。当年杜甫流落四川的夔州，留下不朽的诗篇。秦少游可不能让自己闲着，只身远足于半岛，方圆一百多里，步步访问风土人情。背个酒葫芦，戴斗笠，登木屐，哼唱客家歌曲，混同了当地男人。"应问岭南好不好？却道：此心安处是吾乡。"宇文柔奴的佳句，东坡先生常引用。她一京城弱女子，在宾州（今属广西）待了近七年。

王巩那样的公子哥儿，谪居南荒写大书《庄子注》。王朝云本可以选择离开东坡的，可是她红颜坚定，她不弃不离。她随坡翁翻越大庾岭。

红颜坚定。

秦观低垂的头终于抬起来了，一腔心事依然在，却把他乡作故乡。南迁的罪臣很多，论官职他属于末等。他要活得像个男子汉。他是名人，苏门学士中不输给黄山谷，若是身处逆境垮掉了，岂不吃人（宋代口语，类似受人）耻笑？

慢慢地开朗了，缓缓地感到轻松。——携带全部沉重的那种轻松。强打精神命笔，哪来的好诗好书法？海南东坡谓其幼子苏过曰："秦少游、张文潜，才识学问为当世第一。二人皆辱与余游，同升而并黜。有自雷州来者，递至少游所惠书诗累幅。近居蛮夷，得此，如在齐闻韶也。"又跋秦观的书法云："少游近日草书，便有东晋风味。作诗增奇丽，乃知此人不可使之闲，遂兼百技矣。技进而道不进，则不可。少游乃道技两进也。"

苏东坡这段文字非常重要，尤其针对今天的书画家。道技两进，在晋唐宋大文人眼中是常识性的东西。技道分离，书画沦为雕虫小技。道，乃是自然与人事的终极关切。求仁而得仁。求道而得道。得不到"道"的整体，但在漫长的问道岁月中总会有收获。

古人的追求两千多年不变。华夏文明的标杆性人物，接力追问终极性的东西。

《海康书事》摘句：

> 炉香入幽梦，海月明孤斟。
> 鹧鹄一枝足，所恨非故林。

其五：

> 粤女市无常，所至辄成区。
> 一日三四迁，处处售虾鱼。
> 青裙脚不袜，臭味猨与狙。
> 孰云风土恶，白州生绿珠。

绿珠，指东晋颇具才艺的民间美女，嫁入豪门。

《无题》有云：

> 君子有常度，所遭能自如。

《饮酒》有云：

> 我观人间世，无如醉中真。

　　经过了漫长的痛苦挣扎，秦少游熬过来了，看海康物事渐觉入目；听蛮音也比较悦耳了。劳力兼劳心，道技两进。吃东西胃口好，夜里一觉拉抻到天明。披衣下床的头一件事，是拿着农具去他的菜园子，"又乘微雨去种瓜。"能听懂当地方言了，跟老农老圃聊农事，与书生说经史，与后生讲故事。有时滔滔不绝，偶尔妙语如珠，可情兴未尽而人已去，淡淡的寂寞携同压过来的黄昏，塞满了他的蓬窗小屋。

　　午酒，夜酒，卯酒……

　　梦中来了她们，也不管夜梦还是白日梦。

　　秦观喃喃诵晏词：

　　　　落花人独立，微雨燕双飞。

　　秦词《望海潮》有云：

　　　　奴如飞絮，郎如流水，相沾便肯相随。

　　边朝华最爱这几句。

第二十八章 苏东坡痛哭 秦少游

元符三年（1100），宋哲宗赵煦二十四岁一命呜呼，沉迷美色掏虚了他的身子。子曰：

> 少年，血气未定，戒之在色。

十年前，章惇在他的肉身上布局，密献民间姿色各异的少女。章惇本人是这方面的大行家，偷香窃艳五十年，包括勾引他父亲章俞的小妾，继承了父亲"盗岳母"的家传丑行。章惇挖空心思布局，把自己给"布"进去了。人算不如天算。天老爷只叫宋哲宗活到二十四岁。章子厚独相达七年，朝堂一手遮天，太庙指鹿为马。他甚至要追废宣仁太后高氏。他干预东宫立储大事，针对端王赵佶讲了一句颇具眼力的话："端王轻佻，不可君天下。"

同类之相察，于此为甚。端王的轻佻轻浮轻薄，葬送了辉煌的北宋王朝。

眼下娱乐至死的喧嚣，不要愈演愈烈才好。少年儿童稚嫩的心灵承受不起。

哲宗崩，徽宗登基。向太后听政。宋徽宗先把自己伪装起来，勤政，公允，仁慈，节俭。大半年后向太后去世，十九岁的宋徽宗亮出了真面目。二十年穷奢极欲，嬉皮天下第一，带领一群嬉皮笑脸的大臣，丑态百出……可见现代的无厘头有它古代的苗头。

章惇为一句点评付出了惨重代价，继苏辙、秦观之后贬雷州。雷州百姓早闻他的恶名，不肯租房子给他住，昔日的大权臣沦落街头……蔡京做宰相十七年，蔡家一窝子高官作恶多端，单是扩建四十里豪华园子，就拆掉汴京一千多户民宅。京师民谣：

拔了菜（蔡），砸烂铜（童），便是清凉好世界。

童指太监童贯。一一二六年，北宋大厦将倾，皇帝拿蔡京、李邦彦等人开刀，老贼踉踉跄跄出汴京，凄凄惶惶赴贬所，死于道路，五天无人收尸，路过的百姓朝他吐唾沫扔石头。蔡京的恶，不亚于汉的董卓，唐的李林甫。

几双弄权手搞坏了唐朝。几双弄权手搞垮了宋朝。

章惇和蔡京都活过了八十岁，民间叹曰：祸害活千年。

从高太后去世、宋哲宗亲政算起，北宋后期三十多年的政治黑暗，耗掉了赵宋王朝一百三十年的文化、政治与经济积累，官僚集团的腐化堕落，在徽宗朝登峰造极。细看那段历史，只叹息赵氏家族的遗传基因出现了明显偏差：赵匡胤一代雄主，开国战略雄视汉唐，传至神宗朝而改，传至哲宗朝而衰，传至徽宗朝而竭。基因变异的外因是政治气候。赵宋王朝历六世以后，朝廷和地方尚有许多正直的官员，不计家族得失的官员，那是宋仁宗留给子孙的政治遗产。随着官风日坏，官场的唯利是图形成大气候。

君子锐减，小人疯长。官场变色龙层出不穷。

宋徽宗时代，司马光苏东坡这样的人物没有生长的环境。

正不压邪。香兰不敌恶草。

屈原：

> 何昔日之芳草兮，今直为此萧艾也。

官风一坏，民风往往跟着坏，先从城市坏起来，然后坏到乡村去。全社会对官场风气高度敏感。而由于古代山高水阔皇帝远，民风的变化较之官场要缓慢得多。仁义道德的宏大叙事，民间的接受度高于官场。——民间不存在激烈倾轧的基础。这股力量有巨大的历史惯性。削弱乃至终结这股力量的唯有一种东西：旷日持久的唯利是图。

宋徽宗十九岁即位之初，碍于垂帘听政的向太后，起复了一批元祐官员，秦观在一连串的起复名单中。诏命他为英州（今广东英德）别驾。这个喜讯来得有点突然，谁会想到宋哲宗死得那么年轻呢？秦观难掩喜色，关起门来喝酒，悄悄凭窗哼歌。半夜在梦中笑醒，点灯寻了酒壶，敞开柴门又喝。

秦大胡子的眼泪，唰唰唰止不住。再见家人有期了，母亲，夫人，儿孙，五十多岁的秦观将要回到阔别三年的亲人们当中。贬南荒终于不死，哈哈，终于不死！

听说章子厚正走在贬雷州的路上，老贼也有今天哪，应了一句老话：害人终害己！

秦观醉墨书写杜甫的名句：

> 却看妻子愁何在，漫卷诗书喜欲狂。

又浮白载笔，作《和渊明归去来辞》，其中说：

> 归去来兮，眷眷怀归今得归。念我生之多艰，心知免而犹

悲。天风飘兮余迎，海月炯兮余追。省己空之忧患，疑是梦而复非。及我家于中途，儿女欣而牵衣……归去来兮，请逍遥至于游，内取足于一身，复从物兮何求？荣莫荣于不辱，乐莫乐于无忧。乡人告予以有年，黍稷郁乎盈畴。止有敝庐，泛有扁舟。濯予足兮寒泉，振予衣兮古丘……

欣喜之情跳跃于纸上。诗人想得远了，无一字涉及即将回归的仕途。家庭，故乡，一叶扁舟的逍遥，洗足于寒泉，振衣于古丘。

这一年仲夏，苏东坡与秦少游相会于海康。

苏轼谪居岭海六年，完成了三部大书：《易传》《论语说》《中庸论》。坡翁的身体也不错，面色红润，自言"颜极渥且丹"，意思是：面色相当红润。六十几岁的坡翁适应了岭海生活，在惠州、儋州，他种药，行医，筹资建造东江上的两座浮桥：东新桥和西新桥。办儋州学堂曰"载酒堂"，推广秧马技术，为广州设计自来水工程，又酿酒，制墨丸，盖房子，眷顾亲友，漫游山水。岭海六年，活得浑身是劲。他发现儋州的百岁老人不少，"八九十者且不论也"。北人习惯了南方的水土，长寿并不难。爽朗的天性和良好的修养是他应对逆境的两件宝贝。东坡先生曾有《定风波》：

莫听穿林打叶声，何妨吟啸且徐行。竹杖芒鞋轻胜马，谁怕？一蓑烟雨任平生。

一首《定风波》，乃是近千年来，所有逆境中自强的士子的定风丹。类似苏东坡这样的文化全能，生活大师、热血智者、朝堂勇士、道德楷模，漫长的历史进程中寥若晨星。窃以为，那些分秒必争、步步向上、古树年轮般扎实的生命体，很可能只属于几千年农耕文明，属于农耕文明与工业文明的百年碰撞期。

文化人物，谁能活得像老子、孔子、庄子、陶渊明、苏东坡呢？今天哪个作家敢说，他用五十年的时间，写出一部堪与《红楼梦》媲美的作品？

一一○○年的秦少游，再活五十年照样有后劲，为什么？他较之常人释放了更多的潜能，他是操心与牵挂的同义语，是杰出的诗人、大地不知疲惫的赞美者，是异乡风俗的探寻者，是玩思百家的自由学者，是虔诚向佛的居士，是具备美政冲动的官员，是造诣很深的书法家，放下毛笔又能拿起锄头。如果身体状况允许的话，生活将馈赠他无限的低沸点欣悦，是的，低沸点欣悦，"内取足于一身，复从物兮何求？"

庄子六十年居陋巷，与百工、畸人相处，始得逍遥游的真谛。畸人倒比健康的人健全。"卑贱者最聪明。"那些人五人六的场合，花花肠子是所谓成功人士的同义语。

苏东坡的北归之途，仿佛随身携带了庄子和陶潜，举手投足夭夭如也，申申如也。阅青春女性之美妙，称赞广州的歌女素娘，"娇后眼，舞时腰，撮得精神滴滴娇。"陶潜后期作《闲情赋》，将美妇人描绘得生动细腻，从头发、衣裳写到袜子，从步态写到酒窝，艳羡之情溢于笔端，受《文选》的编者萧统诟病，鲁迅先生颇不以为然。大师不阅女性之美，阅美而不诉诸笔端，如何见出真性情？

苏轼北归，官员们盛传他将要出任宰辅大臣的消息，"初复中原日，人争拜马蹄。"画《流民图》扳倒王安石的郑侠，希望他"霖雨苍生"，他回答："孤云倦鸟空来往，自要闲飞不作霖。"他要回到万里之外的眉山，为双亲扫墓。

归途中遇到章惇的儿子章援，章援恭呈一封求援信，暗里担心苏轼报复他的一家。坡翁就地作复：

> 轼与章丞相定交四十年，中间出处稍异，交情固无所增损也，闻其高年寄迹海隅……

信的背面，写了专治岭南瘴疬的白术药方，荐与章惇备用。而这个朝堂魔头曾经把东坡害得家破人亡，两次派人追杀东坡。章惇失势贬雷州，东坡还关心他的身体，帮助他的两个儿子的科举和仕进。

章援接了信，抹着眼泪走了。苏东坡的这封亲笔信，章家传了几代人。

苏轼又复信章惇的亲戚黄寔，信中说：

> 子厚得雷，闻之惊叹弥日。海康地虽远，无瘴疬，舍弟居之一年，甚安稳。望以此开譬太夫人也。

太夫人是指章子厚的姐姐。

耶稣宽恕犹大。耶稣的事迹多为西方传说。苏东坡是史料确凿的东土伟人。

一一〇〇年六月中旬，苏轼与秦观相聚于雷州，师生劫后重逢，弟子唏嘘不已。苏轼遭贬，秦少游受牵连，艰难度日三年，一千多个日日夜夜。身子时好时坏，少游瞒着恩师。写信只字不提。

秦观作《江城子》：

> 南来飞燕北归鸿，偶相逢，惨愁容。绿鬓朱颜，重见两衰翁。别后悠悠君莫问，无限事，不言中。　小槽春酒滴珠红，莫匆匆，满金钟。饮散花落，流水各西东。后会不知何处是？烟浪远，暮云重。

苏轼连日问这问那，秦观欲说还休。男儿不提伤心事。如今师生俱复起，应当高兴才是。老师看他简单而整齐的书房，看他郁郁葱葱的菜园子，不住地点头称是。书桌上有几管毛笔，桌旁搁着一把锄头，室中另有斗笠、鱼竿、拂尘、念珠、经卷、药罐子、废旧的马鞍，劈柴的斧子，习武的棍子和长枪。枪头闪着白光。

东坡问：海康多贼否？

少游答：未见贼，少时喜弄枪棍，偶尔玩玩。

东坡笑道：凭你的一身武艺，设馆授徒无碍。

少游说：几年前在处州动过这个念头，处州有一群后生专爱枪棒。当时我监酒税，闲暇的时光多。

东坡先生转问：你拿枪，拿锄头，拿斧子，复拿诗画笔否？

淮海居士一笑："横槊赋诗，固一时之雄哉。"

东坡拍拍他厚实的肩膀，说：你和黄山谷都挺住了，你做英州别驾，山谷起复为朝廷著作郎。苏子由、张文潜、晁无咎，皆已起复。范纯仁恐怕要恢复相位。

秦观说：传言章惇讲过一句话，"端王轻佻，不可君天下"，真有此事？

苏轼默然，徐徐道：今上玩笔墨，玩气球……但愿他不要沉迷于声色犬马。

宋徽宗轻佻的苗头，士大夫们并非不知。但是，有什么办法呢？天下是赵家的天下，天子任性乱来，有良知的臣子束手无策。宋哲宗是苏东坡多年教诲的学生，整坡翁不手软，甚至动了杀机。宋徽宗日后将如何，是个未知数。只希望向太后垂帘听政的时间长一些，如同宣仁太后高氏，听政十年才好。

哲宗死了，苏东坡与秦少游得以相聚。师生去了雷州城的一座古寺，为向太后的健康长寿祈祷。这是为了赵宋国运啊。国运不昌，何以家为？苏东坡练就了一双洞察天地的慧眼，却未能料到，在很短的时间内，朝廷又来了新一轮的倾轧……

海康一别，后会有期。

秦观为自己写了一首挽词，苏轼并不在意。他也写过挽诗和墓志，安慰秦观说："某尝忧少游未尽此理，今复何言！某亦尝自作墓志文，封付从者，不使过子知也。"

苏轼自作的墓志文，不让儿子苏过知道。

秦观不忍离别，长亭短亭终须分手，苏轼曾于信中对陈季常说："彼此须髯如戟，莫作女儿态也！"秦观的大胡子也要硬。有时写写女儿诗，一辈子要有男儿雄姿。

临别时，苏轼又嘱咐：少游，你在北归路上，勿多饮酒。

此后的一段日子，秦观心情好，追和陶潜的《归去来辞》。告别海康，农具渔具送给邻居，马蹄轻快朝着英州进发，一路上"载欣载奔"。大热天挥汗喝酒。由于他是赴任的官员，驿站的官吏对他礼数有加，款待比较周到。"归去来兮，请逍遥至于游。"

天热，夜里睡不着，情绪激动。披衣出门去，望着一天星斗喃喃自语。

久违的二十多口家人啊，活蹦乱跳的乖孙子啊，终于相见有期了。泪水模糊了他的视线。恨不得快马加鞭奔向英州。

此前，秦观修书一封，叫儿子秦湛带着一家老小到英州太守府见面。

欣喜之情难以抑制，频频伸手向酒杯，忘了恩师在海康的告诫。烈日下仰天长啸，高高举起酒葫芦。身体似乎有些异样，夜来闷热异常，叫他一阵难受。

不管它。自幼习武的身子骨，经得住严寒酷暑。

身体的自信五十年，只得过一次大病。

八月的这一天，秦观来到滕州（今属广西）地面上的一座光华亭，大约有官员请他饮美酒。海康酒味淡，他在诗中有所提及。友人从远方寄来佳酿，他写诗赞叹。可见美酒之于他，不减美人香泽。人在兴奋状态，自然比平时喝得多一些。且非独酌，有人劝饮。光华亭建在郊外的美景中。《舆地志》：

光华亭在县东南，与浮金亭对峙，秦少游尝憩息于其上。

秦观抵滕州，伤暑困倦，却到光华亭豪饮剧谈。身体发出的信号他未能重视。情绪掌控了大脑。

炎炎烈日透过古藤荫，光斑映着他筋脉凸起的脑门子。饮酒。举杯。笑声朗朗，汗涔涔。古树藤像他的青筋，有些藤条像他粗壮有力的胳膊……

然而他忽然感觉疲倦，从未有过的、深深的疲倦。于是伏在石桌上呼呼入睡。梦中得了一首《好事近》，抬起头，向人念道：

> 春路雨添花，花动一山春色。行到小溪深处，有黄鹂千百。　　飞云当面化龙蛇，夭矫转空碧。醉卧古藤荫下，了不知南北。

念完他口渴，异常的渴，于是向人索水。少顷，一碗清凉水送来了，"先生笑视之而亡。"《宋史·秦观传》：

> 出游光华亭，为客道梦中长短句。索水欲饮，水至，笑视之而卒。

《秦谱》：

> 先生遂以七月启行而归，逾月至滕州，尚无恙……

秦观北归走了一个月，暴卒于滕州城东南的光华亭。可能是心血管突发疾病。热，酒，北归途中的持续兴奋、亢奋，是导致这位诗人猝死的三个原因。

梦中春雨添花，花动一山春色。梦醒了，复又寻梦去了。

这一天，是一一〇〇年的八月十二日。

秦观的死讯传来，正在桂林的苏轼大哭，在写给友人的信中哭诉：

> 哀哉痛乎，何复可言。当今文人第一流，岂可复得！此人在，必大用于世，不用，必有所论著，以晓后人。前此所著，已足不朽。然未尽也，哀哉！哀哉！……九月六日。

肉身可朽，词语不朽。

苏东坡不顾老迈之躯，几百里去奔丧扶棺，踉踉跄跄到达滕州地界，扑了一个空。秦少游的女婿范温（范纯夫之子）已扶棺远去。坡翁孤零零立于荒野，仓皇四顾，老泪如岭海疾雨，唰唰止不住。坡翁向天号啕："少游已矣，虽万人何赎！"

少游名词《点绛唇》：

> 醉漾轻舟，信流引到花深处。尘缘相误，无计花间住。　烟水茫茫，千里斜阳暮。山无数，乱红如雨，不记来时路。

了不知南北。不记归来路。这首词可与秦观梦中得的《好事近》并读。谶语如斯。

当年，高邮湖上现神珠……

生存正在强劲展开，几年来最大的愿望正落向实处，生命却突然到了尽头。大胡子秦观倒下了，七尺男儿躯进棺材。乱红如雨葬诗魂。

性格豪迈的苏轼，走一路哭一路。六月才与秦观见面，八月就阴阳永隔。北归，北归，却归向了坟墓。秦观已经习惯雷州的生活了，如同苏轼习惯了儋州的生活……

世事无常，祸福难测。宋哲宗不死，秦少游苏东坡会多活若干年。

苏轼抵广州，和广州太守王古（王巩之弟）谈起秦少游，忍不住当众掩面而泣。王古默然良久。坡翁一生交游广阔，最爱秦少游。

另有一女子闻秦观死，从湖南的长沙哭奔岭南，于途中旅舍见到范温等人护送的秦观灵柩，不禁放声大哭。抚棺三周，气绝身亡，从秦观于地下。

南宋学者洪迈记下了这件事。"（她）拊棺绕之三周，举声一恸而亡。左右惊救，已死也。湖南人至今传之，以为奇事。"

这个女子，即是几年前秦观在长沙认识的、一直为他守身如玉的义倡姑娘。

好个湖南辣妹子。

一一〇一年正月，东坡过大庾岭。赋诗《赠岭上老人》：

鹤骨霜髯心已灰，青松合抱手亲栽。
问翁大庾岭头住，曾见南迁几人回？

七年南迁客，又活着回来啦。苏东坡一家子，过岭抵达虔州，因赣江的水位低，不能行船，滞留至暮春。他在城里行医，到寺庙里坐诊，救治了数十人，虔州百姓奔走相告曰：东坡大学士，神医也！

宋人笔记说："坡翁遇有疾者，必为发药，并疏方示之。"

坡翁要将真与善的种子播向任何地方。虔州一带慕名而来的人，前呼后拥，争睹仙姿。东坡先生"纵笔挥染，随纸付人"。

五月底，苏轼的官船风帆向仪真。正在办西山书院的米芾，把诸事抛开，赶来仪真东园拜谒，见东坡先生腹泻，便忙着煎麦门冬汤，每天顶着烈日跑药铺。东坡伏枕，当面作书与他：

岭海八年，亲友旷绝，亦未尝关念。独念元章迈往凌云之气，清雄绝俗之文，超妙入神之字，何时见之，以洗我积岁瘴毒邪！今真见之矣，余无足言者。

这段话，乃是对米芾的书法艺术之定评。

坡翁在病中，听苏过朗读米芾的新作《宝月观赋》，"未半，跃然而起"，坐于几案前，提笔致信米芾：

公不久当自有大名，不劳我辈说也！

当初，东坡赞文同、黄庭坚、秦少游、陈师道、张耒、李公麟……也是这般情貌。华夏文化的接力棒要传下去。秦七黄九，诗词圣手。秦少游颇具晋人风味的草书，东坡与米芾交口称赞。米芾叹曰："少游技道两进，穷困南蛮而志愈坚，吾不及也！"

后数日，东坡再致米元章：

某食则胀，不食则羸甚，昨夜通旦目不交睫，端坐饷蚊子耳。不知今夕如何度……

六月中旬，船行于运河赴常州，两岸百姓上万人，争睹苏东坡风采。他头戴小帽，身穿小背心，坐在船舱里，环顾左右说："莫看杀轼否！"江南百姓祝愿他早日做宰相，造福于天下苍生。官府与民间，邀请者甚多，东坡盛情难却，沿途赴宴，积热积食。回船继续向常州。七月，船舱里异常闷热，东坡连日腹泻。

病转沉重的东坡，迁入钱世雄租来的常州孙氏馆，斜靠一块"懒版"。三个儿子迈、迨、过，环侍病榻。他长时间瞅着一幅画，那是李公麟于金山寺为他画的像，旁边有他的亲笔题诗：心似已灰之木，身如不系之舟。问汝平生功业？黄州惠州儋州。

七月十三日，病况好转，次日又高烧，热毒大作。强撑病体写《与钱济明书》：

某一夜发热，不可言。齿间出血如蚯蚓者无数。细察疾状，专是热毒，根源不浅，当专用清凉药，已令人用人参、茯苓、麦门冬三味煮浓汁。余药皆罢也。庄生闻在宥天下，未闻治天下也。三物，可谓在宥矣。此而不愈，则天也，非吾过也。

钱世雄每天来，陪他聊天。东坡似有回光返照，连日谈笑风生。

钱世雄后来回忆说，东坡先生"眉宇间秀爽之气，照映坐人"。

苏东坡病入膏肓了，还坚持每天跪菩萨求龙王，为夏秋旱的常州祈雨，为百姓祈福。墙上挂的龙王图，系江南名画家黄筌所画。十八日，自知难起，唤三子及诸孙于懒版前，说："吾生不恶，死必不坠（地狱）。"他致信亲爱的弟弟，嘱托后事："既死，葬我（郏县）嵩山下，子为我铭。"二十五日，致信杭州径山寺惟琳长老："某岭海万里不死，而归宿田里，遂有不起之忧，岂非命也夫。然死生亦细故尔，无足道者。惟为佛法、为众生自重。"细故，犹言小事。自知难起。

一生著述的最后几个字："为众生自重。"

一一〇一年七月二十八日，苏东坡溘然长逝，享年六十六岁，寿同欧阳修王安石。与秦观的死，相隔一年。师生贬岭南万里不死，死在北归途中。苏辙、张耒、黄庭坚等大多数元祐官员得以回归。而朝廷正在酝酿又一场风暴，恶棍蔡京将变成另一个章惇。

二十五年后，北宋亡。

文曲星下凡数十年，文曲星又冉冉升天。天幕上永久闪烁的文化恒星，苏东坡自是极耀眼，却不能掩盖秦少游的光芒，尽管两颗星靠得很近。

华夏文化不死，秦观诗词长在。

"山抹微云，天连衰草，画角声断谯门，暂停征棹聊共引离尊。多少蓬莱旧事，空回首、烟霭纷纷。斜阳外，寒鸦万点，流水绕孤村……伤情处，高城望断，灯火已黄昏。"

"自在飞花轻似梦，无边丝雨细如愁。宝帘闲挂小银钩。"

"纤云弄巧，飞星传恨，银汉迢迢暗度。金风玉露一相逢，便胜却人间无数……两情若是久长时，又岂在朝朝暮暮！"

"郴江幸自绕郴山，为谁流下潇湘去？"

"夜月一帘幽梦，春风十里柔情。"

"春去也，落红万点愁如海。"

"醉卧古藤阴下，了不知南北。"

二〇一六年九月十九日，改于眉山之忘言斋

二〇一七年秋　再改于峨眉仙山半庐

附录一 秦少游年谱简编

宋仁宗皇祐元年己丑（1049） 1 岁

秦观，字太虚，改字少游，别号邗沟处士、淮海居士，学者称淮海先生。生于南康。

皇祐五年癸巳（1053） 5 岁

返归故里高邮。

至和二年乙未（1055） 7 岁

《秦瀛重编淮海先生年谱》（简称《秦谱》）："先生始入小学。"

嘉祐三年戊戌（1058） 10 岁

在小学，已粗通《孝经》《论语》《孟子》大义。

嘉祐六年辛丑（1061） 13 岁

孙觉自汴京归高邮，少游时常登门拜访。

同时，"喜从滑稽饮酒者游。"

宋英宗治平四年丁未（1067） 19 岁

娶潭州宁乡主簿徐成甫长女徐文美为妻。

宋神宗熙宁三年庚戌（1070） 22 岁

叔父秦定登进士第。

熙宁五年壬子（1072） 24 岁

读兵家书，作《郭子仪单骑见虏赋》。

至湖州访孙觉。

熙宁七年甲寅（1074） 26 岁

闻知苏轼将道经扬州，预作其笔语于平山堂，苏轼见而奇之。

熙宁九年丙辰（1076） 28 岁

八月，与孙莘老、参寥子同游历阳汤泉，作《汤泉赋》。

熙宁十年丁巳（1077） 29 岁

居家读书兼事耕作，远足优游，有诗《田居四首》等。

《秦谱》："作孙莘老《寄老庵赋》，追作《游汤泉记》。"

宋神宗元丰元年戊午（1078） 30 岁

夏四月，入京应举，途中谒苏轼于徐州。临行作《别子瞻学士》。

秋试落第，参寥子、苏轼等作诗劝慰。

岁暮，《黄楼赋》成，寄呈苏轼，苏轼答诗以谢，称："雄辞杂今古，中有屈宋姿。"

以高邮名特土产送苏轼，作诗《以莼姜法鱼糟蟹寄子瞻》。

元丰二年己未（1079） 31岁

《徐谱》："夏，四月初，与参寥子随苏轼南下，如越省亲。"过无锡，与苏轼、参寥子同游惠山，观唐人王武陵、窦群、朱宿诗，皆和诗三首。过吴淞江，又会于垂虹亭；至湖州泊西观音院，遍游诸寺，皆有诗作。在会稽，结识太守程公辟，受到礼遇。

七月，苏轼因"乌台诗案"下狱，少游赶往湖州探望。中秋节后一日，与参寥子月夜访龙井山寿圣院辩才法师，应邀作《龙井题名记》《龙井记》等。

岁末返乡，临行赋《满庭芳》（山抹微云）词。

元丰三年庚申（1080） 32岁

《秦谱》："鲜于公侁字子骏为扬州守，先生为作《扬州集序》。"

寒食前，苏辙被贬高邮，少游相从两日，诗酒唱和。

游泰州，作《和黄法曹忆建溪梅花》。

秋，黄庭坚、李之仪等先后经高邮，与少游相会，相与甚欢。

元丰四年辛酉（1081） 33岁

《徐谱》："夏，与觏、觌两弟学时文，以求应举。"

秋后，与徐州名士陈师道相会于广陵。

元丰五年壬戌（1082） 34岁

春，在京应礼部试，作《辇下春晴》诗。再次落第，返家途中，经黄州访东坡。

元丰六年癸亥（1083） 35岁

闲居高邮，著《蚕书》。作《精骑集序》，表示发愤读书。

元丰七年甲子（1084） 36岁

八月和十月，与苏东坡等人两度相聚金山。

十一月，苏东坡至高邮。与秦少游、孙莘老、王定国四人在城东东岳庙高岗载酒论文。

元丰八年乙丑（1085） 37岁

五月，登焦蹈榜进士，作《谢及第启》。除定海主簿，未赴任。岁暮，赴蔡州教授任。

元祐元年丙寅（1086） 38岁

在蔡州教授任，寄居僧坊。

九月，奉母到蔡州任上。

元祐二年丁卯（1087） 39岁

在蔡州教授任，有《水龙吟》词赠营妓娄琬，《南歌子》词赠陶心儿。

六月，与苏东坡等十六人，雅集于驸马都尉王诜西园，李公麟作《西园雅集图》，米芾作《西园雅集图记》。

元祐三年戊辰（1088） 40岁

九月，应召进京应贤良方正、能言极谏科制举，进《策》三十篇，《论》二十篇。因党争遭受排挤，归蔡州。

元祐四年己巳（1089） 41岁

在蔡州任。作《赠女冠畅师》诗。与张耒、李公麟评画，作《书晋贤图后》。慕汝南畅道姑。

元祐五年庚午（1090） 42 岁

在蔡州任。孙觉卒于高邮，作《孙莘老挽词》四首。

《徐谱》："五月先生离蔡入京，除太学博士，寻罢命。"

六月，得范纯仁、蔡肇推荐，任秘书省校对黄本书籍。

元祐六年辛未（1091） 43 岁

三月，弟秦少章登进士第。

七月，由秘书省校对黄本书籍任正字。八月，因党争牵连，受贾易、赵君锡攻击罢正字，仍旧校对黄本书籍。

赋《南歌子》词，赠东坡侍妾朝云。

元祐七年壬申（1092） 44 岁

二月，弟少章赴任，作诗《送少章弟赴仁和主簿》。

三月，与馆阁诸公同游金明池、琼林苑，赋《西城宴集》诗二首。

是岁，赋《金明池》词、《满庭芳》咏茶词、《春词绝句五首》《春日杂兴十首》等。

元祐八年癸酉（1093） 45 岁

六月，由秘书省校对黄本书籍复擢为正字，作《谢馆职启》。

七月，由正字迁国史院编修，授左宣德郎，有《辞史官表》，未允。八月任史院编修官。

与黄庭坚、张耒、晁补之并列史馆，时人称为"苏门四学士"。

《徐谱》："是岁，先生纳朝华为侍妾。"后遣去，赋诗《遣朝华》。二十余日后复娶归。

绍圣元年甲戌（1094） 46 岁

《秦谱》："春三月，先生坐党籍，改馆阁校勘，出为杭州通判。"赋《望海潮》《江城子》《风流子》等抒写离愁。

闰四月，免去馆阁校勘、杭州通判，贬监处州酒税。有《春日杂兴》诗，写由荣至衰之感怀。

五月，至淮上，再遣朝华回汴京，有诗《再遣朝华》。

绍圣二年乙亥（1095） 47 岁

贬谪处州，作词《千秋岁》《好事近》，作诗《处州水南庵二首》《游仙》二首等。

绍圣三年丙子（1096） 48 岁

春，在法海寺修忏，因抄写佛书获罪。未几，削秩徙郴州。

秋，过庐山，梦中题《维摩诘像赞》。

途经长沙，结识一义倡，眷恋至深。为赋《木兰花》《青门饮》《阮郎归》《减字木兰花》等词。

是年，作《阮郎归》《临江仙》《如梦令》等词，抒写远谪之恨。作《自警》诗，抒写出世思想。

绍圣四年丁丑（1097） 49 岁

在郴州。赋词《踏莎行》《阮郎归》；著《法帖通解》。

二月，诏移横州编管。

元符元年戊寅（1098） 50 岁

春，自郴州徙横州。途中作《鬼门关》诗，极写路途艰险。

在横州，作《醉乡春》词。作《宁浦书事六首》，表现日常生活。

九月，以附会司马光等同相济罪，移送雷州编管。

十二月，五十岁生日，作《反初》诗。

元符二年己卯（1099） 52 岁

二月，诏移英州，未赴；四月大赦，诏移横州。

六月二十五日，与东坡相会于海康。

七月，离海康北归，赋《和渊明归去来辞》。

八月十二日，卒于滕州光华亭。

九月，婿范温随兄范冲载其丧离滕州。

建中靖国元年辛巳（1101）

秦湛奉父灵柩，停殡于潭州。

崇宁元年壬午（1102）

五月，诏复宣德郎。

九月，诏立元祐奸党碑，少游名列余官之首。

秦湛守制于潭州。

崇宁二年癸未（1103）

诏令焚毁东坡、少游等人文集，令州县遍立元祐党人碑。

秦湛藁葬其父于长沙橘子洲。

崇宁四年乙酉（1105）

诏除元祐党人父兄子弟之禁。

闰二月，秦湛奉父丧返乡，归葬于广陵。

崇宁五年丙戌（1106）

正月，诏毁元祐党人碑。

政和元年辛卯（1111）至七年丁酉（1117）

《徐谱》："先生迁葬于无锡惠山二茅峰南麓，与徐氏夫人合殡。"

附录二 参考文献

1.《淮海集笺注》，徐培均笺注，上海古籍出版社。

2.《秦少游年谱长编》，徐培均著，中华书局。

3.《秦观诗词选》，曾学文编，广陵书社。

4.《唐宋名家词选》，龙榆生编选，上海古籍出版社。

5.《苏轼年谱》，孔凡礼撰，中华书局。

6.《存在与时间释义》，张汝伦著，上海人民出版社。

7.《路标》，马丁·海德格尔著，商务印书馆。

8.《宋人轶事汇编》，丁传靖辑，中华书局。

9.《唐宋科举制度研究》，陈秀宏著，北京师范大学出版社。

10.《朱熹的历史世界·宋代士大夫政治文化研究》，余英时著，三联书店。

11.《北宋文人的经济生活》，叶烨著，百花洲文艺出版社。

12.《悲情歌手秦少游》，许伟忠著，上海辞书出版社。

13.《论语今读》，李泽厚著，三联书店。

14.《宋词三百首笺注》，唐圭璋笺注，上海古籍出版社。

15.《宋代市民生活》，伊永文著，中国社会出版社。

16.《单向度的人·发达工业社会意识形态研究》，马尔库塞著，刘继译，上海译文出版社。

我为什么要写古代文人（代后记）

古典作品为什么吸引我们呢？只因汉语巨大的生命力。语言的无限细化对应着几千年的人事与物事。古人的许多话，听上去像昨天讲的，像昨天写的。这恐怕在全世界独一无二。如此独特的文字和语言，创造了浩如烟海的经典文献，它所承载的价值却难以流布到国外去。越是独特的东西越具有本土性，或者，反过来说，越具有本土性就越独特。汉语艺术的西译，向来是一件费力不讨好的事。唐诗宋词，几乎不可译。那些海量的、只可意会的审美意象，恐怕只与本土性的生活意蕴息息相关，不足为外人道也。

华夏族百代不衰的诗意栖居，栖居于风俗、道德、审美的宏大布局。单看南北方城镇、山水和器物的命名，足以证明文之化人化到了何种程度。

而文化的不自信，盖由于近现代的中国饱受西方列强的欺凌。打不赢，于是觉得自己这也不行那也不行，这股自轻自贱的思潮，波及面与辐射力殊难测量。

若干年来，随着洋观念滚滚西来泥沙俱下，国人固有的生活方式受到方方面面的威胁。汉语、饮食、家庭观念，乃是中国人的生活世界的三大支柱，前两根支柱尚牢固，后一根则难说。唯利是图之飓风冲击着家庭伦理，解构利他主义的千年传承。

放眼这个曾经无限美丽的蓝色星球，人与人的关系，人与自然的关系，正受到前所未有的挑战。并且，挑战难以查明，任何高科技仪器不能精确测算。气候变化的未来态势能测算吗？笔者关注气候变化二十多年，实在没料到来得这么快。这些年，全球气温几乎年年创新高，从二〇一五年到二〇一六，甚至连续十六个月打破历史极值（据央视新闻）。另据美国大气与海洋管理局二〇一七年提供的数据：全球冰川退缩，已持续三十七年。另据波恩全球气候大会权威发布的消息：二〇一七年是近年来三个历史上最热的年份之一。

人类最不能克服的是他自身，面对自私与贪婪的疯狂蔓延束手无策。

美国"有机马克思主义学派"尝言：资本主义让这个星球变得不可居住。（二〇一五年四月二十日，《人民日报》介绍了这一当代马克思主义学派）那么，人到哪儿去居住呢？到另一个星球么？外太空的探索，却又给掏星球的人留下了借口，留下可乘之机。

据二〇一五年六月六日央视新闻，联合国秘书长潘基文强烈呼吁："人类消耗自然资源的速度，远远超过了自然可持续提供资源的速度，改变人类目前的消费模式刻不容缓！"

潘基文先生的呼吁，能在多大程度上扭转目前的消费模式呢？

每一张印出去的钞票都指向物的消耗。美元欧元加速印刷，有限的资源加速消耗。

一切都已经指向大地最后的承受力了吗？但愿我们是杞人忧天。

生态文明早已纳入我们的国家战略。道路自信、文化自信乃是国家意志。华夏族文化先贤永载教科书。这多么令人欣慰。

中国古代文人的当代价值何在呢？

审美导引的生活，乃是物欲汹汹的解毒剂。低沸点欣悦是克服人性贪婪的唯一途径。审美不伤物，几乎不消耗能源，却能维系生命的兴奋。一首歌一首诗，体细胞就兴奋了，这样的人何往而不乐？再者，现代物欲很大程度上是被虚构出来的。物品价格千千万万，源头却是所谓钞票游戏。把生活质量同物质消耗直接挂钩，形成简单、有力、数学般精确的公式，以资本－技术的逻辑挑战自然的至高法则。——这是聪明人自掘坟墓。

现成在手的物品堆积如山，能堆出生命的丰富性吗？我是不相信的。

天上都是脚板印，触屏满是手指印，两种生命形态，何止相差十万八里。

童年少年的体验是铁证。是的，铁证。

屈指十多年，三分之一的时间交给户外玩耍，耍不够，耍不饿，每一秒钟都晶莹剔透，就像早晨悬挂花朵的露珠。想当年吃穿很简单，偶尔才有一点零食，于是不存在吃零食的念头，嘴巴不至于去霸占身体。年年寒暑假日里，每天疯玩十几个钟头啊，居然耍不饿，居然不花钱，居然兴奋点推不高。哈哈！

连一片树叶、几只蚂蚁都玩得起劲，天地万物就向短暂者（人）蜂拥了。生活中无限的游戏与物质消耗直接挂钩了吗？试问：何谓物质？干干净净的雨雪雾霾不是物质么？拢集几千种意绪的春夏秋冬不是物质么？充满魅惑的神秘野地不是物质么？夜空中的亿万颗星星，距离我们的孩提时代很近，宇宙之光逼入眼帘，缠绕着梦境，浸润着细胞。一草一木关情，一山一水魂牵梦萦，百年消不尽。爱自然爱生命实实在在。

去他妈的西方资本主义。

兴奋点通身分布，兴奋点又缓缓推高慢慢转移，一物在手，不穷尽物的物性不罢休，小孩儿不穷尽物的可能性不罢休，这才是爱物，惜物，尊重神圣的造物主。

人与物的打交道，目前尚无普世智慧可言。哲人们早有洞见，民间智慧亦多，但形不成足够的话语权。我们丰盈的小时候，被某些大词挤掉了表达空间，挤成了隐性叙事。有形的汽车水泥压缩了无形的生活意蕴。那些个所谓知识精英或无知，或无良，喉咙却大，分贝奇高。美国式的实用主义的蔓延，终于蔓延到一些人的眼皮子底下，看不见摸不着的东西等于不存在，道德、风俗、诗意、神性，不符合庸俗实用者的脑袋。

庸俗实用主义者的生命被设计，被驱使，被圈闭。说什么自由不自由。

中国漫长的古代，始终对物欲的过度高度警惕。孔孟的学说，老庄的智慧，佛陀的告诫，从不同的方向规定了人之为人，强化精神性的总目标一焉。精神的轨迹有迹可循。诸神没有退隐，诗意始终弥漫。为什么强化精神性？因为物质追求乃是本源性的生命冲动，文化要平衡这种冲动，审美要升华这种冲动。中国百代优秀士人，朝着这个总目标。

陈寅恪说华夏族文化历数千年之演进，而造极于赵宋之世。赵宋立国一百多年后，有良知有远见有勇气的士大夫，可以开列一长串的名单，盛唐远不能比，为什么？文脉广泛进入了血脉。文之化人实实在在，从朝堂到广袤的民间。司马光、苏东坡、王安石、范镇、曾巩、范纯仁（范仲淹之子）、范纯夫、黄庭坚、朱寿昌、陈师道等大小官员的道德自律不是孤立现象。苏东坡平生交游广阔，几度位高而权重，却在商贾云集的汴京、苏杭、扬州等地，没有一个商人朋友，苏氏兄弟众多的子孙不与商人联姻。

众所周知，宋代的商品贸易非常活跃。官与商却不能大面积勾肩搭背，难以形成通吃弱者的利益共同体。宋代商人家庭的看重文化高于汉唐。

苏轼、蔡襄、黄庭坚，这些艺术大师一辈子不卖字画。文同画的墨竹天下第一，先后做几个州的知州，总是接济他人，穷得叮当响，不卖一幅画，死后停棺于陈州寺庙一年多，连归葬故乡盐亭的银子都没有。陈师道冰天雪地拒绝奸佞赵挺之赠裘衣，冻死于郊祭。朱寿昌宁愿不要显赫的官帽，老迈之身踉跄万里，寻找失散五十年的生母……

御史中丞李定，却为了仕途隐瞒母丧，导致全国舆论总攻击。朱寿昌泣血寻母的故事感动了不同阶层的人，皇帝嘉奖，丞相王安石带头写诗赞颂，一大批官员唱和。

淡泊名利，真是谈何容易。然而北宋为数可观的士大夫做到了，何以如此？概言之：文化进入了血液，文化绝不仅仅是入仕、升官的敲门砖，更不是招摇于市的"文化口红"。

小孩子七八岁就开始读《千字文》，读《孝经》，及长，读经、史、子、集，点点滴滴的浸润，形成他的价值观。如果以后他要乱来，那么，得先行拆掉他的价值体系。古代乱臣贼子也要打出仁义道德的旗号，反而证明仁义道德之宏大叙事的历史性覆盖。

我为什么要写古代文人呢？

这些历史进程中的优秀者，对自然取审美态度，对生活取质朴态度，在今天看来，无疑是最高形态的普世价值之一。自由平等博爱，早已被西方的强势集团滥用了，用作欺世盗名、掠夺他国的幌子了。空前的财富累积却带来空前的不平等，带来空前的军备竞赛。更为糟糕的是加速消耗自然资源，把自然视为"存货"（海德格尔常用术语）。拙作《品中国文人》《先贤与中国》，针对西方人的疯狂扩张，有剥茧抽丝的追问。近现代的西方大哲、文学艺术大师，几乎都是批判西方的。批判，乃是否定性的批判。

海德格尔对美国主义的厌恶一生不变。

当代德国头号哲学家哈贝马斯近年指出：美国让世界失掉了安全感。

哈贝马斯的话分量有多重，国内知识界的某些精英掂量去吧。

伟大的马克思与《资本论》远未过时，《论犹太人问题》远未过时。法兰克福学派的诸多著述远未过时。莎士比亚、康德、歌德、席勒、斯宾格勒、佐拉、托尔斯泰、巴尔扎克、狄更斯、契诃夫、里尔克、庞德、罗曼·罗兰、狄更斯、卡夫卡、福克纳、弗洛伊德、罗素、萨特、毕加索、昆德拉、乔姆斯基……大师们对金钱逻辑独大的指控历久弥新。作家劳伦斯针对美国写道："爱、民主、为了欲望的挣扎，都是表面现象。美国灵魂的本质是坚硬的，孤立的，冷酷的，是杀人者的灵魂。这种坚冰从未消融过。"

国内学术界，猴子掰苞谷的学术精明者委实太多。哲学界甚至都不谈黑格尔了，哲学教授们忙着谈巴丢，犹如十年前忙于谈德里达、二十年前争相谈论罗素、萨特、福柯。复旦大学的张汝伦先生为此叹息不已……笔者闲笔写这个。这不是小事。张汝伦教授用八年心血写出的四大本《存在与时间释义》，逐句阐释二十世纪最具传播力的哲学经典，我将用五六年的时间去啃它，至少仔细读三遍。也许，幸好我在学院外，在弥天大雾般的名利氛围之外，在崇洋媚外的歪风邪气之外。海氏的哲学与老庄哲思有天然的亲近。我想要搞清楚的，是海氏首创的生存论阐释的各个环节。

对自然取审美态度意味着，人是自然的永远谦卑的赞美者。审美之眼让鲜花成为鲜花。海氏断言："西方思想从来没有让一朵鲜花绽放。"而东方的鲜花漫山遍野。对象化思维被老庄的强劲之思阻断了两千多年。也要柴米油盐，也希望物质丰富日子向好，但生活中的若干种核心元素更须均衡。若是风俗坏了，道德退场了，艺术低俗了，诗性神性隐匿了，兴奋点急剧推高活得百无聊赖了，无聊者昏天黑地满街窜了，谁有好日子过？

欲望有个相关系统，如果形形色色的欲望调动过于充分，如果这种调动得到强有力的持续保障，那么，人类家园将陷入劫难。

星球本身无所谓。大不了星球"重启"，千年一瞬间。

苏东坡、秦少游、黄山谷为什么可爱复可敬？因为这些人拓展了人之为人的境界。生存百年敞开，而不是日趋遮蔽。秦观享年只五十二岁，生命的饱满度堪比五百年。当初我写诗佛王维、诗圣杜甫、诗仙李白，有过类似的表达。

生命是要讲强度的，生存要讲密度。活得认真而投入，活得一步一个脚印，活向审美，活向风俗、道德、地域之无限差异，古代不是稀有现象。大多数个体是这么活的，优秀者成为历史标杆。眼下干瘪的、纸一般轻薄的人到处飘，为什么？欲望的过度调动把人掏空，兴奋点的迅速推高把人推向空虚。

区区两三个瘾头就把几十年打发了，生存的敞开从何谈起？

网瘾牌瘾酒瘾，摆布了多少人？一块小小的手机摆置了多少人？

笔者旧话重提：电脑掌控人脑，可能是眼下最大的异化。

教师、医生、灵魂的工程师和白衣天使们，怎么能沉迷于拿牌出牌的赌博？仁慈的佛祖、全能的上帝知道了，也会皱眉头。

上帝赐福于人，原本备足了精神的空间。不唯优秀者，普通人亦然。在我鲜明的印象中，父辈祖辈们，几乎无一例活得认真而扎实，操心、牵挂、欣悦、疼痛，至死不能休。暮年中年是由早年决定的。五岁看老。生存的饱满源自活蹦乱跳的童年，风俗醇，道德厚，环境好，人造物尚未缚住人的手脚，于是，生活的自主空间大，动手的能力强。现在我但凡看见一群小孩儿扔了大书包（太重了！）活蹦乱跳，心里就油然而生感动，这才叫生命啊。这才是遗传赋予物种的本质性的东西。小孩儿应该比小狗快乐吧，可是小狗不驮大书包，不守着电脑过日子，不囿于水泥笼子，不自闭，不自傲，不自我放纵，不生五花八门的心理顽疾……我们不禁要问：从一间水泥屋到另一间水泥屋的小孩儿真比小狗快乐吗？实验证明：初生的婴儿无一例外喜欢到户外去。

活着要像撵山狗，不能变成圈养鸡。

动物园的虎豹吃得蛮好享受空调，比它们饱一顿饿一顿的丛林同类幸福吗？

人类祖先的丛林野性几百万年，人类文明不过几千年，哪边的基因重，一目了然。

去掉野蛮是好的，打压野性，弄不好就打掉了诗性神性，打掉了生命的主动性和丰富性。冒牌的理性嚷嚷文明的腔调，却伏着非理性的张狂。

海德格尔再三强调"回行之思"，持续回思，回望，方能窥得一条回行的林中路。这太难了。"刘郎已恨蓬山远，更隔蓬山几万重。"知难而进吧。西方人靠着专家和遗址才能够回望，中国人拥有的、直抵当下的古典文献多如牛毛。不回行更待何时？千篇一律的浅表性生存者已呈蔓延之势，逼近了流水线上的工业产品，不回思更待何时？

一切回思的动力都源于当下和未来。我们老讲苏东坡，只因他多重喷射的生存姿态笼罩当下，直指未来，现代个体的生命饱满度很难跟他比。差距何在？如今很难想象一个百科全书式的人物，又是艺术巨匠，又是工程师，又是医药行家，又是热血智者，又是生活大师，又是道德君子，又是官员楷模。苏东坡对生活有着永不衰减的热情和想象力；却善于向后看，认为陶渊明比他强多了。陶渊明自比庄子又惭愧。孔子的大梦主角永远是周公……现代的万万千千个体，为何难以靠近先贤们昭示的生命境界？答曰：急功近利。急功近利的人是短视的人，乏味的人，干瘪的人，是无论如何都活不饱满的人。功利抓到手了，转眼他又无聊，所有的欲望都从它自身脱落。名车豪宅兴奋短暂，无聊者不可逆转地活向最大的瘾头，活向毒品。必须查明滋生这个无聊者的土壤。

无聊者的麻烦在于：落入刺激、无聊、再刺激的恶性循环。更大的麻烦在于：物欲汹汹的无聊者，必定对大自然虎视眈眈。这里呈现了清晰的逻辑关系。

古代的杰出文人教我们学会两点：审美观照，质朴生活。质朴者倒是拥有丰富的周围世界，不识字的农夫、渔父、工匠亦然。农夫敏感于农事，浸润于乡村风俗，欣然于亲情乡情。农活老把式的感觉系统绝不单调，劳动对象的多样化使他的感觉无限细化。他的语言因之而丰富，他的幽默感流布于田间地头，他的农事关切达乎日月星辰。不会著书立说，不懂写诗填词，他属于历史进程中永远沉默的大多数。

生存不避艰辛，"充满劳绩，诗意地栖居在大地上"，或者说，有艰辛才会有美好。苏轼："人间无正味，美好出艰难。"古代文人都是多面手，运笔运思，也能使用劳动工具。劳心不废劳力，大脑的活跃与身体的灵动同在，同在是说：二者之间良性互补。

"知识分子劳动化，劳动人民知识化。"

这一高远目标已经进入人类智者的视野。

个体活不饱满，是需要作家学者认真对待的问题。这绝不是小问题。细胞的急剧兴奋预设了它的疲惫、颓唐。他慌，他茫然失措，他急于抓住每一件撩拨欲望的东西，他不可逆转地变身为掰苞谷的猴子。欲望的起点就要谋求终点，粗暴抛开心灵的微弱吁求。

欲望化生存有两道大坎：一、难以迅速聚集下一次放纵所需之欲望能量；二、受某些媒体连年蛊惑，对生活的期望值居高不下，对身边朴素的事物提不起兴趣。

物品与讯息铺天盖地，"瘾头人"无立锥之地。

互联网的循环刺激使人麻木，让事物的能量互相抵消，阴使喜怒哀乐背向心灵的吁求，一晃而过，唯一剩下的是运营商的利润。

物欲太甚，精神委顿。这几乎是个物理定律。

即使吃东西这种"最物质"的事情，精神附加值也是显而易见。小狗小猫扑食，也要玩一玩。走地鸡比"架子鸡"快乐无数倍。撵山狗远比宠物狗更能抵达巅峰兴奋。

撵山狗腾空捕获，撵山狗大快朵颐……

秦观本多欲，具备好色好吃之徒的潜能，如果他是富家子弟，便可能一生轻薄。何物阻止了他的轻薄、遏制了他包括食欲在内的自我放纵？答曰：文化修养，时代氛围。

曲子词本属"艳科"，叫"诗余"，经由南唐李煜血泪书写的改造、北宋士大夫几代人的精心培植，到秦观那个年代，典雅蕴藉已是主流。

情色的表达恰到好处。大抵思无邪。不欲而欲，反而欲着更多，情绪思绪更饱满。换言之：属于灵魂的东西更多。

两情相悦的朦胧期愈长，心灵的花朵愈是芬芳。"销魂，当此际，香囊暗解，罗带轻分……"饮食男女，人之大欲存焉。两大欲望却弥漫着精神性。此系人的特征，此系华夏文明的永恒花朵。眼下充斥屏幕与书籍的欲望叙事，反其道而行之。尖叫浪叫很久了，欲望叙事还跑到西方拿文学大奖。即使柳永、张先的俚俗词，也不屑于如此低俗。

秦少游懂那么多，操心又广，牵挂又深，这样的人，活三百年也活不够。王羲之、陶渊明、吴道子、李太白、苏东坡、辛弃疾、李清照、曹雪芹……活五百年也活不够。深度之生存纵贯数千年。而眼下一些地方，浅表性生存、快餐式生存、瘾头式生存、无根性生存随处可见：年纪轻轻就活没劲了，活麻木了，一片片活得东歪西倒，春草直如秋草。硕士博士未能免，挡不住功利心抛来的章鱼吸盘。

文之化人，任重而道远。无聊者回头学先贤，还来得及。中国优秀的传统文化是一切功利病的克星。"悟以往之不谏，知来者之可追；实迷途其未远，觉今是而昨非。"

尚古之长风，平衡欲望源源不断的内驱力。审美之慧眼，解构拜金主义的泛滥。

金钱的把戏不会太久。大地不允许。国家的文化战略、生态文明战略不允许。

欧洲、南美、俄罗斯的普通百姓，以其悠久的文化为骄傲，那可是实实在在的骄傲，不走样的骄傲。而汉字门槛高（参见鲁迅《门外文谈》），经典浩如烟海，回行之路上岔道迷离，稍有不慎就泥古，就钻进了迷宫般的故纸堆。国内的人物传记尚欠火候，铺天盖地的网络信息又来搅局。慢慢走吧，点点滴滴地做。中国古代文人写得精彩是由于他们活得精彩，瞄准他们的生存吧，揭示他们的内心吧，逼近他们的灵魂吧。古人近人的生命饱满正好对应今日之干瘪，古代优秀者，尚有引领大多数现代人的广阔空间。

传统文化的精髓进入课堂乃是国家意志。这将是永久性的国家意志。

华夏族文化先贤，永载教科书。

此刻我在峨眉半山听雨，听松涛，喝着几块钱一两的山茶。山人，散人，素心人，人影混同树影。古树招呼今树。劳动者亲近劳动者。城里的那些个杂心人远在另一星系。

"微雨从东来，好风与之俱。"

"漉我新熟酒，摘我园中蔬。"

"柳下桃蹊，乱分春色到人家。"

"山无数，乱红如雨，不记来时路。"

"夜月一帘幽梦，春风十里柔情。"

"我来仍值风日好，十月未寒如晚秋。"

"自在飞花轻似梦，无边丝雨细如愁。"

"瓦屋寒堆春后雪，峨眉翠扫雨余天。"

"每逢蜀叟谈终日，便觉峨眉翠扫空。"

"峨眉山月半轮秋，影入平羌江水流。"

本书重点参考了徐培均先生的《秦少游年谱长编》，其他参考书散见于文稿，均表谢忱。感谢作家出版社的编辑，感谢总编辑黄宾堂先生的长时间电话，感谢中国社科院的陶文鹏教授，他为这本小书，手写二十页的审读意见，风范追宋代矣，令人感激复感慨。感谢一直关心我写作的眉山亲友们。

刘小川

二〇一六年九月二十九日　改于峨眉山黑水村之半庐

二〇一七年十一月二十九日　再改于眉山之忘言斋

图书在版编目（CIP）数据

婉约圣手：秦观传 / 刘小川 著．-- 北京：作家出版社，
2018.10

（中国历史文化名人传丛书）

ISBN 978-7-5212-0249-6

Ⅰ.①婉… Ⅱ.①刘… Ⅲ.①秦观（1049～1100）- 传记
Ⅳ.①K825.6

中国版本图书馆CIP数据核字（2018）第224437号

婉约圣手：秦观传

作　　者：刘小川
传主画像：高　莽
责任编辑：史佳丽
书籍设计：刘晓翔+韩湛宁
责任印制：李卫东　李大庆
出版发行：作家出版社
社　　址：北京农展馆南里10号　　　　　　邮　　编：100125
电话传真：86-10-65930756（出版发行部）
　　　　　86-10-65004079（总编室）
　　　　　86-10-65015116（邮购部）
E-mail:zuojia@zuojia.net.cn
http://www.haozuojia.com（作家在线）
印　　刷：河北鹏润印刷有限公司
成品尺寸：152×230
字　　数：251千
印　　张：19.5
版　　次：2018年10月第1版
印　　次：2018年10月第1次印刷
ISBN 978-7-5212-0249-6
定　　价：40.00元